KB117295

MZ세대가 쓴

MZ세대 사용설명서

MZ세대가 쓴 MZ세대 사용설명서

지은이 김효정
펴낸이 임상진
펴낸곳 (주)넥서스

초판 1쇄 발행 2022년 7월 20일
초판 4쇄 발행 2023년 5월 15일

출판신고 1992년 4월 3일 제311-2002-2호
10880 경기도 파주시 지목로 5 (신촌동)
Tel (02)330-5500 Fax (02)330-5555

ISBN 979-11-6683-310-6 03300

가격은 뒤표지에 있습니다.
잘못 만들어진 책은 구입처에서 바꾸어 드립니다.

www.nexusbook.com

넥서스BIZ

차례

Part 4 | 관리하기 _MZ세대를 대하는 방식과 제안

Part 5 | 확인하기 _MZ세대가 지닌 문제와 갈등의 이유

"왜 MZ세대를 하나로 묶는 거야?"

이 책을 한창 쓰던 때, 집에 찾아와 늦게까지 대화하던 친구의 질문입니다. 그보다 며칠 전에는 한 후배가 메신저로 회사 일에 관해 푸념하며 이렇게 말했습니다.

"M이랑 Z는 함께 묶일 수 없는 것 같아요."

MZ세대에 대한 글을 쓰는 입장에서 고민되는 말이었습니다. 왜 M과 Z는 하나로 묶여야 할까요? 그리고 어떤 점이 다를까요?

이 책에서 말하는 MZ세대는 1980년대 초반에 태어난 사람부터 2000년생까지, 2022년을 기준으로 대략 20~30대를 일컫는 말입니다. 일반적인 MZ세대의 정의보다 조금 좁은 범위입니다.

이전에는 MZ세대를 1981년 출생자부터 2000년대 중반 출생자까지로 잡았습니다. MZ세대를 M, 즉 밀레니얼세대와 Z, 즉 20세기 마지막 세대의 합으로 여겼기 때문입니다. 그런데 MZ세대가 산술적으로 밀레니얼과 Z세대를 합친 용어일 뿐이라면, 그건 편의적인 표현에 불과할 것입니다.

MZ세대의 시작점을 찍는 것은 어렵지 않습니다. X세대 다음 세대가 바로 MZ세대이기 때문입니다. X세대가 끝나는 지점이 대략 MZ세대가 시작되는 지점입니다. 마침표를 찍을 지점이 중요한데, 이 책에서는 MZ세대의 마침표가 2000년에 있다고 봅니다.

세대론적으로 X세대는 분명히 구분된 세대입니다. 1970년대에 태어나 1990년대에 20대를 보낸 세대입니다. 최샛별 이화여대 사회학과 교수는 X세대를 경제적 풍요와 정치적 안정을 동시에 누린 첫 세대라고 정의했습니다. 정보화와 세계화, 대중문화와 개인주의 같은 개념과 잘 어울리는 세대입니다.[1]

그렇다면 X세대 다음은 어떤 세대일까요. 밀레니얼세대입니다. 그런데 이 밀레니얼세대를 정의하는 기준이 다양합니다. 사회학자 윌리엄 스트라우스와 닐 하우는 1982년생부터 밀레니얼세대가 시작된다고 했습니다. 이들은 1982년생부터 2004년까지를 밀레니얼이라는 한 세대로 보았습니다.

범위가 너무 넓다는 지적이 나오면서 밀레니얼의 범위를 줄이자는 주장도 나왔습니다. 미국의 여론조사업체 퓨 리서치센터는 2019년, 밀레니얼을 1981년부터 1996년 사이에 태어난 사람들로 보고, 1997년생부터는 Z세대로 불러야 한다고 했습니다.[2] 여전히 논쟁 중이지만 Z세대는 대략 1990년대 후반부터 2000년대 초반에 태어난 사람을 가리킵니다.[3]

밀레니얼과 Z세대를 한데 묶기 시작한 것은 2018년 말입니다. 국내에서는 대학내일20대연구소에서 《트렌드 MZ 2019》라는 책을 내놓으며 처음 명명된 것으로 보입니다. 이에 따르면 1981년부터 2000년대 초반, 대략 2004년생까지 MZ세대라는 한 세대로 묶입니다. 맨 처음 스트라우스와 하우가 밀레니얼을 제창했을 때의 기준과 비슷합니다. 지금에 와서는 밀레니얼이 2022년을 기준으로 대략 30대를 일컫는 것으로 축소되었으니, 다시 범위를 넓히자는 주장 같습니다.

하지만 이 책에서 말하는 MZ세대는 1981년부터 2004년까지 출생자를 모두 일컫는 게 아닙니다. 다시 말하지만 밀레니얼과 Z세대를 단순히 합칠 뿐이라면 그건 느슨하고 편의적인 용어에 그칠 것이기 때문입니다.

결론부터 말하자면 MZ세대란 20~30대 청년세대를 일컫습니다. 왜 그렇게 정의할 수 있는지 알아보기 위해 다시 처음으로 돌아가 봅시다. 핵심은 X세대의 다음 세대를 어떻게 부를 것인지, 어디까지로 범위를 정할 것인지입니다.

코로나19 팬데믹은 이 고민을 해결해줄 만한 단서를 남겼습니다. 코로나19가 본격적으로 발생하기 시작한 2020년을 기준으로 성인이 되는 2000년대 이후 출생자들은, 이전의 세대와 다른 삶을 살기 시작했습니다. 그래서 MZ세대의 끝은, 이전의 정의보다는 축소된 2000년으로 잡아야 합니다. 팬데믹이 일어난 2020년이 바로 분기점입니다.

>> X세대 다음 세대를 이름 짓기

그럼 X세대와 격차세대 사이, 2022년을 기준으로 20~30대에 해당하는 이들을 서로 구분해야 할까요? 출생 연도로 따지자면 1980년대 초반부터 2000년대 전후로 태어난 사람들을 말합니다. 대략 20년의 긴 나이 범주니까 이들을 나누어 다른 세대로 봐야 할까요?

그건 아니라고 생각합니다. 20~30대는 하나로 묶어 MZ세대라고 할 수 있습니다. 선례가 있습니다. 몇 년 전에는 이들을 88만원세대라고도 했습니다. 종종 20~30대 청년세대라고 묶어 부르기도 합니다. 88만원세대가 경제적인 부분에 초점을 맞추고 있다면, 이 책에서 이야기하는 MZ세대, 그러니까 20~30대는 좀 더 사회·문화적인 성격의 개념입니다.

그간 대략 1980년대생을 불러온 호칭들을 한 번 정리해봅시다. 한때 가장 널리 쓰인 용어는 88만원세대입니다. Y세대라고 부르기도 합니다. 1990년대생은 동일한 형식으로 불립니다. Z세대가 바로 그것입니다. 그런데 Y세대의 다음 세대로서 Z세대와, 88만원세대의 다음 세대로서 Z세대는 성격이 좀 다릅니다. 이 책에서는 편의상 Z세대(Y)와 Z세대(88만원)로 불러보도록 하겠습니다.

Y세대로서 1980년대생은 X세대와는 약간 구분됩니다. 정보통신기술이 중요하다는 사실을 배우며 자랐고 사회가 급변하는 시기에 청소년이었습니다. X세대가 청년기에 금융위기, 월드컵 같은 사건을 겪으며

'세상이 변한다'는 것을 몸소 느끼며 산 세대라면, Y세대는 변한 세상에 진입한 첫 세대였습니다. 그래서 Y세대는 디지털화를 처음으로 경험한 세대며 자율적이고 자기중심적인 세대라고 할 수 있습니다.

Z세대(Y)는 그보다 더 자유롭습니다. X세대의 자녀 중에 Z세대(Y)가 있기도 합니다. 개성을 외치며 살던 X세대의 자녀들답게 자아라는 개념에 민감합니다. 자아 존중, 자아 발견 같은 것을 중요하게 생각합니다. 그래서 Z세대(Y)는 개인주의적이라고 볼 수 있습니다. 완전히 디지털화된 세대이기도 합니다.

그런데 Y세대와 Z세대(Y)의 서술에는 한계점이 보입니다. 선이 분명히 그어지지 않습니다. 1980년대생과 1990년대생 사이에도 뚜렷한 차이점이 보이지 않지만, 심지어 X세대와 그 이후 세대의 차이 역시 분명하지 않습니다. 그래서 이들을 구분하는 데 일반적으로 '더'라는 비교급이 쓰입니다. X세대를 기준으로 놓고 보는 세대론의 한계입니다.

88세대와 Z세대

88만원세대는 2007년 《88만원세대》라는 책에서 처음 등장한 용어입니다. 당시 기준으로 20대이던 1980년대생의 경제적 지위에 초점을 맞춘 세대 구분 용어입니다.

88만원세대로서 1980년대생은 소비주의와 스펙 쌓기에 열중했습니다. 이기적으로 보일 수 있는 이 모습은 사실 불안정한 경제적 지위 때문에 생긴 것이라고 합니다. 경제적인 측면에서 X세대와 88만원세대는 빛과 그림자 같은 위치에 놓여 있습니다.

금융위기를 겪었어도 X세대는 여전히 고속 성장의 과실을 얻어먹을 수 있던 세대였습니다. 그러나 베이비부머의 자녀인 88만원세대는 성인기를 불안정한 고용시장에서 시작했습니다. 금융위기로 신자유주의적 질서가 자리 잡은 시장에 맨몸으로 던져졌지요. 여기서 살아남기 위해 88만원세대는 필사적입니다. 88만원세대가 얼마나 불행한 세대인지 말해주는 용어는 수없이 많습니다. 고용 불평등, 주거 빈곤, 소득 정체 같은 개념이 이 세대를 서술해줍니다.

경제적인 측면에서 88만원세대와 Z세대(88만원)는 비슷한 환경에 놓여 있습니다. 더 열악해진 고용 불평등 상태라는 것을 제외하고는 88만원세대와 Z세대(88만원)는 크게 구분되지 않습니다. Y세대와 Z세대(Y)처럼 88만원세대와 Z세대(88만원) 역시 비교급으로 묶이게 됩니다.

>> MZ세대는 분리될 수 있을까

이 책에서는 대략 1980년대생을 M, 즉 밀레니얼, 1990년대생을 Z세대로 보고 있습니다. 먼저 MZ세대를 둘로 나눌 수 있을지를 따져봅시다.

사회·문화적인 측면에서 MZ세대는 1984년생이나 1990년생, 1998년생 모두 비슷한 성향을 보입니다. 이들은 아날로그 시대를 기억하는 첫 디지털 네이티브 세대입니다. 스마트폰이 등장한 시기에 본격적으로 학창 생활과 사회활동을 시작해 지금은 소셜미디어와 온라인 커뮤니티에 익숙합니다.

반면 여전히 아날로그에 대한 향수를 지녔다는 점에서 격차세대와는 차이가 좀 있습니다. 격차세대는 스마트폰이 없던 시기를 잘 모릅니다. 유튜브 같은 1인 미디어의 영향을 깊이 받습니다. MZ세대는 좀 다릅니다. MZ세대가 '메타버스'를 잘 모른다는 사실을 알면 의외라고 생각하게 될 겁니다.

일반적으로 한 세대는 공통의 기억을 지닌 집단으로 규정됩니다. 공통의 기억이 의식과 문화에 영향을 미치기 때문입니다. 그런 점에서 MZ세대의 공통된 사회적 기억을 찾아보려 하면 문제가 생깁니다. MZ세대에게는 세대를 관통하는 강렬한 사회적 기억이 없기 때문입니다.

민주화세대 혹은 86세대에게는 민주화운동이라는 공통분모가 있습니다. 그 이전 베이비붐세대에게는 산업화 과정에서 겪은 동일한 경험이 있습니다. MZ세대에게도 그런 경험이 있을까요?

MZ세대는 1997년 금융위기 사태를 잘 모릅니다. 그때는 어린 학생이었기 때문이죠. 2008년 금융위기 또한 이들에게 큰 영향을 미치지 않았습니다. 본격적으로 사회활동을 시작하기 전이거나 여전히 학교에서 생활하고 있었기 때문입니다.

정치적인 사건들도 MZ세대에게 큰 영향을 주진 못했습니다. 이 부분이 기성세대와 MZ세대의 차이점입니다. MZ세대는 정치·경제적 사건에 얽매이지 않습니다. 미국산 소고기 수입 반대 촛불 시위도, 세월호 참사도, MZ세대에게 분기점을 마련할 만큼 영향 주지는 않습니다. 즉

MZ세대는 나뉘기 어렵습니다. 마땅한 분기점이 없기 때문입니다.

>> 개별화된 문화적 기억

그렇다면 MZ세대는 다른 세대 명칭과 어떻게 다를까요. MZ세대는 세대의 정치·경제적 측면보다 사회·문화적 측면에 집중한 호명입니다. 88만원세대와 Z세대(88만원)가 경제적 측면에 집중되며 놓친 부분이 많습니다.

88만원세대는 확실히 불안정한 고용환경 때문에 발생하는 비관적인 현실인식을 지니지만 그것만으로는 이들을 설명하기 어렵습니다. 첫 디지털 네이티브로서 개별화된 세계, 문화에 대한 자부심, 생활 저변에 깔린 '덕질', 남과 비교하는 삶, 평범해지려고 노력하는 움직임 같은 현상들은 경제적인 요소만으로는 설명되기 어렵기 때문입니다. 그래서 MZ세대라는 새로운 명칭이 필요합니다. MZ세대는 개별적이고 경험적이며 문화 중심적입니다.

MZ세대는 유례없이 강한 문화적 영향력 아래 성장했습니다. 그래서 이 세대는 문화적 기억으로 하나가 됩니다. 아이돌 그룹을 좋아하던 경험과 TV 예능 프로그램 〈무한도전〉을 매주 시청한 경험, 박지성 선수의 경기를 보려고 새벽마다 프리미어리그 중계방송을 챙겨 보던 경험 같은 것들이 MZ세대의 기억을 만듭니다.

이 경험들이 부분적인 게 문제입니다. 모든 걸 경험한 MZ세대는 존재하지 않습니다. MZ세대는 각각 경험한 바대로 자기 세계를 꾸려가고 있습니다. 각 MZ세대의 기억은 교집합 형태로 교차되기는 하겠지만 완전히 겹치지 않습니다. MZ세대가 느슨한 집단처럼 보이는 이유입니다.

그래서 MZ세대를 설명하는 데는 많은 키워드가 필요합니다. 책에서 설명된 키워드들이 MZ세대 각 개인을 모두 설명해주는 것은 아닙니다. 어떤 MZ세대에게는 여행이 의미 없을 수도 있습니다. 대신 〈무한도전〉을 사랑할 수 있죠. 반면에 〈무한도전〉에는 관심 없고, 재테크에 몰두하는 MZ세대가 있을 수도 있습니다. 여행, 〈무한도전〉, 재태크 등 각 키워드는 개별적이고 산발적으로 MZ세대 개인에게 영향을 미칩니다. MZ세대는 개별적이고 산발적이기 때문입니다.

>> 모순적이고 복합적인 세대

MZ세대는 개별적인 세대로 정의할 수 있습니다. 개인주의적인 것과는 다릅니다. 개별 MZ세대는 이전 세대보다 개성적입니다. 뚜렷한 취향을 지니고 있습니다. 그러나 개성 강한 자신의 '본 모습'을 잘 드러내지 않기도 합니다. 오프라인 자아와 온라인 자아가 따로 존재하고, 그마저도 어떤 집단에 속하느냐에 따라 다른 모습을 보이기 때문입니다. 예를 들어 트위터에서 어떤 MZ세대는 틀림없는 '덕후'지만, 회사에서는 '아싸'일 수 있습니다. 반면 친구들에게는 '인싸'일 수 있죠.

반면 MZ세대는 타인과 긴밀하게 얽힌 세대이기도 합니다. 연결된 것과 얽힌 것은 다릅니다. '이리저리 관련되다'는 뜻에서 얽혀 있다는 것은, MZ세대가 의외로 남의 눈치를 많이 보고, 다른 사람과 자신을 비교하며 좇아가려는 성향을 지녔다는 것을 뜻합니다. 말하자면 MZ세대는 모순적이고 복합적입니다. 나만의 것을 희구하는 '홍대병'을 앓지만 남과 비교하는 일을 서슴지 않고, 여행에서 다른 문화를 경험하는 걸 좋아하지만 반(反)다문화적인 사고방식을 보이기도 합니다. 흔히들 MZ세대는 진보적일 것으로 생각하지만 꼭 그렇지만은 않습니다. 혐오와 갈등의 전면에 서기도 하지요. 그러니 MZ세대를 한 번에 이해하기란 쉽지 않습니다. MZ세대를 설명하는 이 책이 많은 키워드로 구성된 이유입니다.

>> MZ세대를 이해하기

MZ세대가 한 마디로 설명 불가능한, 느슨하고 복합적인 공동체라는 사실을 인정하고 나면 결국 'MZ세대는 이해 불가능한 세대인가'라는 의문이 듭니다. 대답은 '그렇지 않습니다'. 범위를 좁혀 어떤 MZ세대 개인 A를 이해하고자 노력해봅시다. A는 남성인 동시에 힙스터이고 여성 아이돌 그룹의 팬이며 친환경주의자입니다. 서로 연결되지 않는 것 같은 드문드문한 정체성을 이해하는 방법은 각각의 영역을 있는 그대로 받아들이는 것입니다.

다시 말해 남성으로서 젠더갈등에 예민하게 반응하는 A, 안 꾸민 듯 꾸민 옷차림을 하는 A, 아이돌 그룹의 팬으로 적극적 소비자인 A라는 정체성을 별개로 이해해야 합니다. 만약 A의 상사 B가 A와 대화하려 한다면 '힙스터인데 아이돌 팬이라고?' 궁금해하기보다 '힙스터이고, 아이돌 팬이구나' 하고 수용해야 한다는 의미입니다. MZ세대 개인이 지닌 속성에는 어떤 논리나 연관성이 없을 때가 많기 때문입니다.

MZ세대 집단으로 넓혀보아도 마찬가지입니다. MZ세대가 지닌 속성, 이를테면 〈무한도전〉과 여행 사이에는 논리가 없습니다. 〈무한도전〉은 〈무한도전〉대로 MZ세대에게 영향을 끼쳤고, 여행을 좋아하는 MZ세대와 〈무한도전〉의 영향을 받은 MZ세대 사이에는 상호 작용이 일어나지 않습니다.

기성세대가 MZ세대를 온전히 이해하려면 더 많은 노력이 필요할 겁니다. 각각의 정체성을 모두 인정해 줘야 하고, 지닌 속성을 이해해야 하기 때문입니다. 이 책은 MZ세대가 지닌 이런 정체성을 이해할 수 있게 돕는 안내서가 될 것입니다. 특히 MZ세대와 함께 업무적으로나 혹은 사회적으로 자주 마주하지만 MZ세대에게서 거리감을 느끼는 X세대나 86세대에게 도움이 될 거라 생각합니다.

>> X세대·86세대는 왜?

이 책의 목차를 살펴보다 보면 아마 X세대·86세대가 그간 MZ세대를 이해하기 위해 노력한 일들이 떠오를지도 모릅니다. MBTI가 유행이라니 MBTI 검사를 한 번쯤 해봤을 것이고, '갓생'이 무슨 뜻인지 알기 위해 포털에서 검색해봤을지도 모릅니다. 그러나 이로써는 충분하지 않다고 느꼈을 것입니다. 이 책을 쓰던 중 한 회식 자리에서 MBTI가 화두에 오른 적 있습니다. MBTI라는 말조차 낯설어하던 기성세대 선배들이 그 자리에서 간이 검사를 해봤습니다. 그러고는 어떤 유형이 나왔는지 알려줬지요. 그 결과에 대해 MZ세대 후배들은 신나게 토론했습니다. '역시 J가 나올 줄 알았다', 'I가 아닌 것은 의외다….' 어리둥절한 표정으로 듣던 선배는 결국 백기를 들었습니다. "난 아무래도 못 따라가겠어."

지금껏 기성세대가 아랫세대를 이해하는 방식은 이와 같았습니다. 한 번쯤 대화에 참여해보다가 '왜 저러는지' 결국 알지 못해 슬며시 물러서곤 했지요. 그러나 MZ세대를 이해하기 위해서는 키워드의 겉만 핥아서는 안 됩니다. MZ세대가 '무신사'를 이용한다고 해서 무신사 사이트 한 번 들어가 보고 패션을 흉내 내보는 것으로는 충분하지 않습니다. 무신사로 대표되는 MZ세대 패션의 특징은 무엇인지, 왜 인기가 있는지 들여다볼 필요가 있습니다. 그래야 MZ세대를 깊이 이해할 수 있고 다른 특성에 대한 이해에까지 연결할 수 있기 때문입니다.

X세대와 86세대 같은 기성세대는 베이비붐세대, 즉 2022년 기준으로 60~70대 노인세대보다 MZ세대 같은 청년세대를 더 이해하기 힘들다는 이론도 있습니다. 카를 만하임은 가장 나이 많은 세대와 청년세대가 대립하는 일은 잘 일어나지 않는다고 했습니다. 노인세대가 청년세대에 쉽게 적응하기도 하고, 보수화처럼 청년세대가 노인세대에 동화될 때도 있기 때문입니다. 문제는 중간세대(Zwischengeneration)입니다. 만하임의 표현에 따르면 X세대와 86세대는 "태도를 아직 형성하지 못"했습니다.[4] 태도는 곧 이해에서 나옵니다. 중간세대는 MZ세대를 어떻게 이해해야 할지 모릅니다.

» 이 책을 읽는 방법

이 책은 MZ세대를 이해하지 못한 기성세대를 위한 MZ세대 사용설명서입니다. 무엇이 자기를 MZ세대로 정의하게 하는지 궁금해할 MZ세대가 봐도 좋겠지만, MZ세대가 누구인지, 이 세대를 어떻게 이해해야 하는지 알 수 없는 기성세대가 읽으면 더 좋을 책입니다. 특히 MZ세대를 잘 모르지만, 이해하고 싶고, 특히 회사에서 업무적으로 이해해야만 하는 40~50대 임원급 직장인에게 유용할 것입니다.

독자에게 MZ세대는 처음 만나는 제품과 같은 세대일 것입니다. 제품을 구입하는 일을 떠올려봅시다. 어떤 제품은 완전히 새로운 종류의 것이고 어떤 제품은 그간 써왔던 제품의 개선된 버전일 것입니다. 마찬가지로 MZ세대는 어떤 면에서는 완전히 새롭고, 어떤 면에서는 기성세대가 변화된 집단일 수도 있습니다.

어떤 제품을 처음 펼쳐볼 때 하는 일은 같습니다. 제품이 어떻게 생겼는지 살펴보고, 어떻게 구성되었는지 확인하고, 작동시켜본 후 이상이 있으면 신고하는 것이죠. MZ세대를 살펴볼 때도 마찬가지입니다. MZ세대가 어떤 세대인지 알아야 하고, 무엇이 MZ세대를 구성하는 요소인지 확인하고, 이들 세대가 사회에서 어떻게 살아가고 있는지 관찰할 수 있습니다. 그러고 나서 MZ세대에게 들었던 의문을 해소하는 과정이 필요한데, 이는 제품 사용설명서를 읽는 것과 같습니다.

그래서 이 책에서는 먼저 MZ세대라는 용어가 왜 20~30대를 가리키는지부터 파악하겠습니다. 그간 애매하게 정의되던 MZ세대의 시작과 끝을 정해보면서 준비할 수 있을 것입니다. 그리고 MZ세대를 구성하는 속성을 하나씩 이해하며 '설치'해나갈 것입니다. PART2에서 일례로 떡볶이가 MZ세대의 어떤 속성을 드러내주는지, K컬처는 MZ세대의 어떤 부분을 담고 있는지 파악할 수 있을 것입니다.

MZ세대가 어떻게 사회와 관계를 맺는지도 여러 키워드를 통해 살펴보겠습니다. MZ세대를 어떻게 사용할지 고민해보는 단계입니다. 그런 다음 PART4에서는 MZ세대를 어떻게 대해야 하는지 태도를 정해봅시다. 회식에 가기 싫어하는 MZ세대, 별점 매기는 데 익숙한 MZ세대를 '관리'하는 자세를 정할 수 있을 것입니다.

마지막으로 MZ세대에게서 보이는 이해 불가능한 부분을 어떻게 이해할 수 있을지 논의할 것입니다. 혐오와 젠더갈등, 저출산같이 MZ세대를 둘러싼 문제들을 어떻게 이해하고 해결할 수 있을지 고민하다 보면 MZ세대에 대한 이해는 결국 한국 사회에 대한 이해로 이어진다는 것을 알게 될 것입니다. 이 책이 한국 사회를 촘촘하고 구체적으로 이해하고 파악하는 데 도움이 되었으면 합니다.

2022년 여름

김효정

PART 1

준비하기

MZ세대에 대한 이해와 공감

'MZ세대'처럼 모호한 단어도 없을 것입니다. 'M', 즉 밀레니얼세대라는 범위조차도 분명하지 않습니다. 대략 밀레니얼은 1981년생부터 1990년대 중반 태생까지, Z세대는 그 이후부터 2000년대 초반 태생까지를 가리킨다고 알려져 있습니다. 맨 처음 한국에서 MZ세대라는 말이 생겨났을 때는 단순히 밀레니얼과 Z세대를 합쳐놓은 말에 불과했지요.

그러나 이 책에서는 MZ세대의 정의를 2022년 기준 20~30대, 즉 1980년대 중반 이후 출생자부터 2000년 출생자까지로 한정 지었습니다. 1980년대 중반, 즉 30대가 MZ세대의 시작을 여는 이유는 명확합니다. 이들은 X세대의 다음 세대이기 때문입니다. 1970년대 태어나 1990년대 청년 시절을 보낸 X세대의 다음 세대를 무엇으로 부를 것인지 많은 논의가 있었습니다. X세대 이후의 세대를 MZ세대로 묶는 데는 이유가 있습니다. 이들이 가진 사회·문화적 동질성, 디지털에 대한 경험, 함께 겪은 사회 변화의 과정 같은 것이 20~30대를 MZ세대로 한데 묶습니다.

그렇다면 이들을 어디에서 끊어내야 할까요. 코로나19 팬데믹은 그 실마리를 알려줍니다. 코로나19 팬데믹 이전에 성인기에 접어든 사람, 즉 2000년생 이전 청년들과 아직 청소년인 세대는 생활양식과 가치관에 큰 차이가 있습니다. 그래서 MZ세대의 끝을 팬데믹이 선언된 2020년을 기준으로 삼았습니다. 2000년생이 성인이 되던 시점이지요.

MZ세대가 누구인지 정의 내린다면 MZ세대의 특성을 파악하기 쉬워집니다. 신자유주의 논리를 체득한 생존주의 세대로서 MZ세대는 첫 디지털 네이티브 세대이자 K컬처의 생산자이고 소비자입니다. '격차세대'로 명명될 코로나세대와는 사뭇 다른 모습을 보입니다. Part1에서는 이 특성들에 대해 조금 더 자세히 살펴볼 것입니다. 이 Part에서는 MZ세대에 대한 이해를 준비하는 걸 목표로 합니다. 누가 MZ세대인지, MZ세대의 공통적인 특성은 무엇이 있는지 파악해봅시다.

MZ

01

Generation MZ's manual

정의_ MZ세대와 청년세대

'MZ세대'라는 용어를 비판하는 사람도 있다. MZ세대란 기성세대가 편의상 청년세대를 묶어 만들어낸 개념일 뿐이라며, 정작 MZ세대로 묶이는 이들은 해당 구분과 용어를 기꺼워하지 않는다는 것이다.[5)]

사전적인 의미에서 MZ세대란 1980년대 초반부터 1990년대 중반에 출생한 이들을 가리키는 밀레니얼(Millennial) 세대와 그 이후 2000년대 중반에 태어난 사람까지 가리키는 Z세대를 모두 엮기 때문이다. 좀 더 구체적으로 밀레니얼세대는 1981년부터 1995년까지, Z세대는 1995년부터 2005년까지다. 이 정의에 따르자면 MZ세대에는 마흔 언저리부터 10대까지 모두 묶인다.

그러나 MZ세대를 밀레니얼세대와 Z세대를 단순히 합한 것으로 보는 정의는 오류에 가깝다. MZ세대라는 단어가 만약 두 세대의 단순한 합이라면 서로 다른 세대를 한데 묶은 것에 지나지 않기 때문이다.

다시 말하면, MZ세대는 밀레니얼과 Z세대의 합으로는 설명되지 않는 특정 연령대를 가리킨다.

따라서 MZ세대는 2022년 기준 20~30대를 가리킨다. 1980년대 초중반부터 2000년생까지다. 그런 점에서 MZ세대는 완전히 새로운 게 아니다. 그간 20~30대를 일반적으로 청년세대라고 정의해왔기 때문이다. 88만원세대도, N포 세대도 모두 20~30대를 가리켰다. 그런데도 이들을 MZ세대로 새롭게 호명하는 건 청년세대를 새로운 관점에서 조망하는 개념이기 때문이다.

MZ세대와 세대 구분의 필요성

MZ세대는 동질한 문화적 환경에서 비슷한 경험을 했고, 그에 따라 비슷한 행동 양식과 세계관을 지녔다. 문화적 정체성은 MZ세대를 하나로 묶어주는 요소다.

MZ세대라는 단어를 비판하는 근거 중 하나는 당사자들이 자신을 MZ세대로 인식하지 않는다는 것이다. 그러나 내가 어떤 세대인지 인식하고 거기에 정체성을 맞추는 세대 인식은 흔치 않다. 최샛별 이화여대 사회학과 교수는《문화사회학으로 바라본 한국의 세대 연대기(이화여자대학교출판문화원)》에서 많은 사람이 자신을 '낀 세대'로 인식한다는 점을 지적했다. 일반적으로 자신을 어떤 세대로 인식하기보다 자신을 기준으로 아래위 세대를 나눈다.[6]

더구나 현재 20~30대 젊은 세대들은 이전의 X세대나 베이비붐세대처럼 "딱 하나의 세대 명칭으로 규정된 바가 없다"[7]. 그만큼 "이 세대가 다양한 이름으로 불릴 수 있는 입체적 존재"[8]라는 의미인데, 거꾸로 보면 각 명칭은 20~30대를 완전히 대표하지 못한다. 그러니 20~30대에게 '○○ 세대'라는 말이 자기 세대를 대표하는 것 같으냐고 물어본들 '그렇지 않다'는 답변을 얻을 수밖에 없다. 그렇다면 본인들이 인식하지 못하는 세대구분을 꼭 해야 할 필요가 있는지 의문이 든다.

각 세대는 다른 세대가 존재해야 비로소 드러난다.[9] 모든 세대는 다른 세대와 비교했을 때 이질적이다. X세대를 예로 들자면, X세대가 개인적이라고 정의되기 위해서는 먼저 '다른 세대에 비해'라는 기준이 필요하다. 베이비붐세대보다 개인적이라는 식이다. 베이비붐세대와 X세대 사이에서 차이를 느끼는 게 먼저라는 건데, 이 이질감에 민감하게 반응하는 사람에게는 무엇이 다른지, 왜 다른지 이해하기 위해서 세대론이 필요하다. 결국은 이해의 문제다. 어떻게 세대를 구분하느냐는 무엇을 중점으로 그 연령대를 이해하느냐와 관련된다.

네트워크(Network)에서 따온 N세대는 20~30대의 문화적 환경을 두고 쓰는 개념이다. 베이비붐세대의 자녀 세대로서 베이비붐세대만큼이나 많은 인구수를 보인다는 뜻의 에코세대 혹은 에코붐세대는 인구통계학적인 부분에 초점을 맞춘 개념이다. 88만원세대, N포 세대는 이들의 경제적 여건에 중점을 둔다.

많은 20~30대가 세대 호칭을 어색해하는 데는 호칭마다 다른 강조점 탓도 있을 것이다. 20~30대 개인이 무엇을 중시하며 살아가느냐에 따라 어떤 호칭은 맞지 않는 것처럼 느낄 수 있다. 경제적인 불안감을 더 잘 느끼는 20~30대는 88만원세대라는 호칭에는 동의할지언정 N포세대에는 고개를 갸웃할 수 있다. 대신 20~30대가 동질한 문화적 경험을 했다는 것을 안다면 MZ세대라는 단어로 청년세대를 묶어내는 데 동의할 수 있다.

외환위기와 7차 교육과정

MZ세대와 다른 세대를 가르는 주요한 분기점은 1997년 외환위기다. 국가적 경제 위기를 벗어나기 위해 한국이 선택한 모델은 신자유주의였다. 한국은 빠르게 국채를 갚아나가면서 전형적인 신자유주의 국가로 발돋움했다. 정치가 사법기관에 종속되고 경제부처와 관료가 지배 권력을 쥐는 포스트민주주의, 금융이 경제를 이끄는 금융화와 세계화, 연구개발과 국가경쟁력 등에 대한 제도적 지원, 노동시장 유연화, 그 결과로 발생한 양극화와 불평등 따위가 신자유주의 국가의 특징이다.[10]

MZ세대는 신자유주의가 자리 잡은 한국에서 성인이 되어 사회생활을 시작했다. 대략 1980년대 중반 이후 출생한 사람들이다. 이들 M에게는 이전 세대와 달리 국가의 정치·경제 체제와 관련해 투쟁해본 경험이 없다. 이들에게 신자유주의 국가는 더 논쟁할 필요 없을 정도로 정착된 체제다. 애초에 한국에서 신자유주의가 자리 잡을 때까지 전 사회적으로 의미 있는 저항이 일어난 적이 없다. 신자유주의적 체제 외에는 대안이 없다는 논리가 강력하게 작동되었기 때문이다.[11]

그러면서 신자유주의적 논리, 경쟁과 효율성은 MZ세대의 삶에 깊이 자리 잡았다. 88만원세대나 N포 세대는 MZ세대의 경제적인 삶에 좀 더 초점을 맞춘 개념이다. 88만 원/N포 세대는 신자유주의로 촉발된 불평등을 수용하며 만성적인 우울과 무기력에 시달리는 청년의 모습을 반영한다. 반면 어떤 MZ세대는 좋은 삶을 좇는 환상을 절박하게 유지하며 고단한 현재의 삶을 이어 나간다. 안정된 직업, 계층 상승 같은 것은 꿈같은 이야기지만 버리기 어려운 희망이라[12] 주식과 코인, 부동산으로 대표되는 재테크에 매달리는 MZ세대도 등장했다.

교육적으로도 MZ세대는 윗세대와 구분된다. 2000년부터 학년별로 순차적으로 적용된 7차 교육과정은 선택 과목제를 도입하여 학생마다 서로 다른 교과목을 공부하고 시험 치게 되었다. 입시에서 수시 제도는 점점 강화됐고 이전과 같이 수학능력시험 한 번으로 대학 입학이 결정되던 시기는 지났다. 개정에 개정을 거듭하면서 복잡해지는 교육과정과 입시 제도는, 이전 세대와 MZ세대를 포함한 이후 세대를 가르는 분기점이 됐다.

무엇을 배우느냐 만큼, 어떻게 배우는지도 중요하다. MZ세대가 교육 현장에서 배우는 것은 각자도생(各自圖生)이다. 그들 이전 세대만 하더라도 교육 환경에서 변수가 있다면 수능 혹은 학력고사의 난이도 정도였다. 그러나 MZ세대부터 학생들은 예측이 어려운 입시제도와 복잡한 교육 환경에 적응해야 했다. 교육에서 습득한 각자도생 정신은 MZ세대를 생존주의 세대로 명명했다. 선배 청년들은 산업화든 민주화든 사회 변혁의 주체가 되어 기성세대의 고루함을 깨는 역할을 했다. MZ세대는 저항, 자유, 도전 같은 단어와 거리가 먼[13] 대신 각자 노력한다. 학창 시절을 넘어 취업 과정에서, 직장 생활에서도 알아서 노력하지 않으면 경쟁에서 도태되는 게 MZ세대의 숙명 같다. 그렇게 노력해서 대단한 성취를 얻을 수 있는 건 아니다. 단지 평범하고 안정적으로 살기 위해서 노력한다. 생존주의자로서 MZ세대는 평범하고, 안정적인 삶을 소망한다.[14] 그리고 그게 어렵다는 걸 안다.

디지털 네이티브, K컬처의 주체

정서적으로 MZ세대를 다른 세대와 가르고 묶어주는 게 외환위기와 7차 교육과정이라면, 문화적으로는 디지털을 바탕으로 유사한 행동 양식을 지닌다. MZ세대를 두고 역사상 최초의 디지털 네이티브라고 한다. 엄밀하게는 완전한 디지털 네이티브는 아니다. 아날로그 환경에서 태어나 아날로그에서 디지털로 이행하는 환경에서 자랐고, 누구보다 디지털에 익숙하게 성장한 세대이기 때문이다. 단지 디지털 기기에 익숙해진 게 아니라, 온라인 커뮤니케이션을 일상으로 가져온 첫 세대다.

한국에서 온라인 커뮤니티가 태동하기 시작한 것은 2000년대 초반이지만, 이후 공론장(公論場)으로 기능하면서야 주목받게 됐다. 온라인 커뮤니티는 2008년 미국산 소고기 수입 반대 촛불집회 같은 사건을 정치적 활동으로까지 이끌며 많은 관심을 받았다.

사실 초창기부터 온라인 커뮤니티는 유희적 성격이 강했다. 인기 있는 커뮤니티는 거의 취향과 취미에 관한 것이었고 '다음(DAUM) 아고라'처럼 공론장 역할을 하던 커뮤니티는 2010년대 들어 문을 닫았다. MZ세대의 온라인 커뮤니케이션은 밈(Meme, 인터넷 유행)과 '취향 존중'을 기반으로 움직였고, MZ세대를 하나의 취향 집단으로 묶었다.

'취향'은 MZ세대를 설명하는 또 하나의 키워드다. 디지털 기술의 발달이 다양한 문화를 즐길 수 있게 한다는 건 잘 알려진 사실이다.[15] 예전에는 클래식 공연 같은 '고급문화'는 주로 중산층 이상이 향유했지만, 이제는 스마트폰으로 유튜브를 통해 일반적으로 즐길 수 있다. MZ세대는 이처럼 다양한 방식으로 문화를 향유한 청년세대다.

MZ세대의 취향은 클래식에서 힙합, 현대무용에서 스트리트 댄스까지 다채롭고 다양하다. 취미도 매우 세분되어서, 예전과 같이 취미란에 '영화 감상'처럼 한 단어로 표현하는 데 그치지 않는다. 영화의 장르마다 마니아가 있고 전문가 못지않은 지식으로 무장하기도 한다.

이렇게 세분된 취향은 다시 온라인 커뮤니티나 소셜미디어를 타고 공유된다. 공유는 MZ세대의 중요한 키워드다. MZ세대는 각자 스마트폰을 들고 각자의 공간, 소셜미디어나 온라인 커뮤니티에서 각자의 취향대로 놀이한다. 그러나 오롯이 혼자 놀지 않는다. 같은 취향과 의견을 지닌 사람끼리 연결되어 그들만의 공간을 만든다.

MZ세대는 정체성 측면에서 한국 문화에 깊이 결착된 세대이기도 하다. 이들을 '포스트 2002' 세대라고도 부를 수 있다. 2002년 월드컵 당시 10대 이하의 유아·청소년으로서 당시의 승리를 기성세대만큼 감격적으로 즐기지는 않았지만 당연하게 받아들인 세대다. 한류는 MZ세대가 대중문화에 관심을 둘 무렵 싹 텄고 MZ세대가 대중문화의 주체가 되었을 때 K컬처라는 이름으로 전 세계에 확산되었다.

MZ세대 사이에 '국뽕'이라는 단어가 자연스럽게 자리 잡은 것도 같은 맥락이다. '국가'와 마약을 뜻하는 은어인 '뽕'을 합친 국뽕은, 한국과 한국 문화에 자부심을 느낄 만한 일에 취한다는 뜻으로 쓰인다. 얼핏 기성세대가 MZ세대보다 국뽕을 더 즐길 것으로 보이지만, 애초에 국뽕이라는 단어를 만든 이도 이를 즐기는 이도 모두 MZ세대다.

코로나19로 멈춰선 MZ세대

그런데 코로나19 팬데믹은 MZ세대를 아랫세대와 구분하는 계기가 되었다. 한 세대를 동일한 '집단기억'을 가진 사람들[16]로 정의한다면 코로나19는 세대를 구분할 만한 분기점이다. 성인기에 접어들기 전 코로나19 사태를 경험한 '코로나세대'는 이전 세대와 다른 삶의 양식을 보일 것이다.

MZ세대의 끝 지점은 이제 막 만들어지기 시작한 것이다. 이 사실은 왜 우리가 MZ세대를 명확하게 정의하기 어려운지를 알려준다. MZ세대는 현재진행형으로 형성 중인 세대이기 때문이다. MZ세대의 시작은 밀레니얼세대의 시작과 꼭 같지는 않다. 그보다는 조금 더 뒤, 1997년 외환위기와 7차 교육과정이 맞물리는 시점에 주목해야 한다. 끝은 아직 분명하지 않지만, 코로나19가 MZ세대와는 다른 새로운 세대를 만들어낼 것이라고 예측할 수 있다.

Generation MZ's manual

02 코로나19_ MZ세대와 아랫세대

MZ세대는 코로나19 팬데믹을 기준으로 아랫세대와 나뉜다. 코로나19 팬데믹 시기에 성인기에 접어든 2000년~2002년생을 기준으로 MZ세대와 그 이후 세대를 가르는 이유다. 팬데믹이라는 집단경험이 그만큼 세대 구분에 중요한 역할을 한다는 의미다.

세대는 공통된 기억을 지닌 집단이다. 세대를 구분하는 기준은 다양할 수 있는데, 그 기준 중 하나가 공통적인 경험을 한 사람들로 묶는 것이다. 코호트(Cohort)는 비슷한 시기에 태어나 중요한 사건을 함께 경험한 사람들을 가리키는 기준이다. 특히 청소년기에 경험한 사건들이 심리적 속성을 만들어 집단을 구분하는 데 중요한 역할을 한다.[17)] 이에 따르면 X세대와 MZ세대는 1997년 외환위기와 2002년 한일 월드컵으로 이어진 변화를 성장의 어느 시기에 겪었는지를 두고 나뉜다.

X세대가 이전 세대와 나뉘는 기준은 1987년 6·10 민주항쟁과

1988년 서울올림픽 등을 청소년기에 겪었다는 것이다. 이 분기점을 통해 X세대는 정치적 안정과 경제적 풍요를 동시에 누릴 수 있게 됐다.[18] 그러면서 X세대는 벤처붐으로 대표되는 정보화 시대와 한국 문화의 부흥을 이끌었다. 여전히 X세대는 정치적으로 진보적인 세대다. 2010년부터 2018년까지 여섯 번의 전국 단위 선거 결과를 분석해봤더니 1965년생부터 1974년생이 가장 비(非)보수적인 투표 성향을 보였다는 연구 결과도 있다.[19] 청소년기 집단적으로 형성된 기억으로 X세대가 진보적이고 성취지향적인 성향을 띄게 됐다고 추론할 수 있다.

X세대와 MZ세대를 가르는 기준으로 외환위기와 한일 월드컵은 적절한 것일까. 1997년 외환위기는 확실히 한국 사회를 변화시켰다. 거시적으로 외환위기 이후, 한국 사회는 본격적인 신자유주의 체제에 돌입했다. 노동 시장이 유연해졌고 경쟁력이 강조되며 자본 주도의 질서가 자리 잡는, 그래서 불평등과 양극화가 커지는 사회 환경이 만들어졌다.[20] 청소년기에 외환위기를 맞은 MZ세대는 신자유주의적 논리를 내면화하면서 성장하기 시작했다.

2000년대 대학에 진학한 MZ세대는 X세대와는 다른 대학 생활을 보냈다. 2005년 기준으로 82.1%에 달한 대학 진학률[21]은 대학 졸업장만으로는 제대로 된 취업 자리를 구할 수 없는 환경을 만들었다. 대학에 입학하자마자 '스펙'을 쌓는 데 열을 올렸고 상대평가제로 전환된 대학 평가 시스템은 서로를 경쟁상대로 인식하게 했다. 학점 관리와 스펙 쌓기를 통해 취업을 목표로 청년기를 보낸 이들이 MZ세대다.[22]

나눌 수 없는 MZ세대

그런데 이 MZ세대 사이에 분기점이 있다는 의견도 있다. 주창윤 서울여대 언론영상학부 교수는 《세대문화(커뮤니케이션북스)》에서 '참여세대'를 제안했다. 10대 시절 외환위기를 겪었지만 2002년 한일 월드컵과 2008년 미국산 소고기 수입 반대 촛불 집회를 거친 청년세대를 일컫는 개념이다. 참여세대의 특징으로 꼽은 것은 반권위적인 문화, 온라인 커뮤니티를 기반으로 한 관계 설정 등이다.[23] 그러면서 이후의 신자유주의세대 혹은 N포세대와 구분했는데, 되짚어보면 주창윤 교수의 참여세대와 신자유주의세대는 크게 구분되지 않는다.

월드컵 이후 사회문화적으로 세대를 나눌 만한 분기점이 뚜렷이 존재하지 않는다는 의미다. 2008년 촛불집회는 확실히 변화를 가져왔다. 정치에 참여하지 않던 청년세대에게 정치성을 부여했고 참여방식도 자유롭고 다양해졌다. 그러나 2008년 집회 전후로 뚜렷한 경계선이 생긴 것인가를 묻는다면, 그렇지 않다. 2008년 집회는 지속적인 변화를 이끌어내지 못했기 때문이다.

당시 시위대를 막기 위해 쌓아 올린 차벽을 두고 '명박산성'이라 하며, 이에 반대해 모인 사람들은, 2012년 제18대 대통령선거에서 박근혜 당시 새누리당 후보가 정권을 이어받는 것을 지켜봐야 했다. 2009년 서울 용산 재개발에 반대하던 시위대 7명이 사망한 '용산참사'가 일어났지만, 도시는 빠르게 개발되었다.

2014년 세월호 참사는 사회의 변곡점이 될 만큼 충격적인 사건이었다. 세월호 참사에서 박근혜 전 대통령 탄핵으로 이어지는 정치·사회적 사건들은 역사적으로 기억될 만한 것이지만 MZ세대를 나누는 기준이 되기는 어렵다. MZ세대가 지닌 경제적인 여건, 문화적인 배경은 세월호 참사와 대통령 탄핵이라는 사건과는 일견 관련이 있으면서도 독자적으로 구성되고 있었다는 의미다.

월드컵을 계기로 MZ세대는 한국적인 세대가 되었다(이전 세대의 문화적 환경은 미국과 일본 등 선진국의 그늘에서 벗어나기에 한계가 있었다). 월드컵이 모든 걸 자유롭게 했다는 의미는 아니다. 마침 전국적으로 개통되던 초고속 통신망을 타고 자유로워진 표현들이 새로운 청년 문화를 만드는 데 일조했다. 2002년 12월에 치러졌던 제16대 대통령 선거는 물론 드라마 〈겨울연가〉처럼 K컬처로 확산되는 한류의 초석을 놓는 콘텐츠도 만들어졌다. 한국처럼 활발한 온라인 커뮤니티 문화가 형성된 곳은 세계적으로도 드문데, 그 시작점도 2002년 무렵이다.[24]

이때부터 20·30대 청년문화는 변주를 두면서 발전했을 뿐 분절되지는 않았다. 청년들은 동질한 기억을 쌓고 비슷한 경험을 나누었다. 초기 밀레니얼세대와 후기 Z세대의 연령 차이는 10년 넘게 나지만, 문화적 차이는 그만큼 크지 않았다. 아이돌 그룹 동방신기의 팬덤은 밀레니얼과 Z세대에 걸쳐 넓게 분포되었고, 페이스북과 인스타그램은 이들에 의해서 주된 의사소통 수단으로 자리 잡았다.

수시로 변화하는 입시제도 아래에서 수학능력시험의 비중이 점차 줄어드는 학창 시절을 거쳐 취업을 목표로 대학에 진학한 게 밀레니얼세대와 Z세대의 공통된 경로다. 증가하는 1인 가구와 열악해지는 주거 환경에는 밀레니얼세대와 Z세대의 차이가 없다.

성별과 계급의 분화

그렇다고 해서 MZ세대가 거대한 하나의 동질 집단으로 움직이는 건 아니다. MZ세대는 연령이 아니라 다른 기준으로 분화했다 합쳐지기를 반복했다. 대표적인 게 계급, 즉 '수저론'인데, MZ세대를 이들 세대 내에서 발생하는 불평등으로 설명하고자 한다.

MZ세대의 불평등은 소득이 아니라 자산에서 시작된다는 게 수저론의 전제다. 많은 사람의 계급의식은 소득 불평등이 아니라 자산 불평등에 근간을 두고 있다는 연구 결과가 많다.[25] 지금 50대인 86세대가 만들어낸 격차, 학벌에서 시작해 노동시장의 지위까지 벌려진 격차는 자녀세대인 MZ세대에 그대로 전달되었다.[26] 자랄 때부터 고정된 자산의 격차가 MZ세대 본인이 노력해도 뒤집기 어려운 거라는 인식이 수저론을 공고하게 만들었다.

MZ세대는 성별로 분화되기도 한다. '이대남(20대 남자)' 현상은 MZ세대가 젠더의식을 바탕으로 스스로 나뉘게 된 상황을 보여준다. 다만 젠더의식에 관한 이대남 현상에는 20대 남성뿐 아니라 30대 남성도 포함해야 한다는 지적이 있다. 최종숙 민주화운동기념사업회 선임

연구원의 연구에 따르면 20대 남성과 30대 남성의 반페미니즘 의식은 비슷하게 높은 수준이다.[27] 이에 따르면 MZ세대 남성은 MZ세대 여성과 뚜렷하게 다른 생각을 지니고 있다. 이 문제는 단순히 인식의 차이에서 그치는 게 아니라 연애·결혼·출산으로 이어지는 생애 과업에까지 영향을 미친다.

나아가 MZ세대는 부족(部族)으로 분화되기도 한다. 일할 의지가 없는 무직자를 일컫는 니트(Neet), 현재의 삶을 즐기는 욜로(Yolo), 시공간의 제약 없이 돌아다니는 노마드(Nomad) 등 MZ세대를 나누는 표현은 매우 많다.그러니까 MZ세대는 연령으로 분화되기보다 흩어졌다 합쳐지기를 반복하는 커다란 세대 집단으로 존재해왔다. 여기에 변화가 생긴 것은 코로나19가 발생한 뒤였다.

코로나19가 가른 세대

코로나19의 전 세계적인 발발은 모든 계층, 세대 집단에 영향을 미쳤다. 그중에서도 아동·청소년이 받은 타격은 크다. 지금 청소년들은 이전의 세대, MZ세대와는 다른 경험을 하고 있다. MZ세대가 일상적으로 겪은 학창 시절을 박탈당했는데 대체될 만한 경험을 하지 못했다. 기성세대 역시 코로나19 사태 속에서 각자도생(各自圖生)하고 있지만, 생존에 대한 대비도 되어 있지 않은 청소년까지 불안에 놓이게 됐다.

'코로나세대'라고 이름 붙일 수도 있는 이 청소년은 새로운 세대다. MZ세대가 겪는 문제나 MZ세대의 속성과는 차이 날 게 분명하다. MZ세대의 입장에서 보자면 코로나세대는 MZ세대만의 속성을 명확하게 만들어줄 존재다.

이를테면 코로나세대는 이전 세대와 심화된 격차로 인한 문제를 겪을 가능성이 높다. 비대면 관계와 디지털 경험에 더 익숙한 만큼 MZ세대보다 더 개인적이고 독립적인 면모를 보일 것이다. X세대가 한때 개인주의적이라는 얘기를 들었지만 MZ세대에 비해 집단주의적이라는 사실이 드러난 것처럼, MZ세대의 속성 역시 코로나세대가 사회로 진입할수록 더욱 분명해질 것이다.

PART

2

구성하기

MZ세대를 묶는
요소와 속성

MZ세대를 이해하기 위해서는 이들을 하나의 세대로 묶는 요소가 무엇인지 살펴봐야 합니다. 제품의 부품을 뜯어보고 하나씩 조립하듯 MZ세대의 속성을 모으다 보면 MZ세대 전체의 모습이 보일 것입니다. 그래서 PART2에서는 MZ세대가 어떤 세대인지 살펴보겠습니다.

국가와 사회 속에서 MZ세대는 어떤 시민일까요. MZ세대는 기성세대와 완전히 다른 문화적 자부심을 지닌 세대입니다. MZ세대는 특히 대중문화의 영향을 많이 받고 성장했는데, 이들이 세상을 이해하는 방식을 대표적으로 보여주는 요소가 바로 TV 프로그램인 '무한도전'입니다. MZ세대가 '무한도전'의 세계관, 펭수의 세계관, 엑소(EXO)의 세계관으로 각자 세상을 바라보고 이해하는 방식에 대해 살펴보겠습니다.

MZ세대 개인은 어떤 사람들인지 궁금해집니다. 한창 MZ세대 사이에서 유행하는 MBTI라는 심리 검사는 알고 보면 행복해지고 싶어 하는 그 세대의 노력을 반영하는 것입니다. MZ세대는 무엇에 만족감을 느끼는지, MZ세대의 자아존중감은 무엇으로 높아지는지 '여행'과 '미식'이라는 키워드를 통해 살펴보겠습니다.

일반적으로 청년세대는 진보적이고 진취적이라고 생각하기 쉽지만, MZ세대는 조금 다릅니다. MZ세대는 대체로 '얼리어답터'가 아닙니다. 이들이 메타버스를 인지하는 바를 통해 이를 알 수 있습니다. 진보적일 것이라는 고정관념이나 보수화되었다는 주장도 적절하지 않습니다.

이런 MZ세대 개인이 모여 만드는 세대문화는 이전의 세대와 사뭇 다릅니다. MZ세대는 소비함으로써 표현합니다. 하나로 뭉치지 않습니다. 개별화된 MZ세대의 세계는 그 세대의 공통된 문화를 표현하기 어렵게 만듭니다. 대신 MZ세대는 과거를 추억하며 서로의 공통점을 찾습니다. '떡볶이'는 세대의 기억을 관통하는 키워드입니다.

이렇게 MZ세대를 구성하는 요소들을 하나씩 짜 맞추다 보면 이 느슨하고 큰 집단을 이해할 수 있을 것입니다. 이를 통해 다음 PART3에서는 실제로 적용해보는 연습을 해보도록 합시다.

MZ

03

Generation MZ's manual

K_ 나와 우리에 대한 자부심

'헬조선'이라는 말이 널리 쓰이다가 요즘 그 빈도가 줄었다. 대신 '국뽕'이라는 말이 쓰인다. '국뽕'은 헬조선이 과연 진짜 '헬(지옥)'인지 묻는 사람이 생겨났다는 걸 방증한다. '국뽕'은 최근의 신조어가 아니다. 과거에도 맹목적으로 한국을 찬양하는 모습을 가리킬 때 종종 '국뽕에 취했다'는 표현을 썼다. 이 표현이 등장했을 때만 해도 그런 행동을 비하하기 위해서 쓰였다.

그러다 점차 긍정적인 상황에서도 쓰이기 시작했다. 영화 〈기생충〉이 미국 아카데미 시상식에서 작품상 등 4개 분야를 수상했을 때, 한 언론사 논설위원은 "'국뽕'이란 단어를 싫어하지만 이럴 땐 '국뽕' 한 사발 마시는 게 인지상정"이라고 쓰기도 했다.[28] 이처럼 국뽕이 긍정적인 의미를 지니게 된 건 K컬처가 세계적 인기를 얻기 시작하면서부터다.

K컬처는 한류라는 이름으로 일본과 중국을 중심으로 알려지기 시

작했다. 몇몇 작품과 스타에 기반해 자생적으로 생긴 흐름이라 2000년대 중반에는 한류가 끝날 것이라는 우려 섞인 전망도 있었다.[29] 그러나 한류는 곧 대중문화 외에 음식, 뷰티 등 한국 문화 전반을 의미하는 것으로 확산되었고[30] 음악, 드라마, 웹툰, 게임 등 콘텐츠에 접두어 'K'가 붙어 전 세계로 수출되었다.

한국 문화에 대한 한국인의 자부심은 고취되었다. 동아시아연구원(EAI)이나 여론조사 전문기관 한국리서치에서 조사에 따르면 '어떤 다른 나라보다 대한민국 국민이고 싶다' '대한민국 국민인 게 자랑스럽다'라고 밝힌 응답자는 전체의 80%였다.[31][32] 동아시아연구원의 '한국인의 정체성 조사'에서도 대한민국 예술과 문화 수준이 '자랑스럽다'고 밝힌 사람은 88.7%였다.[33]

월드컵 개최 당시만 해도 "'동방의 작은 나라' 한국이 기적을 일으켰다'[34]는 수식어가 어색하지 않을 정도로 한국인은 한국을 조그맣게 여겼다. 그러나 MZ세대에게 한국은 마냥 작은 나라가 아니다. 세계 어디를 가도 한국인을 만날 수 있고, K팝과 K드라마를 대할 수 있는 환경에서 한국을 '중심'으로 인식하게 됐다.

리액션을 찾는 MZ세대

그래서 가끔 MZ세대는 국뽕에 취한 것처럼 보인다. 유튜브나 소셜미디어에서 '리액션 비디오'가 인기를 얻은 게 그렇다. 리액션 비디오란 어떤 콘텐츠를 보고 반응하는 모습을 찍은 영상이다. 방탄소년단의 뮤직비디오를 시청하는 팬들의 모습을 찍어 '방탄소년단 뮤비 리액션'이라고 이름 붙이는 식이다. 한국 유튜브에는 이런 리액션 비디오가 수없이 많다. 전 세계적으로 인기를 얻은 마블(MARVEL) 시리즈 영화, 〈어벤저스〉에 나오는 배우들이 한국에 와서 한국 음식을 먹고 보인 반응을 찍은 동영상은 2018년 4월 공개된 지 4년 만에 2,400만 회가 넘는 조회 수를 기록했다.

시각장애인이 의식을 잃은 것처럼 연기했을 때 시민이 보인 반응, 팔을 다친 고등학생을 발견한 초등학생의 반응을 찍은 '사회실험' 동영상은 각각 2022년 4월 기준으로 1,500만, 1,400만 회 조회되었다. 이들 사회실험 동영상은 한국인이 따뜻한 정(情)을 지녔으며 한국은 안전하고 인간적인 사회라는 것을 보여준다.

한국 전투식량, 한국 분식, 치맥 등을 먹고 외국인이 보인 반응, 축구 선수 손흥민의 골에 대한 영국인의 반응, 중국 쿵푸와 한국 태권도를 동시에 본 외국인의 반응, 가수 박효신의 노래를 들은 외국인이나 방탄소년단의 무대를 본 외국인의 반응 같은 동영상은 수백만 조회 수를 보여준다. 이 동영상의 주 시청자는 한국인이다.

유튜브에서 2021년 가장 인기 있는 콘텐츠가 된 드라마 〈오징어 게임〉을 둘러싼 반응을 볼 수 있다. MZ세대는 〈오징어 게임〉이 전 세계적으로 얼마나 인기 있는지 체감하기 위해 부지런을 떤다. 누구도 시키지 않았는데 외국 방송사 뉴스를 공유하며 번역하고, 외국 소셜미디어를 살피며 이 같은 내용을 정리해 게시물로 만들어 공유한다. 〈오징어 게임〉에 한한 일이 아니다. 영화 〈기생충〉이 해외 유명 영화제에서 호평받을 때처럼 자랑할 만한 우리 문화에 관한 외국의 반응을 정리한 자료가 쉴 틈 없이 온라인 공간을 순회한다.

무너진 선진국에 대한 환상

이 현상을 이해하면 MZ세대와 국뽕의 관계를 이해할 수 있다. 한국리서치의 '코로나19와 국가 자부심'이라는 조사에 따르면 코로나19 이전과 비교했을 때(2020년 4월 기준) 미국에 대한 이미지가 부정적으로 변했다고 답한 20대는 78%, 30대는 84%였다. 독일·영국·프랑스 같은 유럽 주요 국가에 대한 이미지가 부정적으로 바뀌었다고 응답한 20대는 82%, 30대는 80%에 달했다.[35] MZ세대와 국뽕의 관계를 논할 때는 이 지점을 짚어봐야 한다. MZ세대는 K컬처가 세계 시장에서 주류 문화가 되었다 해서 마냥 국뽕에 취하는 대신, K컬처를 향유하는 선진국에 이제까지와는 다른 시선을 두기 시작했다.

한국의 리액션 비디오 중에는 한국 사회의 우수함을 알리는 동영상이 많다. 한국의 치안이 매우 안전한 수준이라는 걸 체험하는 외국인 동영상은 수백만 조회 수를 기록한다. 한국 대중교통 시스템의 편리함을 보여주는 '해외리얼반응' 채널의 동영상 조회 수는 300만을 넘었다(2021년 말 기준). 한국이 사회·경제·문화면에서 다른 선진국에 뒤떨어지지 않는다는 것을 강조하는 영상들은 주 시청자인 MZ세대가 선진국에 대한 환상을 버리고 있다는 걸 보여준다.

MZ세대와 한국 사회가 선진국에 지녔던 '환상'은 선진국 자체에 관한 것만은 아니다. 선진국의 사회 시스템, 정치 구조, 경제 성장에 대한 동경은 물론이고, '선진국 경험'을 포함하는 것이다. 업무차 또는 유학이나 여행으로 선진국을 경험하는 건 상황과 자본이 받쳐줘야 가능하다. 여행리서치 전문회사 컨슈머인사이트가 매년 시행하는 '여행 행태 및 계획조사(2019)'에 따르면 1년 사이 북미 및 유럽으로 여행을 다녀온 비율은 15%에 미치지 못했다.[36]

다시 말하면, 선진국에 대한 환상은 '선진국을 경험할 수 있는 수저'에 대한 환상이다. 이러한 환상은 일종의 계급적 문제다. 한때 선진국에 진입하면 많은 사회 문제가 해결될 수 있다고 상상하던 것처럼, 선진국을 경험하면 삶이 변화할 거라는 막연한 기대가 있던 거다. 그 기대는 선진국 경험이 가능한 일부 '수저'에 불과한 한계 때문에 더욱 강화되었다.

K컬처로 전복되는 선진국 환상

선진국에 대한 환상은 MZ세대뿐 아니라 모든 세대가 공유하던 것이다. 그런데 이러한 환상에 균열이 일기 시작했다. 코로나19는 선진국의 방역 시스템이 한국에 비해 오히려 뒤떨어졌다는 것을 알려준 계기가 됐다. 동아시아연구원의 '한국인의 정체성 조사(2020년도)'에는 한국의 '보건의료 수준이 자랑스럽다'는 항목이 신설되었는데, 이에 '그렇다'고 답한 응답자가 95.9%였다. 선진국 방역 시스템에 대한 회의감은 정치·사회·문화 전반까지 돌아보게 했다.[37]

MZ세대는 발 빠르게 움직였다. 알고 보면 의료 기술 선진국인 미국의 의료 체계가 사회적 약자를 보호하지 못하는 부분이 있고, 질서와 규칙이 특징적으로 알려진 국가인 독일의 행정 시스템은 상당히 느린 편이라는 것을 소셜미디어와 온라인 커뮤니티를 통해 널리 알렸다.

이 상황에서 K컬처는 MZ세대에게 '전복적 즐거움'을 전해줬다. MZ세대는 유튜브에서 리액션 영상과 소셜미디어에서 〈오징어 게임〉과 방탄소년단의 성공적인 퍼포먼스를 찾아보며 전복적 즐거움을 느낀다. 전복적 즐거움이란 기존의 헤게모니가 해체되는 것을 경험하면서 느낄 수 있는 즐거움을 의미한다.

K컬처는 그간 영미권의 이국적인 문화 신드롬과는 결이 다르다. 이전의 신드롬은 반짝 흐름을 타거나 다시 거대 문화로 흡수되는 과정을 밟아왔다. 2000년대 초반, 가수 리키 마틴을 중심으로 미국에서 라틴 팝 열풍이 불었지만, 라틴 문화에 대한 관심이 늘어난 것은 아니다. 대신 미국 빌보드 차트에서 라틴 리듬을 차용한 음악을 찾는 일이 쉬워졌을 뿐이다. 영화 〈크레이지 리치 아시안〉(2018)이 인기를 얻었지만, 여전히 할리우드 영화에서 대사가 있는 아시안은 5%에 불과하다.[38]

K컬처는 국가의 지원이나 주류 미디어의 소개로 확산된 게 아니

다. 요즘 소비자들은 전통 매체의 '가르침'을 기다리지 않고 디지털 매체를 통해 직접 대중문화를 탐색한다. K컬처는 소비자에 의해 자발적으로 선택되어 소셜미디어를 타고 전 지구적으로 번지는 현상이다.[39)]

말하자면 K컬처는 기존 문화에 대한 대안이다. 할리우드로 대표되는 영미권 대중문화가 헤게모니를 장악하고 있다면, K컬처는 헤게모니에 저항하는 실천 양식이다. 실제로 많은 K컬처 소비자는 K컬처를 있는 그대로 즐기고자 한다. 한국 배우가 한국어로 연기하는 것을 보며 익숙하지 않은 자막을 읽으려고 노력하는 시청자나 K팝 아이돌 그룹과 관련된 한국적 밈을 이해하려고 역사적 맥락을 공부하는 팬덤이 그렇다. K컬처는 할리우드와는 다른 문법으로 형성된 문화다.

그런 점에서 K컬처의 부상이 서구중심주의적인 세계관을 흐트러트리고 문화적 전복을 가져올 것이라는 의견이 있다.[40)] 이 과정에서 발생하는 즐거움은 한국의 MZ세대에게만 적용되는 건 아니다. 전 세계 마이너리티의 공감을 받을 수 있을 것이다.

04

Generation MZ's manual

여행_ 만족감을 얻는 방법

MZ세대에게 여행이란 여가(餘暇), 즉 다른 무엇을 하고 남은 게 아니다. 여론조사 전문기관 엠브레인 트렌드모니터의 '포스트코로나 시대의 여행에 대한 의미 및 인식 조사'에서 "여행이 없는 삶을 상상할 수 없다"고 말한 MZ세대는 10명 중 6명이 훌쩍 넘었다. 20대의 64%, 30대의 69.6%가 '그렇다'고 답한 것이다.[41]

실제로 문화체육관광부 조사에 따르면 코로나19 발생 전이던 2019년 한 해 해외여행을 다녀온 적 있다고 답한 MZ세대는 30%가 넘었다. 활발하게 경제 활동하는 40대와 은퇴 후 여생을 즐기는 60대가 기록한 20%를 한참 웃도는 수치다.[42] 예전부터 그랬던 것은 아니다. 2014년만 해도 한 번이라도 해외여행을 다녀온 적 있는 20, 30대는 각각 10.3%, 14.8%로 40~50대에 비해 적었다.[43] 그러던 것이 2019년에 들어서 20대 37.8%, 30대 38.7%로 크게 늘어났다. 최근 몇 년 사이

MZ세대에게 여행이 중요한 의미를 지니게 된 거다.

여행은 MZ세대에게 왜 중요할까. 우선 MZ세대가 어떤 여행을 하는지부터 보아야 한다. 트렌드모니터가 2019년에 실시한 '해외여행 이후 나, 한국에 대한 인식 조사'를 통해 MZ세대가 여행지를 선택할 때 가장 중요하게 생각하는 게 그 지역 먹을거리라는 걸 알 수 있다. 40대나 50대에게는 치안, 물가, 자연환경 등이 훨씬 더 중요한 문제지만, MZ세대에게는 먹을거리, 쇼핑, 평소의 희망같이 나만의 기준이 중요하다. 같은 조사에서 20대의 75%는 여행사에서 판매하는 패키지여행상품을 구입하는 대신 자유여행을 한다고 답했다.[44)]

피터 루거, 카페 콩스탕, 엘 그롭

그렇다면 먹을거리는 무엇을 상징하는 것인지 분석해볼 필요가 있다. MZ세대에게 먹을거리는 '새로운 음식'이 아니라 '한국 음식이 아닌 것'이다. 이 둘은 분명히 차이가 있다. 여행을 통해 다양한 문화를 경험하려는 것이 아니라 일상생활에서 벗어나 현실에서는 못 겪어볼 만한 경험을 하고 싶은 것이기 때문이다. 그래서 많은 MZ세대 여행자의 여행 모습은 의외로 비슷하다.

미국 뉴욕 음식점 '피터 루거 스테이크 하우스'에서는 언제나 한국인 여행자를 찾아볼 수 있다. 심지어 코로나19 발생 이후에도 한국인 여행자들은 피터 루거 스테이크 하우스가 영업을 시작하기 전 이른 시간부터 줄을 서 기다릴 정도다.

이런 곳은 세계 곳곳에 있다. 프랑스 파리의 '카페 콩스탕', 스페인 바르셀로나 '엘 그롭' 같은 곳에는 한국인이 길게 줄을 늘어선다. 대부분 여행지 정보에 밝고 자유여행을 즐기는 MZ세대다. 이들 MZ세대 한국인 여행자는 음식점에 줄을 서 먹을거리를 먹으며 여행지에서만 할 수 있는 경험을 한다.

그런 점에서 MZ세대의 여행에서는 한국에서는 해보지 못할 경험이 제일 중요하다. 스페인에 가면 꼭 와인투어를 하고, 터키 괴레메에 가면 반드시 열기구를 타보는 이유다. 굳이 한국을 떠나서도 한국인이 집결하는 곳으로 향하는 이유는 그게 한국에서는 할 수 없지만, 검증된 즐거운 경험이기 때문이다. 기성세대와 다르다. 기성세대가 외국에 나가서도 한곳에 집결하는 이유는 많은 수가 패키지여행 상품을 구입해 여행을 떠난 탓에 여행사가 회사의 사정에 맞춰 끌고 다니기 때문이다. 그러나 MZ세대는 열심히 정보를 찾고 비교한 끝에 한곳으로 모인다.

그렇다면 이 경험을 통해 MZ세대가 얻는 것이 무엇일까. 자유다. 단순히 자유로워진다는 느낌에 그치는 게 아닌, 선택의 자유를 느낀다. 박창환 동서대학교 관광학부 교수 등 연구자들이 분석한 바에 따르면 여행이 행복한 이유는 일상에서 미처 다하지 못할 선택을 할 수 있기 때문이다.[45]

일상에서는 정해진 게 많다. 출근하려면 경로에서 벗어난 교통수단을 선택할 수 없다. 업무 중에 선택할 수 있는 일은 많지 않다. 심지어 여가 활동도 제한적이다. 그러나 여행에서는 더 자유로운 선택을 할 수 있다. 일부러 시간을 들여 음식점 앞에 대기하고, 평소에는 타볼 수 없는 열기구를 탄다. MZ세대에게 여행이란 단순히 새로운 것을 보고 경험하는 일 이상이다.

이런 점에서 MZ세대 중에서도 여성이 남성에 비해 상대적으로 여행을 더 많이 하는 이유도 설명할 수 있다. 한국은 여전히 성역할이 고정적인 사회다. 이로 인한 차별이 만연해 있다. 한국여성정책연구원이 펴낸 보고서를 보면 '성별 업무능력에 대한 일반화'나 '성역할 고정관념' 때문에 차별 당한 경험이 있다는 여성은 각각 30.5%, 32.1%에 달했다. 연령별로는 20~34세 여성의 유경험 비율이 눈에 띄게 높았다.[46]

이런 환경에서 MZ세대 여성은 자유를 느끼기 위해 여행을 떠난다. 2019년을 기준으로 지난 1년간 20대 남성의 30%가 해외여행을 다녀올 동안, 절반 가까운 45.8%의 20대 여성이 해외여행을 다녀왔다.[47]

'나'의 만족, 여행의 기쁨

MZ세대에게 여행의 가장 큰 의미는 외부에 있지 않다. 새로운 문화를 경험하고 견문을 넓히는 것만큼 중요한 건 내가 느끼는 것이다. MZ세대가 여행을 통해 무엇을 얻는지를 조사해보면 확실해진다. 엠브레인의 '포스트코로나 시대의 여행에 대한 의미 및 인식 조사'를 다시 보면, 여행을 통해 "혼자서도 문제를 해결할 수 있는 힘이 생기는 것 같다"고 답한 MZ세대는 80%에 가까웠다. 〈N포세대는 왜 해외여행을 떠나는가?〉라는 논문에 이에 대한 설명이 나온다. 이 논문에서 해외여행을 자주 다녀오는 N포세대, 즉 MZ세대와 인터뷰한 결과 부정적인 현실을 극복하고 자존감을 회복하기 위한 방법으로 여행을 선택하는 이가 많았다.[48] 새롭고 낯선 것을 경험하는 것만큼 '나'를 다독이고 고취하는 일 또한 중요하다는 것이다.

전 세계적으로 유행한 욜로(YOLO: You Only Live Once) 현상이 한국에서는 유독 여행과 결부된 것도 같은 맥락이다. 〈빅데이터를 활용한 욜로 현상 분석〉이라는 논문에서 욜로에 관심을 가진 미국, 유럽 등지에서는 욜로가 힙스터(Hipster) 현상이나 힙합 문화 등과 연관됐지만, 한국에서는 소비와 여행이 결부되었다는 사실을 알 수 있다.[49] 인생은 한 번뿐이니 즐기며 살자는 욜로 현상이 유행한 게 2010년대 중반부터니 MZ세대의 여행 경험 증가는 이와도 밀접한 관련이 있을 것이다. 이때부터 늘어난 MZ세대의 여행은 자기 만족을 위한 것이라고 짚어볼 수 있다.

MZ세대의 여행이 자유로움과 만족을 위한 것이라면 한 가지 의문점이 해결된다. 바로 해외여행 경험은 높아지는데 다문화에 대한 인식은 낮아지는 모순적인 상황에 대한 것이다. 여성가족부가 3년에 한 번 실시하는 '다문화 수용성 조사'를 보자. 2021년에 '어느 국가든 다양한 인종·종교·문화가 공존하는 것이 더 좋다'는 문장에 동의하는 MZ세대는 2015년에 비해 줄었다. 2018년에만 해도 20대 51.6%, 30대 45.4%가 '그렇다'고 답했지만 6년 후인 2021년에는 그 수가 각각 8.7%, 3.3% 줄었다.[50) 51)] 다른 연령대에서는 늘어난 것과 대조된다. 왜 여행을 많이 다니는 MZ세대는 다문화에서 멀어지게 된 것일까.

결론적으로 말하자면 MZ세대의 여행과 다문화 감수성은 크게 관계없기 때문이다. MZ세대가 여행을 떠나는 목적은 다른 문화를 경험하고 이해하기 위해서가 아니다. 그런 목적이라면 매년 700만 명 넘게 다녀온 일본에 대한 인식이 크게 변화했어야 한다. 일본정부관광국(JNTO)의 통계에 따르면 2018년 일본을 찾은 해외여행객 수는 3,119만 명인데, 이 중 24%에 달하는 754만 명이 한국인이었다.[52)]

그러나 바로 다음 해 '노재팬 운동'으로 불린 반일(反日) 불매운동이 시작돼, 한국 내 일본 기업들의 매출액은 큰 폭으로 떨어졌고 방일(訪日) 한국 관광객 수 또한 급감했다. 이는 그동안 일본여행이 유행한 게 일본 문화와 국가에 대한 호감보다는 찾아가기 쉽고 다른 여행지보다 덜 낯설지만 잘 정비된 관광상품을 지닌 일본관광산업의 특수성에 기인하고 있다는 걸 보여준다.

반다문화주의자가 늘어나는 까닭

다른 국가로의 여행도 마찬가지다. 한동안 한국 여행자 사이에서는 스페인과 대만을 방문하는 게 유행처럼 번진 적 있다. 스페인을 방문한 한국 관광객 수가 50만 명에 달한다는 통계도 있었다.[53] 그러나 여행자의 증가가 스페인 문화에 대한 관심으로 이어진 것은 아니다. 여전히 한국에서 스페인 문화는 낯선 편이다.

MZ세대에게 여행과 다문화는 별개의 문제지만, 먹을거리 같은 분야에는 영향을 주기도 했다. 2010년대 이후 MZ세대의 해외여행 경험이 늘면서 가장 눈에 띄게 변화한 부분은 음식 문화다. 일식과 중식이 대부분이던 한국에서 외국 음식이 다양해진 것이다. 크림소스를 잔뜩 버무린 한국식 카르보나라만 유행하던 2000년대 이탈리아 음식점들과 달리, 2010년대 이탈리아 음식점은 달걀 노른자를 이용한 정통 카르보나라부터 면을 살짝 덜 익혀 심지가 씹히는 알 덴테(Al dente) 파스타까지 이탈리아 현지 맛을 재현하는 데 집중한다. 인도, 터키 음식점은 꽤 오래전부터 자리 잡았고, 해외 여행자가 늘수록 다양한 나라의 음식점이 늘고 있다.

이는 여행을 통한 다문화가 '일시적 다문화주의'에 그치고 있다는 걸 보여준다. '일시적 다문화주의'는 완전히 뿌리내린 다문화주의와는 달리 문화적 이해 없이도 일상에서 한 번 즐기고 마는 다문화를 의미하는데, 한국에서의 음식 문화가 그렇다. MZ세대에게 외국 음식을 맛

보는 건 여행을 재현하는 것과 같다. 매번 해외여행을 할 수 없는 대신 외국 음식을 먹으면서 여행을 회고한다. 음식을 먹는 게 여행 체험인 셈이다. 일시적 다문화주의가 일상적 다문화주의에 이를 것이라 장담할 수 없다. MZ세대에게 여행은 자기만족이자 일탈이기 때문이다.

Generation MZ's manual

05 무한도전_ 각자의 세계관

MZ세대는 광범위한 세대다. 그런데도 MZ를 하나의 세대로 묶어내는 것 중 하나는 대중문화 경험이다. 그 가운데 MZ세대의 어릴 적 추억을 되살리는 TV 방송 프로그램을 꼽자면 〈무한도전〉을 들 수 있다. 〈무한도전〉은 2006년 첫 방영 돼 2018년에 종영하기까지 줄곧 MZ세대에게 화젯거리를 제공해준 프로그램이다. 한국갤럽에서 2013년부터 시작한 '한국인이 좋아하는 TV 프로그램 조사'에서 27개월 연속 1위를 하고, 48회나 1위로 꼽힌 것을 보면 인기를 짐작할 수 있다.[54)]

MZ세대는 〈무한도전〉을 여가를 보내기 위한 수단으로만 생각하지 않았다. 그보다는 〈무한도전〉으로 시작된 콘텐츠의 변화에 주목했다. 종영된 지 한참 지난 이 프로그램에서 MZ세대가 즐기는, 만들어낸 콘텐츠의 특성을 파악할 수 있다.

'세계관 콘텐츠'의 탄생

MZ세대에게 〈무한도전〉은 단지 TV 방송 프로그램이 아닌, 하나의 세계이다. 이 프로그램은 현실과 맞닿은 프로그램이었다. '평균에 못 미치는' 남자들이 시청자가 살아가고 있는 현실과 브라운관을 넘나들며 콘텐츠를 만들어냈다. 이 프로그램은 스튜디오에서만 녹화된 회차는 많지 않다. 서울 여의도든, 남산이든 야외 현장에서 촬영된 게 대부분이다.

〈무한도전〉의 세계관은 현실에서 만들어졌다. 출연자의 캐릭터는 맨 처음 제작진에 의해 설정되었다가 13년의 방영 기간을 거치는 동안 서사가 쌓이면서 수없이 변하고 다듬어졌다. 많이 먹는 뚱보 형이던 정준하는 놀림 받는 억울한 캐릭터가 되었다가, 총무 역할을 수행하기도 하고, 만년 과장 역할을 맡기도 했다. 어색하고 재미없던 정형돈은 진상을 피우는 캐릭터로 변모했다가 '미친 존재감'을 뽐내는 가요제의 황제가 되기도 했다.

캐릭터의 변화는 이 프로그램이 '서사(Narrative)'를 쌓으면서 진행된 일이다. 일례로 돈 가방을 두고 추격전을 펼치고 프로레슬링을 하고 알래스카로 떠났다가 돌아왔다. 중앙선거관리위원회의 지원을 받아 시청자 45만 명이 참여하는 선거를 한 적도 있다. 비정기적으로 가요제를 열어 내로라하는 아티스트들을 불러 모으는가 하면, 갑자기 아프리카로 떠나 음식을 배달하기도 했다. 1년 가까이 프로레슬링을 준비하는가 하면, 조정을 배워 대회에 참가하기도 했다.

수많은 에피소드는 따로 진행되는 듯 서로 얽혀 하나의 큰 서사를 완성한다. 서사는 세계관을 구성하고, 세계관 안에서 또 새로운 서사가 생겨난다. 이 지점에 이르면 〈무한도전〉의 세계관에 참여할 수 있는 사람과 그렇지 않은 사람이 확연히 나뉜다. 세계관을 이해하고 서사를 즐길 수 있는 '팬'들은 팬덤을 이루고 나름의 팬덤 문화까지 만들어낸다.

이 흐름은 MZ세대에게 익숙하다. MZ세대는 세계관으로 콘텐츠를 이해하고 즐긴다. 〈무한도전〉 이후의 예능을 떠올려보자. 대부분의 예능 프로그램은 자기들만의 세계관을 만드는 일부터 시작했다. 캐릭터를 설정하고 프로그램이 진행되는 동안 쌓인 서사는 캐릭터를 조금씩 변형해가며 세계관을 형성한다. 그리고 충성스러운 팬덤이 생긴다. 〈삼시세끼〉가 그랬고, 〈나 혼자 산다〉가 그렇다. '펭수'도 마찬가지다.

무한도전에서 K팝까지

EBS에서 만들어진 캐릭터 '펭수'는 2019년과 2020년에 걸쳐 가장 인기 있는 콘텐츠였다. 펭수의 성공은 한국 대중이 이제 세계관으로 콘텐츠를 이해하고 즐긴다는 것, 즉 '세계관 콘텐츠'의 힘을 잘 보여준 사례다. 스스로 10살 난 펭귄이라고 주장하는 펭수와 이를 반쯤 진심으로 믿는 팬들은 천연덕스럽게 펭수 세계관을 만들고 확산시켜가며, 펭수는 큰 인기를 구가했다. EBS에서 집계한 바에 따르면 유튜브 채널 〈자이언트 펭TV〉 구독자 대부분은 MZ세대가 차지한다.

MZ세대에게 그만큼 펭수 세계관이 자연스럽고 흥미롭게 받아들여졌다는 것이다. 이를테면 펭수의 성별은 정해져 있지 않으며 남극에서 한국까지 헤엄쳐왔다고 주장한다. 펭수가 진짜 펭귄이 아니라는 지적에는 엑스레이를 찍어 펭귄임을 증명하는 식이다. 기성세대가 보면 장난스럽기까지 한 이야기를 MZ세대는 진지하게 받아들인다. '펭수는 진짜 펭귄이다'라고 하면서 펭수 세계관 안에서 이야기를 감상하고 새롭게 만들어낸다.

'세계관 콘텐츠'의 세계관 속에서 팬은 단순히 콘텐츠를 소비하기만 하지 않는다. 콘텐츠에 참여하여 직접 창작물을 만들기도 하고, 이야기를 공유하고 확산시키며, 홍보한다.

이런 방식에 익숙해진 MZ세대가 만들어낸 문화적 현상이 바로 한류 혹은 K컬처 붐이다. K드라마, K팝을 비롯한 많은 K컬처는 세계관을 만들고 그 안에서 콘텐츠를 생산해낸다. K팝을 예로 들면 EXO, 방탄소년단, aespa 같은 그룹들은 기획 단계에서부터 세계관을 만들어낸다. aespa의 멤버는 각각의 아바타 'ae'를 가지고 있다. 'ae'는 현실세계의 멤버와 연결되는데, '블랙맘바'와 싸워, 광야에 도착하는 여정이 aespa의 노래에 담겨 있다. 세계관을 모르면 노래 가사의 의미를 정확히 이해하지 못할 수도 있다.

이보다 더 강력한 것은 그룹의 서사가 쌓여 만들어지는 세계관이다. K팝 그룹은 단지 노래 부르고 춤추는 것만이 아니다. 그보다는 방송 활동 등을 통해서 보여주는 캐릭터의 집합체로, 대중에게 즐길 거리를 제공해준다.

예를 들어 방탄소년단의 멤버 뷔는 무대 위에서의 카리스마 있는 모습과 달리 평소에는 엉뚱하고 재기발랄한 매력이 있다. 그가 간혹 엉뚱하게 사용하는 언어가 팬덤 내에서 통용될 때가 있는데, 대표적인 게 '보라해'다. '사랑해' 혹은 '널 믿어' 등의 말을 대체해 쓰는 '보라해'는 방탄소년단과 방탄소년단 팬이라면 한 번씩은 써봤을 말이다.

이처럼 K팝 그룹의 팬덤은 현실과는 구분되는 세계관을 지니고 있다. 그 세계의 중심은 K팝 그룹이고, 멤버 간의 관계와 그룹 활동으로 생긴 서사가 세계의 작동 원리가 된다. 무대 위에서 부르는 노래와 방송에서 보이는 모습은 가장 기본적인 것이다. 요즘 K팝 그룹은 모두 자체적으로 만들어내는 콘텐츠가 있다. 방탄소년단은 〈달려라 방탄〉, 그룹 세븐틴은 〈GOING SEVENTEEN〉, 그룹 NCT DREAM은 〈NCT LIFE〉라는 방송을 자체 채널이나 유튜브를 통해 제공하고 있다. 여기에 팬들이 만들어내는 창작물은 세계관을 구성하는 데 중요한 역할을 한다. 트위터 같은 소셜미디어에서 공유되는 사진과 영상, 글 등의 콘텐츠는 물론 팬픽, 팬아트 같은 콘텐츠가 이에 포함된다. 이 세계관은 콘텐츠에 대한 진입을 어렵게 하기도 하지만, 충성도 높은 팬덤을 만들어내기도 한다.

콘텐츠, 예를 들어 K팝 그룹의 팬이라고 자처하려면 무대 영상을 보고 노래를 듣는 것만으로는 부족하다. 최소한 그룹 멤버들이 어떤 캐릭터인지 알아야 하고 쌓아온 서사를 대충 파악해야 한다. 세계관을 수용하고 즐기며 확장시키려면 한 번의 시청이나 감상만으로는 부족하다. 무한도전의 팬이 그랬고, K팝 그룹의 팬이 그런 것처럼 세계관 콘텐츠의 팬덤은 콘텐츠를 끝없이 반복해 즐기고 세분해서 즐긴다. 〈무한도전〉의 팬덤은 종영한 지 한참 지난 프로그램을 보고 또 보며 온라인 커뮤니티에 콘텐츠를 공유한다. K팝 그룹의 팬이 그룹이 출연한 프로그램과 등장한 영상을 초 단위로 쪼개어 보는 것과 같다.

세계관 콘텐츠, 즉 K컬처는 이렇게 충성스러운 팬덤을 생성한다. 이 팬덤은 세계 어느 곳에서나 비슷한 모습을 보인다. 문화권이나 국가마다 다른 식으로 콘텐츠를 소비하는 게 아니라 한국 팬처럼 외국 팬도 비슷한 양상을 보인다는 거다. 같은 세계관을 공유하기 때문이다.

즐겁고 행복한 세계관 속 현실

여기서 주목할 만한 점은 각 콘텐츠의 세계관이 현실에 뿌리를 두고 있지만, 그건 '진짜 현실'이 아니라는 점이다. 〈무한도전〉도 그렇다. 〈무한도전〉은 주로 야외에서 촬영한다. 출연자들이 오가는 길, 서 있는 장소는 시청자 누구나 밟을 수 있는 곳이다. 그렇기 때문에 종종 시청자는 〈무한도전〉이 현실 속에서 진행되고, 이 프로그램이 비춰주는 현실이 진짜라고 착각한다. 그러나 이 프로그램은 현실을 반영하는 게 아니라 현실을 재구성한다.[55]

〈무한도전〉이 만들어낸 현실은, 안전하고 즐거운 것이다. 고통스럽고 불안하지 않다. 〈무한도전〉에는 평균에 못 미치는 사람들은 있지만, 취업에 실패하고 꿈을 포기하는 사람은 없다. 오히려 이들이 사는 현실은 노력하면 감동적인 결말을 얻는 곳이다. 늘 새롭게 끈끈한 가족애를 느끼며 다툼마저도 유머로 승화된다. 충분히 즐길 만한 현실이다.

그래서 〈무한도전〉의 현실은 미래가 아닌 현재를 바라보게 한다. 출연자들은 다음 주에 무슨 일을 하게 될지, 심지어 당일 저녁에 어느 곳에 있게 될 지도 알지 못한다. 그저 현재 주어진 일만을 처리하고, 닥친 감정에 몰입할 뿐이다. 〈무한도전〉의 세계관을 만들어 그 안에 몰입해 있는 한, 우리 현실에 팽배한 허무감이나 불안감, 초조함을 모두 넘어서게 만든다.

일반적으로 세계관을 지닌 콘텐츠는 마찬가지 역할을 한다. 방탄소년단 팬덤은 방탄소년단의 세계관에 몰입한 동안은 방탄소년단이 외치는 "너 자신을 사랑하라"는 말을 따르며 "가장 중요한 건 자기 자신을 아껴주고, 격려해주고, 가장 즐겁게 해주는 일"이라는 걸 믿고 "다시 드넓게 펼쳐지는 미래를" 꿈꾸며 현재를 즐긴다.[56)]

세계관이 있는 콘텐츠가 어떻게 MZ세대에게 어필하는지를 알 수 있는 부분이다. 콘텐츠가 만들어낸 세계관을 아껴주고 격려하며 응원하는 관계가 대부분이다. 간혹 다툼이 있더라도 현실 세계의 생존 문제와는 거리가 멀다. 그 안에서 MZ세대는 힘든 현실을 잊을 수 있다.

Generation MZ's manual

06 MBTI_ 행복 찾기

MBTI는 MZ세대 사이에서 가장 흔한 대화 소재 중 하나다. 대중적으로 가장 널리 알려진 심리검사의 하나인 MBTI는 성격 유형을 16가지로 나누어 설명해준다. 외향적(E)인지 내향적(I)인지, 감각(S)이 먼저인지 직관(N)이 먼저인지, 사고(T)를 우선하는지 감정(F)을 우선하는지, 판단형(J)인지 인식형(P)인지를 따져 16가지 성격 유형 중 하나의 성격으로 개인을 설명하는 검사다.

MZ세대 중에는 자신의 MBTI를 모르는 사람이 많지 않다. 상대방의 MBTI를 궁금해하며 대화의 물꼬를 트는 것은 물론 연애하기 전 MBTI 궁합을 맞춰보는 사람도 있다. 아예 아르바이트생을 뽑을 때 MBTI를 맞춰보는 업장도 있다. 기업에서는 직원을 상대로 MBTI 검사를 실시하기도 한다. MZ세대가 있는 거의 모든 곳에서 MBTI가 발견된다고 해도 과언이 아니다.

그 와중에 MBTI가 신뢰할 만한 심리 검사가 아니라는 비판이 제기되기도 한다. 과학 칼럼니스트 오후에 따르면 온라인에서 실시하는 MBTI 검사는 원래 MBTI 검사보다 문항 수가 훨씬 적고 문항의 형태도 다르다. 또 MBTI는 스스로 보고하는 형태의 심리 검사이기 때문에 검사 당시의 기분과 상황에 따라 변동이 크다. 문항 자체도 추상적인 부분이 많아 검사자의 자의적인 해석이 개입될 여지가 많다.[57)]

그런데 이 비판은 MBTI가 왜 유행하는지를 설명하지는 못한다. MBTI를 입에 달고 사는 MZ세대도 MBTI가 완전히 과학적이지 않다는 사실은 안다. MBTI가 얼마나 과학적인지가 중요한 게 아니라, 왜 MZ세대가 MBTI에 빠지게 된 것인지가 중요하다.

나와 타인을 이해하고 싶은 욕구

MBTI를 신뢰하는 MZ세대의 말버릇에서는 공통점이 보인다. MBTI를 맹신하는 편인 대학생 Y 씨는 "너는 아마 T인가 보다" "제 친구는 파워(매우) N인데"와 같은 말투를 사용한다. 그에게 왜 MBTI를 신뢰하는지를 묻자 '이해하기 위해서'라는 답변이 돌아왔다.

"특히 처음 만난 사람들끼리 MBTI를 공유하는 건 굉장히 재미있는 일이에요. 별다른 설명 없이도 그 사람을 금방 이해하게 되거든요."

그러니까 MBTI 유행은 '이해하고 싶다'는 욕구가 끌어낸 것이다. '이해'는 두 가지 차원에서 진행된다. 하나는 다른 사람을 이해하고 싶다는 바람이다. MZ세대는 그간 친하게 지내던 사람들과도 MBTI 성격 유형을 나누며 '네가 이런 성격이었지' 혹은 '내가 몰랐던 성격이 있네'라고 하는 것처럼 이해의 폭을 넓히려고 한다. 더 중요한 것은 자기 자신을 이해하는 방식으로 MBTI를 활용한다는 점이다.

성격은 16가지 유형으로 나누어 설명할 만큼 단순한 게 아니다. 그러나 MBTI 성격 유형을 설명하는 텍스트들을 보면 장단점, 한계점 등이 명확하게 설명돼있다. MZ세대는 복잡하고 이해하기 어려운 자신의 성격을 명확하고 단호하게 설명해주는 MBTI를 신뢰하고 좋아한다.

MBTI가 나와 타인에 대한 이해의 영역과 관련돼있다는 점을 안다면, MZ세대 내에서 MBTI 유행을 좀 더 사회적으로 바라볼 수 있다. MBTI는 MZ세대의 '행복'과 관련이 있다. MZ세대의 MBTI 유행을 행복과 연관 짓기 위해서 부가적 설명이 필요하다. 우선 MZ세대의 낮은 행복도에 관해서 알아야 한다.

애초에 국제적으로 보면 한국인의 행복도는 다른 나라 사람에 비해 많이 낮은 편이다. 여론조사 전문기관 입소스가 지난 2019년 28개국 국민을 대상으로 조사한 결과, 한국인의 행복도는 21위에 그쳤다. 행복하다고 답한 사람이 54%였는데, 2011년 조사에서 71%였던 것과 비교해보면 무척 떨어진 수치다.[58)]

그런데 이 중에서도 20~30대, 그러니까 MZ세대의 행복도는 유독 낮다. 지난 2018년 서울대 행복연구센터가 조사한 바를 보면 삶의 만족도, 불안 정도를 종합해 만들어낸 '안녕 지수'가 20~30대에게서 가장 낮게 나타났다. 10대가 59점, 60세 이상이 61점이었던 것에 비해 20대와 30대는 각각 52점으로 낮게 나온 것이다.[59]

왜 MZ세대의 행복도가 낮은지는 여러 부문에서 설명할 수 있다. 낮은 취업률과 치솟는 주거 비용 같은 경제적인 부분에서도 설명할 수 있지만 보다 본질적인 설명도 필요하다. 이를 위해서 '자기 결정성 이론'이라는 심리학 이론을 알아보자.

타인과 비교하는 MZ세대의 삶

자기 결정성 이론은 외적 동기나 외부에서 주어진 압력에 의한 행동보다 내적 동기 및 자발적인 선택으로 이루어진 행동이 더 큰 힘을 발휘한다는 이론이다. 이 이론에 따르면 사람에게는 세 가지 중요한 심리적 욕구가 있는데 자율성(Autonomy), 유능감(Competence), 관계성(Relatedness)이다. 자율성은 말 그대로 타인에 의한 압박 없이 스스로 자발적으로 행동을 결정하려는 욕구다. 유능감이란 과정을 즐기고 성취감을 느끼려는 욕구다. 관계성은 지속적이고 친밀한 관계를 맺으려는 욕구다. 이 욕구가 충족되면 삶은 만족스럽다. 행복하다는 감정은 세 가지 욕구를 충족시키는 데서 나온다.[60]

그런데 한국의 MZ세대는 이 욕구를 충분히 충족시키지 못하고 있다. 구재선 중앙대 다빈치교양대학 교수의 〈왜 한국 대학생이 미국 대학생보다 불행한가?〉라는 논문에 그 원인이 나온다. 구 교수는 이 논문에서 한국 대학생이 미국 대학생보다 외적 가치, 그러니까 경제적 성공이나 외모를 가꾸는 일, 사회적인 인정 같은 것을 더 추구한다고 결론 내렸다.[61] 문제는 외적 가치를 추구하는 일이 앞서 말한 세 가지 욕구를 충분히 충족시키지 못한다는 것이다. 예를 들어 경제적 성공을 추구하는 일은 그 자체로 만족감을 주는 일이 아니라 다른 목적을 위한 과정으로 이용될 뿐이다. 이런 경우 유능감을 충족시키기 어렵다.

대신 내적 가치, 즉 자기를 이해하고 인정한다거나 더 나은 공동체를 위해 노력하는 일 같은 것은 자율적이고 성취감을 주며 친밀한 관계를 유지할 수 있게 한다. 그래서 내적 가치를 상대적으로 더 중요하게 생각하는 미국 대학생이 한국 대학생보다 행복하다는 것이다.

왜 한국 대학생은 미국 대학생보다 외적 가치를 중요하게 생각하게 되었을까. 〈내-외적 자기개념, 행복조건, 사회비교와 자기존중감의 관계〉라는 논문에 따르면 한국인은 중학생까지만 해도 내적 가치를 중시하는 경향을 보인다. 그러나 고등학생이 되면 달라진다. 외적 가치를 더 중요하게 인식하게 되는데,[62] 이 변화는 입시와 관련이 있을 것이다.

한국의 입시교육은 그 자체로 세 가지 심리적인 욕구를 모두 박탈시키는 역할을 한다. 특히 시간이 지날수록 한국의 입시교육은 자율성을 박탈하는 방향으로 진행되고 있다. 학종(학생부종합전형)은 학교생활의 작은 부분까지도 입시와 연관 지어 설계하도록 만든다. 다른 나라의 학생들처럼 입시와는 관계없이 동아리 활동을 즐기거나 이전 세대처럼 본격적으로 입시에 들어가기 전에는 즐겁게 학교생활을 즐기는 게 점점 어려워지고 있다. 스스로 탐구하는 공부가 아니라 답이 정해진 문제를 풀며 성취감을 느끼기도 쉽지 않을 것이다. 친밀하고 지속적인 관계 역시 입시를 거치며 상실되기 쉽다.

자율성을 잃어버린 MZ세대는 그 대신 비교한다. 조병희 서울대 보건대학원 교수가 참여한 〈단체참여의 양면성과 우울〉이라는 논문에 따르면 교육 수준이 낮은 노년층은 사회 비교 스트레스가 적지만, 젊은 층은 높은 사회 비교 스트레스에 시달린다는 내용이 있다.[63] 이 결과는 MZ세대가 놓인 사회 환경이 자유롭지 않다는 것을 의미한다.

소셜미디어가 MZ세대에게서 널리 사용된다는 점에 주목할 필요가 있다. 인스타그램이나 페이스북 같은 소셜미디어는 자유로운 소통을 가능하게 하는 것처럼 보이지만 부정적인 감정을 불러일으킬 수도 있다. 에드슨 탠독 주니어 싱가포르 난양공대 교수는 페이스북을 하는 사람은 이를 하지 않는 사람보다 더 많은 우울감을 느낀다는 연구 결과를 발표하기도 했다. 소셜미디어는 그 구조상 실제 삶의 모습을 편집해 전시하는 것임에도 소셜미디어 이용자들은 편집된 삶과 자신의 삶을 비교하면서 우울감을 느낀다는 것이다.[64]

타인의 직업보다 성격에 주목하는 MZ세대

종합해보면 MZ세대는 자율성을 잃어버린 학창 시절에 남과 비교하기 쉬운 환경에 놓이면서 행복감을 점점 잃어가고 있다.

이 행복감은 단순히 감정적인 부분을 떠나 나 자신과 타인을 이해하고 공동체의 이익을 증진하는 방향으로 나아가려는 심리적 욕구이기도 하다. 이제 MZ세대는 심리적 욕구를 충족시키며 행복해지기 위해 다양한 방법을 시도하고 있다.

한동안 MZ세대에게서 유행했던 삶의 방식, 욜로는 외적 가치를 중시하던 삶에서 벗어나려는 움직임이었다. 욜로는 '한 번뿐인 삶'을 마음껏 누리겠다는 삶의 방식으로 오로지 현재의 즐거움에 집중한다.

살롱 문화가 MZ세대를 중심으로 부활한 것도 행복을 찾으려는 새로운 움직임이었다. 취향과 관심사가 같은 사람끼리 모임 하는 살롱 문화는 독서 모임, 운동 모임 같은 형태로 진행되면서 자발적이고 내면적인 자아 계발에 초점을 맞추곤 한다.

MBTI는 이 같은 맥락이다. 단순히 지나가는 유행으로 보기에는 의미가 있고, 비판의 여지도 많은 도구다. 심리학자들은 MBTI를 맹신하지 말 것을 경고한다. MBTI가 성격을 지나치게 단순화한다는 점에서 한때 유행했던 혈액형 성격설과 같은 수준이라고 비판하는 사람도 있다. 그러나 MBTI를 신뢰하는 MZ세대는 이 같은 비판을 귀담아듣지 않는다. MBTI만큼 자신과 타인을 명쾌하게 설명해주는 도구를 찾기 어렵기 때문이다.

MBTI를 활용하기 전까지만 하더라도 타인을 이해하는 방법은 직업, 외모, 경제적 능력 같은 외적 가치에 의존하는 경우가 많았다. 그러나 MBTI는 그보다 한 사람의 본질에 더 가까워 보이는 것으로 상대를 이해하게 만든다. 이는 MZ세대가 잃어버린 관계성을 되찾는 방법이기도 하다. 내적인 가치를 더 중시하게 만들고 관계성을 강화하는 것, 다시 말하면 MBTI는 MZ세대에게 행복감을 찾아가는 과정이다.

07

Generation MZ's manual

메타버스_ 신중한 경험주의자

MZ세대에게 메타버스(Metaverse)는 신선한 개념이 아니다. 익숙하게 해오던 것이 새로운 조합의 단어로 표현되었다고 생각하는 MZ세대가 많다. 이를테면 메타버스의 대표적인 사례로 꼽히는 〈마인크래프트〉 같은 게임은 원래 존재하던 것으로 새로운 게 아니다. 메타버스 이전에도 소셜미디어에서 다른 자아로 소통하는 MZ세대도 많고, 가상 유튜버는 마니아 사이에서 이미 알려진 것이다.

대학내일20대연구소에서 조사한 결과(2021년 7월) 메타버스를 잘 안다는 15~40세 응답자는 11.8%에 불과했다.[65] 15~25세 응답자 중 8.9%만이 메타버스를 잘 알고 있다고 답했다.[66] 구체적인 메타버스 플랫폼에 대한 인지도에 대해서는 답변이 좀 달랐다. 메타버스 플랫폼 '제페토(ZEPETO)'를 안다는 응답자는 37.1%였다. 다만 이용해본 사람은 10.2%에 불과했다.[67]

데이터 분석 업체 다이티가 메타버스 애플리케이션 사용 연령대를 분석해본 결과에 따르면 로블록스나 마인크래프트, 제페토 같은 대표적인 메타버스 플랫폼을 가장 많이 이용한 연령대는 10대였다. 10대의 23.8%가 로블록스를, 27.5%가 마인크래프트를 설치한 경험이 있었다. 다음으로 사용량이 많은 연령대는 40대였다. 40대의 12.3%, 5.6%가 로블록스와 마인크래프트를 설치해봤다. MZ세대의 이용 비율은 매우 낮았다. 마인크래프트의 경우 30대의 1.7%만이 설치해본 경험이 있었고, 20대의 2.1%가 로블록스를 설치해봤다.[68] 종합해보면 MZ세대는 메타버스를 잘 모르고, 안다고 하더라도 크게 관심이 없다. 오히려 메타버스를 알고, 이용해보려는 연령대는 10대와 40대다.

이 결론이 의외인 건 대개 메타버스는 MZ세대와 엮여 사용되기 때문이다. 한국언론진흥재단 뉴스빅데이터 분석 서비스 빅카인즈에서 'MZ세대'와 '메타버스'를 함께 검색했을 때 제목에 2022년 6월을 기준으로 제목에 두 단어를 넣은 신문방송 기사만 117건이다. '대선 핫이슈된 NFT·메타버스, MZ세대 소통 노린다'[69] 같은 기사 제목은 MZ세대가 메타버스를 잘 알고 익숙하게 이용할 것이라고 전제하고 있다. 'MZ세대 구애 나선 대선 후보들, 게임·앱·메타버스로 '표심 잡기''[70] 같은 기사도 MZ세대와 메타버스의 밀접한 관계를 염두에 두고 작성된 것이다.

신기술을 좇는 X세대, 뒤따라가는 MZ세대

왜 이런 오해가 생겼을까. 이건 메타버스에만 해당하는 이야기가 아니다. 새로운 IT기술은 으레 MZ세대에게 익숙할 것이라 생각하는 선입견이 작동하기 때문이다. 그러나 MZ세대 역시 메타버스는 낯설다. 오히려 40대가 메타버스에 관심이 많고 실제로 이용해 본다.

이는 IT 업계의 구조와 관련 있다. 과학기술정보통신부의 2020년 ICT 중소기업 실태조사 보고서를 보면 ICT 기업 5만 8,000여 곳 종사자 중 가장 많은 연령대는 40대로 35.2%였다.[71] X세대로 지칭되는 40대는 2000년대 초반 벤처 붐을 이끌었던, IT 기술 개발의 선구자적 역할을 한 세대다. 현재도 대다수 IT 기업의 요직에 배치되어 업계를 이끄는 이들이 바로 X세대다.

MZ세대는 흔히 디지털 네이티브로 불리지만, 사실 아날로그를 겸용하던 세계에서 성장한 세대다. 많은 MZ세대는 카세트테이프와 CD로 음악을 들은 경험이 있고, 학교에서 손으로 쓴 과제를 제출해본 적 있다.

이 경험은 MZ세대가 성장한 후에도 많은 영향을 끼쳤다. 레트로(Retro)나 뉴트로(New-tro) 같은 복고 바람이 불 때, MZ세대는 항상 선두에 선다. MZ세대 힙스터는 디지털보다 아날로그와 가깝다. LP판을 모으고 자전거를 타고 다니며 아이패드를 쓰는 게 MZ세대 힙스터의 모습이다.

MZ세대는 거의 매시간 소셜미디어와 온라인 커뮤니티에 접속해있지만 이 세계는 메타버스 같은 가상 세계가 아니다. MZ세대의 발길을 모으는 단어 '인스타그래머블'을 떠올려보면 그렇다. 인스타그램과 접미어 'Able'을 합성한 것으로 '인스타그램에 올릴 만한'이라는 뜻을 가진 이 단어는, MZ세대의 소셜미디어 이용이 현실에 기반을 두고 있다는 것을 알려준다.

2021년과 2022년에 걸쳐 MZ세대 사이에서 가장 인기 있는 장소 중 하나인 서울 여의도의 백화점 '더 현대 서울'은 인스타그래머블한 곳이다. 널찍하게 구성된 공간에는 섬세하게 디자인된 매장이 늘어서 있다. 입점한 브랜드부터 다른 곳에서는 찾아보기 어렵지만 MZ세대 친화적이고, 소셜미디어에 업로드할 요소가 많다. 소셜미디어로 공유된 이미지는 다시 입소문을 타고 MZ세대를 현장으로 집결시킨다.[72]

MZ세대는 핫플레이스에 모여든다. 10대는 트위터와 틱톡에 모이고, 40대는 MZ세대를 쫓아오지만 MZ세대는 앞서 핫플레이스에 자리 잡고 있다. 유명하다는 맛집, 잘 알려진 여행지, 주목받는 전시회, 인기 있는 스타의 공연장 모두 MZ세대의 핫플레이스고 경험장이다.

신중하고 적극적인 경험주의자 MZ세대

핫플레이스에 뿌리를 둔 MZ세대는 경험주의자라고

할 수 있다. 가상의 체험에 대비되는 현실의 경험을 중시하는 경험주의자로서 MZ세대는 최신 IT 기술을 열심히 쫓아다닐 필요가 없다. 경험해볼 만한 것이라는 게 입증되고 입소문이 나야 MZ세대의 관심을 끌 수 있다. 이런 MZ세대의 태도는 IT 기술에 대해 다소 보수적이고 신중한 것처럼 보일 수 있다.

한때 반짝 인기를 끌던 '클럽하우스'는 MZ세대의 경험주의자적인 측면을 엿볼 수 있는 사례다. 영상 없이 오디오로만 소통하는 소셜미디어인 클럽하우스는 폐쇄적인 접근성으로 유명해졌다. 초대받은 사람만이 클럽하우스에 접속할 수 있는데, 일단 접속할 수만 있다면 참여하는 데 아무런 제약이 없다. 누구나 참여할 수 있는 대화방은 일회적으로 개설되고 녹음이 불가능하다. 일론 머스크나 오프라 윈프리 같은 유명인과 실시간으로 대화하면서 소통할 수 있다는 점 때문에 주목받았다.

2021년 2월, 한국에서도 클럽하우스 이용자가 30만 명에 달한다는 분석 결과가 있을 정도로 인기를 얻었다. 그러나 금세 인기는 시들었는데 3월에 들어서면서는 클럽하우스 애플리케이션 다운로드 횟수가 2월의 10분의 1에 가깝게 줄어들 정도였다.[73] 이렇게 급격한 하락세에 영향을 미친 것은 MZ세대의 미적지근한 태도다.

모바일 리서치 업체 오픈서베이가 조사한 바를 보면, 클럽하우스 서비스를 인지하는 사람을 연령별로 구분해봤을 때 MZ세대의 인지율이 가장 높았다. 그러나 MZ세대의 이용 의향은 높지 않았는데, 가장 높은 것은 10대 응답자였다. 20대의 이용 의향은 40대와 같았다.[74] 구체적으로 20대는 클럽하우스의 주된 특징인 음성으로만 소통 가능하다는 점, 초대받아야 가입이 가능하다는 점 모두 선호하지 않았다. 그리고 클럽하우스의 인기를 견인하던 10대의 관심이 멀어지자 MZ세대는 접근조차 하지 않은 채로 클럽하우스를 잊었다. 대학내일20대연구소가 조사한 결과(2021년 7월) MZ세대 6.1%만이 클럽하우스 같은 오디오 기반 소셜미디어를 이용할 의향이 있다고 밝혔다.[75]

다만 경험주의자 MZ세대는 적극적인 면이 있다. 검토가 끝난 것에 대해서는 더없이 적극적으로 다가가 경험하려고 한다. MZ세대는 특별한 경험을 할 수 있는 곳이라는 확신이 들면 어디든지 가보려고 한다.[76]

줄을 서는 MZ세대

MZ세대에게 줄서기는 익숙한 문화다. 핫플레이스에 방문할 때나 특별한 경험을 하기 위해서 줄서는 것은 예사로운 일이다. 맛집 '피켓팅'이 그렇다. 피켓팅이란 피와 예매를 뜻하는 '티켓팅'이 합쳐진 말인데 피 튀기는 경쟁을 뚫고 예매하는 일을 가리킨다. 한창 MZ세대에게 인기 있는 것이 유명 스시집에 가서 주방장이 주는 대로 먹는 오마카세(おまかせ) 코스다. 서울 여의도의 스시집 '아루히'나 성북구의 '우정초밥' 같은 곳의 예약 경쟁률은 높아 경우에 따라서는 예약이

불가능할 정도다. MZ세대는 이 치열한 경쟁을 뚫고 단 한 번의 미식 경험을 하려고 노력한다.

미식 경험은 MZ세대에게 특별하다. 눈으로 보기에도 즐거운 음식은 사진을 찍어 인스타그램에 공유할 만하고 절대 저렴하지 않은 식사 비용은 '비싼 값을 내고 즐긴다'는 플렉스(Flex) 유행에 걸맞다. MZ세대는 많은 사람이 가봐서 검증된 곳이라면 기꺼이 시간과 돈을 들일만한 자세를 갖췄다.

이런 미식 경험을 할 수 있는 곳은 전국 곳곳에 있어 제주도의 돈가스 전문점 '연돈'에서 몇 시간 줄을 서 돈가스 하나 맛보기도 하고, 강원도 강릉의 카페 '툇마루 커피'에서 흑임자 라떼 하나 마시려고 반나절을 기다리기도 한다.

맛집에만 적극적인 게 아니다. 소비 경험에도 적극적이어서 MZ세대에게 한 번 인기를 얻은 제품을 구하기란 하늘의 별 따기 같은 일이다. '범고래'라고 불리는 나이키 운동화 '덩크 로우 레트로 블랙'은 추첨을 통해서만 살 수 있는데 경쟁률이 높아 번번이 구매에 실패하는 MZ세대가 많다.

MZ세대는 검증된 경험에는 더없이 적극적이다. 입소문 난 경험은 한 번씩 해보려고 하고 한 번 마음먹은 경험을 위해서는 경계 없이 다가간다. 다만 경험해보니 전혀 새롭지 않다거나 경험의 질이 떨어진다는 소문이 나기 시작하면 후발대 경험주의자 MZ세대를 끌어모으는 데 실패한다. 클럽하우스나 메타버스가 이와 같다.

그러니 MZ세대의 입소문에 주목해야 한다. 어떤 소문이 흐름을 타고 널리 번질지 알 수 없지만, 그 시작 지점을 포착할 수 있다면 MZ세대를 쉽게 따라잡을 수 있을 것이다.

Generation MZ's manual

08 보수화_ 무기력한 탈이념주의자

MZ세대, 좀 더 구체적으로 20대, 그중에서도 남성이 보수적이며 예전에 비해 더 보수화되었다는 주장이 곳곳에서 등장하고 있다. 한 예로 중앙일보는 2021년 11월, 홈페이지를 통해 '초간단 세대 성향 판별기'를 공개했다. '통일, 복지 정책, 비정규직 문제' 등과 관련된 질문으로 구성된 판별기는 비교적 진보적인 가치를 위주로 한 답변을 내놓으면 40대, 그러지 않으면 20대라고 응답자를 판별했다.[77] 이 결과는 다소 논란을 낳았는데, MZ세대는 보수적이고 X세대인 40대는 진보적이라는 통념을 반영한 것이기 때문이다.

KBS에서는 2021년 6월 '세대인식 집중조사' 시리즈에서 20대 남성에게서 "보수 성향이 짙게 드러난다"고 보도했다. 나아가 우석훈 성결대 교수의 말을 인용해 20대 남성의 보수화로 인해 한국에서도 "그런(극우) 정당이 나올 수 있다"고 보도하기도 했다.[78]

그러나 MZ세대가 보수화되었다는 통념은 맞지 않는다. MZ세대 남성이 보수적이고 더 보수적으로 변했다는 것은 사실과 다르다.

MZ세대가 보수화되었다는 착각

한국행정연구원이 매년 실시하는 '사회통합실태조사'에 따르면, 20대(만 19세 포함)와 30대에서 스스로를 보수라고 응답한 사람은 각각 5.7%, 8.2%에 그쳤다.[79] 2015년의 결과를 보면 오히려 줄었다. 2015년에 20대는 13.8%, 30대는 17.9%가 보수라고 답했다.[80]

여론조사 전문기관 한국갤럽이 정기적으로 하는 '주관적 정치 성향 조사' 결과에 의하면 2021년 1월, 자신이 보수라고 밝힌 20대 남성은 25%였다. 5년 전인 2016년 1월, 26%의 20대 남성이 자신을 보수라고 한 것과 큰 차이가 없다.[81]

MZ세대 남성이 과연 보수적인지 짚어볼 만한 여론조사 결과도 많다. 여론조사 전문기관 입소스가 '한국인 정치 성향 조사(2018년)' 결과를 보면 보수주의자로 분류된 20대는 9.2%, 30대는 4.9%에 그쳤다. 특히 20대 남성과 30대 남성은 진보적인 동시에 국가의 개입을 강하게 반대하는 자유주의적 성향을 보이기도 했다.[82] 20대만을 대상으로 한 것이 아니기는 하나, 대학내일20대연구소의 조사(2016년) 결과를 봐도 20대는 결코 보수적이지 않다. 보수적 성향을 보이는 응답자는 전체의 15.3%였는데, 20대 남성의 18.2%가 보수로 분류됐다.[83]

이 같은 조사들은 두 가지 다른 방향의 결론을 암시한다. 하나는 정말로 MZ세대 남성이 보수적이지 않은 경우다. 그러나 MZ세대 남성이 보수 성향을 띈다는 방증 또한 많은 만큼 MZ세대 남성이 보수적이지 않다고 단정 짓기란 쉽지 않다.

다른 하나의 결론은 MZ세대 남성이 전통적인 보수가 아니라는 것이다. MZ세대 남성은 복합적인 면모를 보인다.

최종숙 민주화운동기념사업회 선임연구원은 〈'20대 남성 현상' 다시 보기〉라는 논문에서 20대 남성을 보수라고 말할 수 없는 근거를 상세히 서술했다. 최 연구원은 한국리서치에서 시민 의식종합조사 2017년 자료를 바탕으로 20대 남성의 정치 성향을 분석했다. 조사 결과 20대 남성이 "안보는 보수, 경제/복지는 진보" 성향을 보인다는 점이 눈에 띈다. 어느 한 면만을 보고 20대 남성이 완전히 보수적이라고 단정 지을 수는 없다.[84)]

다만 20대 남성, 더 넓게는 MZ세대 남성의 반(反)페미니즘적인 성향은 비교적 뚜렷하게 드러난다. 이는 주간지 〈시사IN〉에서 지난 2019년 4월과 5월에 걸쳐 보도한 '20대 남자' 관련 일련의 보도에도 반영됐다. 〈20대 남자, 그들은 누구인가〉 기사는 페미니즘과 관련된 응답을 담았는데, '페미니즘은 여성 우월주의다'라는 문장에 동의하는 20대 남성은 59.0%로 다른 연령, 성별 응답에 비해 매우 높은 수치였다.[85)]

최종숙 연구원에 따르면 20대 남성의 반페미니즘 의식은 다른 세대 남성에 비해서 '조금 더' 높은 수준이었고, 특히 30대 남성과는 별 차이가 없었다. 그러니까 MZ세대 남성은 반페미니즘적 인식에서 동일한 신념을 공유하고 있다고 볼 수 있다.

말하자면 MZ세대, 그중에서도 MZ세대 남성은 몇몇 이슈를 중심으로 동일한 성향을 보인다. 양성평등 문제, 부동산 문제, 군 복무 문제 등에 대한 공통된 생각을 바탕으로 단호한 의견을 나타내는 것이다. 이것이 보수 진영의 담론과 일치하는 경우가 종종 있어 MZ세대 남성이 전통적인 보수처럼 보이게 만든다.

MZ세대는 진보적이어야 할까

MZ세대, 그중에서도 MZ세대 남성이 '보수화되었다'는 주장은 어떻게 등장하게 된 걸까. 이는 2012년 제18대 대통령 선거까지 거슬러 올라간다. 당시 박근혜 새누리당 후보가 대통령에 당선되며 '20대 보수화론'이 고개를 들었다. 국민일보는 '보수화되는 20대'라는 기획 기사를 1면에 냈고[86] 매일경제 역시 "20대가 가장 진보적일까"라는 질문을 던지기도 했다.[87] 20대 유권자가 당시 새누리당을 지지하면서 당시 민주통합당에 등을 돌렸다는 게 근거였다.

MZ세대 남성의 반페미니즘적인 인식을 제외하고는 이들이 특별히 보수적이라거나 보수적으로 변했다고 할 만한 근거는 없다. 그런데도 지금 다시 MZ세대 보수화에 대한 이야기가 여전한 이유는 MZ세대 중 보수 정당을 지지하는 남성이 늘었기 때문이다.

2021년 4·7 서울시장 보궐선거 당시 지상파 3사가 공동출구조사를 실시한 결과를 보면, 국민의힘 오세훈 후보를 지지한 20대 남성은 72.5%였다. 오 후보의 최종 득표율 57.5%를 웃도는 수치다. 이는 한 고정관념에 반하는데, MZ세대는 으레 진보 정당을 지지할 것이라는 고정관념이다.

기성세대, 특히 1980년대를 20대로 보낸 86세대에게는 젊을 때 민주주의를 위해 투쟁한 경험이 있다. 젊을 때는 민주주의를 위해 투쟁하다가 나이가 들어서는 사회 기득권층에 자리 잡은 86세대는 자기 경험에 비추어 지금의 MZ세대를 바라본다. 이들 시각에서는 MZ세대가 젊을 때 보수 정당을 지지하는 게 '문제'처럼 여겨질 수 있다. 그러나 앞서 이야기했듯 MZ세대의 보수 정당에 대한 지지율이 높아진다는 건 보수적으로 이념 지형이 변화했다는 것과는 다른 문제다.

한국의 유권자는 이슈 대중(Issue Public)으로 분류되곤 한다. 이슈 대중이란 개별 사안에 대한 관심에 따라 정책이나 정당 선호가 달라지는 유권자 집단을 말한다. 예를 들어 2016년 실시된 20대 총선에서는 국방·안보 이슈가 더 중요하게 여겨져 대북 관계에 강경한 입장을 보이는 유권자들이 보수 정당을 선택하는 유인이 만들어졌다. 반면 2017년 19대 대선에서는 복지 이슈에 좀 더 관심을 가지고 투표하는 유권자들이 있었다.[88)]

진보나 보수 같은 이념 성향에 따라서만 의사가 결정된다면 언제나 일정한 분포의 투표 결과가 나타날 것이다. 그러나 현실에서는 이슈에 따라 보수 쪽으로, 진보 쪽으로 마음이 기우는 대중이 더 많으며, 어떤 이슈에 대해 보수 혹은 진보 진영 응답자 모두 찬반을 표하는 일은 없다.[89]

이런 점에서 MZ세대가 보수 정당을 더 많이 지지한다고 해서 MZ세대는 보수 성향이라고 단정 지을 수 없다. 진보 진영에 대한 반감이나 개별 후보에 대한 호감도 같은 게 MZ세대 남성의 보수 정당 지지율에 영향을 미칠 가능성이 높기 때문이다.

오히려 MZ세대 내부의 이념 차이는 크지 않다는 연구 결과도 있다. 20대 청년의 이념 지향성을 살펴본 〈한국 20대의 보수와 진보〉라는 논문에 따르면, 20대는 물론 MZ세대 모두 보수나 진보에 관계없이 사회·문화에 있어 자유주의적인 경향을 보였다. 진보든 보수든 어느 정도 혼전 동거, 낙태, 동성애 등의 사회 문제에 긍정적이고 개방적이며 전통적인 성 역할을 부정했다. 20대 내부에서 보수와 진보 간 차이는 오히려 세대 간 차이보다 적다는 게 이 논문의 결론이다.[90]

진보적일 수도 없는 MZ세대

'MZ세대가 보수화되었다'는 게 아니라고 해서 'MZ세대는 진보적이다'는 건 아니다. 오히려 MZ세대는 다른 세대에 비해 진보·개혁적 이슈에 상대적으로 관심이 낮은 세대다. 진보의 개념에 대한 의견은 분분하지만, 종종 진보와 개혁이라는 단어가 혼용되는 것처럼, 진보는 더 나은 삶을 위해 현실을 비판하고 바꾸려는 노력을 동반한다. 진보의 핵심 가치인 자유와 인권, 평등과 공동체의 참여[91] 같은 것들은 현실 순응적이지 않다. 그런데 MZ세대가 마주하는 현실은 비판하고 넘어서기에 너무 거대하다. 이를테면 신자유주의다.

MZ세대에게 신자유주의란 단지 경제적 논리에 해당하는 게 아니라, 이를 뒷받침하는 국가와 자본·기업의 헤게모니를 의미하기도 한다. 단지 '평범'하게 살기 위해서는 정규직으로 취직해야 하고, 취업을 위해서는 스펙을 쌓아야 하며, 스펙을 쌓기 위해서는 정해진 틀에 맞춰 경쟁해야 하는 사회에서 MZ세대 개인의 저항이 의미를 지니기는 어렵다. 저항이 거의 가능하지 않을뿐더러 유의미한 결과를 낳기 어렵다.

그래서 MZ세대는 투쟁할 기력을 잃었다. 현실을 직시하고 현실 속의 불합리를 비판하며 이를 개선해나갈 의지를 찾기 어렵다는 것이다. 실제로도 MZ세대는 다른 세대에 비해 유독 사회 문제에 관한 참여가 저조한 편이다. 통계청의 조사 결과를 보면, MZ세대가 사회 참여 활동하는 데 다른 세대에 비해 참여율이 낮지는 않은데, 주로 친목 단체 활동에 집중돼있다는 것을 알 수 있다. MZ세대는 정치 단체는 물론 시민사회 단체, 지역 모임에도 참여율이 낮은 편이다.[92]

이런 사례에 따라 MZ세대가 비(非)정치성 혹은 무(無)정치성을 지닌다고 분석할 수도 있다. 단지 관심 있는 이슈에 대해 강력한 의견을 지녔을 뿐이다. 그것이 보수처럼 혹은 진보처럼 보이는 것은 착시 효과일 뿐 MZ세대는 어느 한 진영에 몸 담지 않는다.

09

G e n e r a t i o n M Z ' s m a n u a l

힙_ 소비하는 세대문화

1996년생 박규현 씨는 주변 사람들이 '힙스터'라고 하면 모두 그를 떠올릴 만큼 전형적인 힙스터다. 그의 옷차림은 거의 매일 같다. 정장 재킷에 트레이닝팬츠를 색과 무늬만 달리해 입고 다닌다. 대학교는 자전거를 타고 오가는데 학교 식당에서 식사하지 않는다. 채식주의자인 박 씨가 먹을 수 없는 음식이 많이 나오기 때문이다. 대신 도시락으로 끼니를 해결한다. 그가 제일 좋아하는 것은 혼자 시간을 보내는 것, 제일 싫어하는 건 평화를 깨는 거다.

"저는 육식이 평화를 깨는 일이라고 생각해요. 인간과 동물이 공존해 살아갈 수 있는 세상이 되어야 하는데, 인간은 동물을 무차별적으로 학살하고 있죠. 거기에 저항하려고 채식해요."

아끼는 자전거에 기대서 이야기하는 그의 귀에는 애플의 무선 이어폰 에어팟이, 발에는 나이키 운동화가 신겨 있다. 그는 남들과 같은 것도 싫어한다고 말했다.

"저만의 것을 좋아해요. 그래서 한정판을 좋아해요. 좀 고쳐야 할 버릇이라고 생각하는데, 좋아하는 브랜드에서 한정판을 판매하면 꼭 구입하는 취미가 있어요."

그런데 그는 스스로 "힙스터인지는 잘 모르겠다"고 했다.

"요즘 힙스터라는 말을 쓰나요? 어떤 사람을 두고 힙스터라고 하는지 잘 모르겠어요."

확실히 지금 한국 MZ세대 중에는 '힙스터가 없다'. 크게 두 가지 의미에서 그렇다. 진정한 의미의 '힙스터'가 없다는 뜻이기도 하고, 힙스터를 자청하는 사람이 없기도 하다.

소비하는 힙스터

'힙스터'는 대중과는 다른 자기만의 취향을 좇는 비주류 집단을 말한다. 역사적 근원을 따져 보면 힙스터를 이해하기 더 쉽다. 1940년대부터 힙스터라는 말은 존재했다. 이 당시 힙스터는 흑인 재즈 뮤지션을 추종하는 백인 청년들을 가리키는 말이었다. 일정한 직업이나 거처 없이 떠돌아다니며 재즈만을 즐기던 이 청년들을 두고 1950년대에는 '비트닉(Beatnik)'이라고도 했다. 비트닉의 주된 정서는 주류에 대한 분노와 저항이었다. 동시에 비트닉은 불확실한 상황에서 비롯된 패배 의식과 허무주의, 비관주의 같은 상념에 빠져 있었다. 이 정서들은 1960년대 '히피(Hippie)'부터 펑크와 레게, 록, 힙합으로 이어지는 하위문화(Subculture)의 근원이다. 하위문화는 반문화(Counter-culture)로서, 기저에 기성세대의 안정적인 삶과 주류사회의 보수적인 관념에 저항하는 방탕하고 반항적인 인식을 깔고 있다.[93]

그러나 지금의 힙스터는 역사적 힙스터 모습과는 사뭇 다르다. 패배 의식과 허무주의 같은 정서는 거의 보이지 않고 체제에 적극적으로 거부하고 저항하는 힙스터는 찾아보기 어렵다. 대신 힙스터는 선택한다. 저항의 의미를 지닌 소품을 선택하고, 삶의 양식을 선택한다. 그 선택은 대개 소비로 실천된다.

'힙스터' 박규현 씨의 모습을 다시 그려보자. 채식주의, 나이키 운동화 벨로스타 전기자전거 등 그를 힙스터처럼 보이게 하는 모든 것은 소비로 갖춰진 거다. 채식을 실천하기 위해 그는 채식 음식을 배달해주는 서비스를 이용한다. 자전거는 200만 원 넘게 주고 구입했다. 나이키 운동화는 10켤레 넘게 가지고 있다. 그가 남과 같지 않게, 현실에 저항하는 방법은 소비다.

거의 모든 힙스터가 그렇다. 일회용 컵 소비를 줄이기 위해 텀블러를 구입하고, 자가용 사용을 줄이기 위해 자전거를 구입한다. 비건 패션, 비건 화장품 등 자본이 있다면 체제에 저항할 방법이 더 많아지는 현실이다.

왜 지금의 힙스터는 1960년대 히피와 다른 모습을 보이는 걸까. 히피와 힙스터가 마주하는 체제가 다르기 때문이다. 지금 MZ세대 힙스터는 오랜 시간 굳어져 개인이 어떻게 할 수 없는 견고한 체제를 마주하고 있다.

2000년대 초반만 하더라도 신자유주의는 열띤 토론의 대상이었다. 당시 크고 작은 시위의 최대 화두는 '신자유주의 반대'였고, 시민단체와 대학생들이 연합해 격렬한 시위를 펼치는 일도 비일비재했다. 2008년 미국산 소고기 수입을 반대해 모인 촛불 시위대의 목소리 중에는 공기업 민영화 반대, 외국 금융자본의 먹튀 문제에 대한 비판 같은 게 섞여 있었다. 그러나 한 차례 전 세계적인 금융위기를 겪고 나서 2010년대 들어서는 이런 목소리가 줄었다.

윤상우 동아대학교 사회학과 교수는 그 이유로 세 가지를 든다.[94] 하나는 글로벌 기업, 대기업, 중소기업 가릴 것 없이 자본 진영이 압도적으로 신자유주의적 경제 원리를 지지한다는 점이다. 또 국가적 차원에서 신자유주의 원리가 추진되고 있다. 1997년 외환위기 이후 한국에서 신자유주의는 정책적 차원에서 국가가 나서 도입한 것이다.[95] 규제 완화나 공기업 민영화, 노동시장 유연성 강화 같은 정책 방안은 경제 성장이라는 목표 아래 적극적으로 추진되어왔다. 여기에 신자유주의 정책이 시민을 비롯한 경제 주체에게 내면화되었다. 미디어는 규제 완화가 곧 경제 성장의 지름길이라는 점을 강조했다. 선진국에서는 유연한 고용 정책으로 인해 기업 수익이 극대화되고 있다는 점을 알려줬다. 신자유주의 정책의 피해자가 될 수 있는 노동자도 신자유주의를 쉽게 받아들인 이유다.

힙스터라 말하지 않는 힙스터

이렇게 공고해진 체제에서 힙스터가 할 수 있는 일은 적다. 체제는 너무 거대하고 명확하지도 않기 때문에 힙스터는 체제에 순응한다. 반전(反戰)을 노래하며 미국의 베트남 전쟁을 끝냈던 히피들과 달리 힙스터의 노래는 아무것도 바꿀 수 없다. 그래서 지금의 힙스터는 최소한의 저항을 한다. 자본주의 체제를 벗어날 수는 없는 힙스터들이 생활양식이나 행동 방식을 바꾸는 방법을 '선택'하는 이유다. 그런 점에서 보면 이제 힙스터문화는 저항문화가 아니라 대안 문화다. '남들과 다르다'는 힙스터의 이미지가 여기서 생겨난 것이다.

대안 문화로서 힙스터문화에는 몇 가지 특징이 있다. 먼저 힙스터라는 정체성이 약하다는 점이다. 많은 힙스터가 스스로 힙스터라고 하기를 꺼린다. 힙스터가 가지는 저항의 의미를 고려해볼 때 '나는 그만큼 저항하고 있지 않다'라는 뜻에서 그렇기도 하다. 그러나 그보다는 '힙스터'라고 묶였을 때 지니는 부정적인 이미지 때문에 힙스터이기를 거부한다.

대안 문화로서 힙스터문화는 태생적인 한계를 지닐 수밖에 없다. 이를테면 어떤 개인이 체제에 저항하기 위해서는 많은 것을 포기해야 한다. 히피들이 가정을 떠나 자신들만의 공동체를 꾸린 것처럼, 비트닉이 재즈 클럽을 찾아 도시를 떠돌던 것처럼 말이다. 그러나 지금의 힙스터는 저항하는 대신 대안을 선택하기 때문에 비교적 안전하다. 그건 다른 사람들도 힙스터의 대안 문화를 선택해 힙스터처럼 보일 수 있다는 의미이기도 하다.

턴테이블과 LP판을 예로 들어보자. 몇몇 힙스터는 디지털 부호가 된 음악을 거부하기 위해 턴테이블을 찾는다. 힙스터를 자청하는 34살 A씨가 몇 년 전 턴테이블을 구입한 이유다.

"요즘은 첫 곡부터 마지막 곡까지 앨범을 통째로 들어보는 사람이 적어요. 자리를 잡고 앉아 음악에만 귀를 기울여 듣는 사람도 적고요. 음악 애호가로서 저는 음악의 본질을 찾아야 한다고 생각했어요. 디지털 기기로 듣는 음악 말고 진짜 음악을 듣고 싶어서 턴테이블을 힘들게 구했어요."

이 힙(Hip)스러운 행동은 빠르게 복제됐다. 턴테이블도 없지만, 그저 소장하기 위해, 진열하기 위해 LP판을 구입하는 사람도 생겼고, 알록달록 디자인해 조그맣게 올려놓을 수 있는 디지털 겸용 턴테이블도 출시됐다.

이처럼 힙스터가 선택한 양식이 흉내 내기를 통해 또 다른 하위문화로 자리 잡는 일이 반복되면서 누가 힙스터인지, 힙스터스러운 사람인지를 구분하는 일이 무의미해지기까지 했다. 이제 힙스터는 긍정적인 의미를 지닐 수 없게 되었다. 가끔은 '단지 멋 부리는 사람'을 대신해 쓰이는 상황에 이른 것이다.

'홍대병'이라는 신조어도 생겼다. 홍대병이란 힙스터처럼 꾸미고 다니는, 즉 남과 무조건 다른 것을 추구하는 사람을 비판적으로 부르는 단어다. 힙스터의 정신, 즉 사회와 체제에 대한 저항이나 비판 같은 의식 없이 양식만 흉내 내는 사람이 많아지면서 이들을 부르기 위해 생긴 말이다. 힙스터가 자주 모이던 서울 홍대 앞 거리에서 자주 보인다고 해서 홍대병이란 이름이 붙었다. 개성을 찾다가 오히려 몰개성해지는 모순적인 상황을 두고 '홍대병에 걸렸다'고 지적할 수 있다.

누가 힙스터인지 알기 힘든 현실에서 더 이상 힙스터는 없다고 해도 무리가 아니다. 대신 힙스터는 부족(部族)이 되어 이리저리 휩쓸려 다닌다. 어떤 때는 현재의 행복을 중요하게 생각하는 욜로족이 되기도 하고, 디지털 기기 하나만 들고 이곳저곳에서 일하는 디지털 노마드족이 되기도 한다.

MZ세대 힙스터는 고정되어있지 않다. 선택한 양식대로 흩어졌다가 또 다른 지점에서 합쳐지기를 반복하면서 서서히 희석되고 있다. 이들은 1960년대 전쟁에 반대하던 히피가 대도시에서 우아한 개인 생활을 즐기며 물질주의적인 사고관에 젖어 드는 1980년대 여피(Yuppie)가 된 것처럼, 시간의 흐름에 맞게 변화하는 모습을 보여주기 어려울 것이다.

말하자면 MZ세대 힙스터는 그 안에서도 공유하는 의식을 찾기 힘들다. '힙스터'라고 했을 때 공통적인 가치관, 인식, 세계관 같은 것을 떠올리기 어렵다는 말이다. 이건 단지 힙스터의 정의에 관한 문제만이 아니다. MZ세대가 마주하는 벽이 제각기 다르다는 것을 의미하는 한편, 어떤 양식으로도 오랫동안 한데 묶이기 어려운 세대를 의미하는 것이기도 하다. 이건 MZ세대에게는 MZ문화라고 할 만한 것이 없다는 현실과도 맞닿아 있다. MZ세대 힙스터가 존재하지 않는다는 것은 곧 MZ세대의 공통된 문화가 부재하다는 의미이기도 하다.

G e n e r a t i o n M Z ' s m a n u a l

10 넷플릭스_ 흩어진 세대문화

MZ세대 모두가 열광하는 문화 콘텐츠는 없다고 할 수 있다. 신드롬을 일으킨 TV 예능 프로그램 〈내일은 미스터트롯〉의 평균 시청률은 25%를 넘었지만 20~49세 시청률은 5.8%에 불과했다. 드라마 〈부부의 세계〉도 마지막 회 시청률이 28%를 넘을 정도로 인기를 얻었지만 2049세대 시청률은 8.7%에 그쳤다.[96] 이는 날이 갈수록 높아지는 OTT(온라인 동영상 서비스) 이용률과도 관계가 있다. 유튜브나 넷플릭스 같은 OTT는 TV처럼 일방적으로 콘텐츠를 전달해주는 매체가 아니다. 이용자가 직접 콘텐츠를 선택하기 때문에 각자 다른 콘텐츠를 시청하게 된다. OTT의 추천 알고리즘은 이용자의 취향을 다양화시키기보다 강화시키는 방향으로 나아간다.

혹 MZ세대 다수가 함께 보는 콘텐츠가 있더라도 보는 방법은 제각기 다르다. TV 수상기를 통해 실시간으로 프로그램을 시청하는 사람,

국내 OTT인 웨이브(Wavve)를 통해 여가에 보는 사람, 해외 OTT인 넷플릭스로 한 번에 몰아보는 사람 등 다양하다. 실제로 한국언론진흥재단의 '2021 언론 수용자 조사'를 보면 지난 일주일간 '모바일 기기로 TV를 봤다'고 답한 20대는 47.1%, 30대는 39.3%였다.[97] 유튜브나 넷플릭스 등을 포함하는 OTT를 이용하는지 물어본 정보통신정책연구원의 조사에서는 20대의 97.9%, 30대의 96.5%가 그렇다고 답했다.[98]

절대다수가 즐기는 콘텐츠가 없다는 점, 그마저도 각기 다른 방법으로 즐긴다는 것, 미디어 자체도 개인의 취향에 맞춰져 있다는 점을 아울러 미디어가 '개인화되었다'고 표현할 수 있다.[99] MZ세대의 미디어는 개인화되었다. MZ세대의 미디어 개인화는 단지 콘텐츠 업계에서만 관심을 기울일 문제가 아니다. 이는 청년세대로써 MZ세대를 관통하는 문화가 없다는 것을 의미한다. 서태지와 아이들, 삐삐와 워크맨, 소비지향적인 신세대 같은 이전의 청년세대인 X세대의 보편적 문화 양상[100]과는 다르다. 스마트폰은 모든 세대에게 상징적인 기기다. 방탄소년단은 MZ세대를 묶어내지 못한다. MZ세대를 대표할 수 있는 문화적 요소가 드문 상황에서 MZ세대는 공통된 기억을 지니기 어렵다.

미디어의 개인화는 사회에 대한 인식에 큰 영향을 끼친다. 여러 연구를 종합하면 유튜브 등에서는 개인의 인식에 맞는 선별된 정보만을 제공하는 필터 버블(Filter Bubble)이 실제로 존재한다.[101] 필터 버블은 개인의 인식을 한쪽으로 더 치우치게 만드는 확증편향을 불러오고, 확증편향은 다시 개인의 사회 인식에 영향을 끼친다. 개인화 시대에는 사회 전체를 아우르는 시각을 가지기 어렵다는 얘기다. 전통적으로 MZ세대를 포함하는 청년세대는 기성세대보다 너른 시야, 개방적인 인식을 지녔다고 여겼지만, 요즘은 그렇지만도 않다. 오히려 젊을수록 가짜뉴스에 노출될 가능성이 크고[102] 전파 의도도 높다는[103] 연구들도 있다.

개인주의 이전에 자리 잡은 개인화

MZ세대가 개인화된 미디어로 인해 개인화된 기억, 개인화된 사회 인식을 지닌다는 것은 무엇을 의미할까. MZ세대는 뿔뿔이 흩어져있다. 흔히 MZ세대를 개인주의 세대라고 하기도 하지만 그보다는 '개인화 세대'라고 하는 게 바람직하다. 개인주의와 개인화는 다르다. 임동균 서울대 사회학과 교수는 한국 사회가 개인주의에 이르기 전에 개인화가 먼저 진행되었다는 점을 지적한다.[104]

개인주의의 중요한 가치는 자유와 평등이다. 여기서 자유란 자율성을 의미한다. 독립적인 개인이 스스로 일을 해결할 수 있는 힘이다. 자유가 절대적인 의미의 자유라면, 자율성은 타율성과 반대되는 의미로 쓰인다. 그러므로 자율성은 흔히 생각하는 것처럼 이기적인 것이 아니라 공동체 안에서 존재한다. 더욱이 평등이라는 가치에 기반해 개인주의 안에서 각 개인은 수평적인 관계를 맺기 때문에 서로 존중하고 연대하며 살아간다.[105]

개인화는 서로에게 불편함을 끼치지 않으려는 것은 물론 다른 사람이 나를 불편하게 만드는 것도 용인하지 않는 것을 의미한다. 일부러 무관심한 태도를 취함으로써 거리를 둔다. 내가 다른 사람에게 해가 되지 않음을 표현하고 다른 사람이 나에게 해를 끼치지 못하도록 방어하는 것이다. 그러니 개인화된 사람은 모르는 사람과 말을 섞지 않는다.

개인화된 MZ세대의 성향을 보여주는 사례가 있다. 일반적으로 자영업자들은 단골손님에게 친근하게 대하곤 한다. 그러나 MZ세대는 단골 가게 주인의 관심을 즐기지 않는다. 일부러 벌려둔 거리를 훌쩍 좁혀 다가오는 주인을 부담스럽다고 생각한다. 주인과 나누는 친근한 인사, 가벼운 대화 같은 것은 MZ세대에게 기껍지 않은 것이다.

말하자면 개인화된 MZ세대는 자신만의 세계를 만들어 장벽을 두르고 살아간다. 여론조사기관 트렌드모니터의 조사 결과에 따르면 '공동체 의식이 필요하다'고 생각하는 MZ세대는 넷 중 세 명으로 다른 연령대에 비해 10% 가까이 적었다.[106] MZ세대가 공동체 의식이 약하고 공동체에 참여하지 않으려 하는 이유는 단지 이들이 이기적이기 때문만이 아니다. 개인화된 개인으로 자신을 방어하기 위한 것이다.

사실 MZ세대가 소속감을 느낄 만한 공동체도 찾아보기 힘든 상황이다. 기성세대가 소속되었던 혈연·지연·학연 공동체는 해체된 지 오래다. 친지들과 교류도 적고 종친회 같은 모임은 무척 낯설다. 반상회 같은 지역 모임은 사라진 지 오래됐고 동창회 한 번 안 가본 MZ세대가 더 많다. 대신 MZ세대는 가상의 공동체에서 연대 의식을 느낀다는 주장도 있다.

취향 공동체가 지닌 가능성

개인화된 미디어가 오히려 공동체 의식을 불러일으킨다는 주장도 있다. '사회적 시청(Social Viewing)'은 각기 콘텐츠를 시청하더라도 소셜미디어나 온라인 커뮤니티를 통해 다른 사람과 소통하며 보는 것을 말한다. 드라마를 보면서 실시간으로 감상을 남기고 댓글을 다는 행동이 사회적 시청이다. 이 사회적 시청이 가상의 공동체 역할을 해서 감정을 공유하고 연대 의식을 다진다는 것이다. 또는 온라인 커뮤니티에 소속감을 느끼거나 소셜미디어 집단에 의지하는 MZ세대도 있다.

그러나 이 같은 온라인 가상 공동체는 같은 몸(共同體)을 지니지 못한 유사 공동체일 뿐이라는 지적이 있다.[107] 공동체에서는 구성원의 상호 관심을 바탕으로 주고받는 호혜 관계가 반복되고 구성원은 연대 의식을 갖고 공동체를 지탱한다.[108] 그러나 온라인 가상 공동체에서는 대화가 오가기는 하지만 호혜 관계가 이뤄지지 않고 배려와 관심을 바탕으로 하는 연대 의식이 거의 없다.

그렇다고 해서 MZ세대가 소속될 만한 공동체가 아예 없는 것은 아니다. 많은 MZ세대에게는 자기만의 취향이 있다. 단 하나의 취향만을 지니지는 않지만, 먹을거리부터 입고 노는 거의 모든 것에 취향이 존재한다. 이제 취향은 선호도의 문제가 아니라 한 사람의 독특한 생활양식과 스타일을 설명하는 것이다.

대개 MZ세대의 취향은 소비로 표현된다. 소비하지 않는 취향은 거의 없다. 예를 들어 힙합을 좋아하는 사람이라면 힙합 음악을 구입해 듣고 공연에 참석한다. 미식(美食)에도 취향이 있다. 격식을 차려 먹는 파인 다이닝(Fine Dining)이 취향이라면 한 끼에 수십만 원을 들이기 위해 다른 끼니를 소박하게 먹을 수 있다. 자유여행을 좋아하는지, 호캉스를 좋아하는지에 따라 여행 취향도 갈린다.

즉 이제 취향은 매우 세분돼있다. MZ세대의 취향은 예전처럼 '음악 감상'이라는 말로 뭉뚱그려 표현할 수 있는 것이 아니라 세분되어 전문적이기까지 하다. 확실하게 취향을 표현할 수 있는 세대기도 하다.

그런 점에서 취향으로 형성되는 공동체에 주목할 필요가 있다. 취향 공동체는 정서적 공감과 관심을 바탕으로 하는 정서적 공동체다. 혈연으로 구성되는 공동체나 지역 공동체처럼 지속성 있는 것은 아니다. 일시적일 수도 있는 이 공동체는 개인의 선택으로 형성된다. 얼핏 보기에는 취약해 보이지만 충분히 결속할 수 있다. 같은 취향에 대한 공감과 공감을 바탕으로 하는 상호 이해, 그로 인해 발생하는 연대감, 취향에 대한 헌신 같은 것이 있기 때문이다.

취향 공동체에서 얻는 소속감

팬덤은 대표적인 취향 공동체다. 누군가를 좋아한다는 마음 하나로 모인 팬덤 내에서 개인은 원래 가지고 있던 지위, 계급을 잊고 새로운 존재, 팬으로 자리 잡는다. 팬덤 안에서는 수평적인 관계가 가능하다. 팬덤 내에서도 계급이 존재하긴 하지만 절대자, 즉 스타가 존재하는 이상 팬들의 관계는 수평적이다. 팬덤 내에서는 새로운 규범과 새로운 형식의 연대가 이뤄진다. 취향 공동체로서 팬덤은 단순히 콘텐츠를 관람하는 데 그치지 않는다. 새로운 담론을 형성하고 파생되는 콘텐츠를 창작한다.

팬덤 외에도 MZ세대는 다양한 취향 공동체를 구성한다. 독서 모임이나 와인 모임, 달리기 모임이나 등산 모임 같은 취향에 맞는 모임에 참석하는 MZ세대가 늘고 있다. 여론조사기관 엠브레인 트렌드모니터의 '모임 관련 인식 조사'를 보면 MZ세대의 넷 중 하나 이상은 '취미와 관심사에 의해 모인 불특정 다수와의 모임', 즉 취향 공동체에 참여하고 있다. 앞으로 이런 모임들에 참여할 의사가 있다는 사람도 열 명 중 일고여덟 명에 달했다.[109)]

취향 공동체가 없어진 공동체의 역할을 어느 정도 대신할 수 있다는 점이 중요하다. 이들 공동체는 확실히 느슨하지만 그만큼 자유롭다. 연대와 소통은 확장 가능하다.[110)] 달리기 모임에서 만난 사람끼리 팬덤 활동을 할 수도 있다.

어쩌면 이런 특성이 개인화된 MZ세대의 생활양식에 적합한 공동체 형식일지도 모른다. 이미 개인화된 삶에서 강력한 공동체는 접근 가능하지 않다. 대신 느슨한 연대로 이어져 언제든지 자유롭게 오갈 수 있지만, 확실한 공감을 얻고 연대할 수 있는 다른 개인을 만날 수 있는 취향 공동체는 MZ세대에게 매력적일 수밖에 없다.

그런 점에서 MZ세대의 취향 공동체를 단순히 세분된 취향을 충족시키는 인맥 모임으로만 볼 게 아니다. 잃어버린 공동체를 대신하는 MZ세대의 새로운 소속으로 바라봐야 할 것이다.

Generation MZ's manual

11 떡볶이_ 어린 시절의 추억

MZ세대를 사로잡은 음식 중 하나가 떡볶이다. 신선식품 배송업체 '마켓컬리'가 발표한 자료(2021년 3월 기준)에 따르면 지난 3년간 떡볶이 판매량은 연평균 430%씩 늘어났다.[111] 마켓컬리 이용자 중 MZ세대가 많다는 점[112]을 생각해보면 떡볶이는 MZ세대에게 가까운 음식이다. 이는 빅데이터로도 증명된다.

글로벌빅데이터연구소가 소셜미디어와 온라인 홈페이지 21만 개를 추려본 결과(2020년), 가장 많이 언급된 한식 메뉴는 떡볶이다. 떡볶이 관련 게시물 수만 382만 건에 달했는데, 절반 이상(51.6%)은 20대가 쓴 것이었다.[113] 지난 2018년 대학내일20대연구소가 20대를 상대로 조사한 내용도 있다. 이 조사에서 20대의 34%는 떡볶이가 '영혼을 담은 음식'이라고 답했다.[114]

'왜'라는 질문에 답을 찾기는 어렵지 않다. 떡볶이의 속성을 떠올려

보자. 떡볶이는 자극적인 매운맛에 고탄수화물 식품인 떡으로 이뤄진 음식이다. 매운맛 음식이나 고탄수화물 식품은 전통적으로 '스트레스'와 관련 있다.

스트레스와 매운맛의 상관관계

고열량 음식을 먹는 것은 '보상'과 관련 있다. 고열량 음식을 먹음으로써 생길 '위험'보다 '보상'이 더 크다고 생각할 경우에 우리는 고열량 음식을 찾는다.[115] 고열량 음식을 먹을 때의 위험 요소에는 체중 증가와 영양불균형 등의 건강 문제가 있다. 보상은 심리적 만족감이다. 자극적인 고열량 식품인 떡볶이는 위험을 상회하는 만족감을 준다. 바로 '스트레스 해소'다.

스트레스를 받으면 매운맛에 대한 선호도가 높아진다는 것은 잘 알려져 있다. 그 연관 관계에 대해서는 전중환 경희대 후마니타스칼리지 교수가 〈매운맛을 선호하게 하는 특수한 심리적 적응〉이라는 논문에서 잘 드러내고 있다.

전 교수는 진화심리학적으로 사람들은 음식이 일으키는 식중독 같은 질병을 피하고자 매운맛을 선호한다고 설명한다. 고춧가루 같은 매운 향신료가 음식이 빨리 상하는 것을 막아주거나 음식의 상태를 가려주기 때문에 더 편하게 섭취할 수 있다는 것이다. 특히 스트레스를 받으면 '코르티솔(Cortisol)'이라는 호르몬이 분비되어 면역기능이 떨어지게 된다. 면역기능이 떨어지면 같은 음식을 먹더라도 음식 속의 세균 때문에 질병에 걸릴 확률이 높아진다. 그래서 스트레스를 받으면 더 안전해 보이는 음식, 다시 말해 향신료로 덮여 있어 음식이 덜 상했으리라고 예측할 수 있는 매운맛 음식을 선호하게 된다는 게 전 교수의 설명이다.[116)]

다시 말해 스트레스를 받으면 스트레스에 대처하기 위해 매운맛 음식을 찾게 되고 먹고 나서 '좀 더 안전해졌다'고 안심하게 되는, '스트레스 해소'의 과정을 겪게 된다는 것이다. 그 과정에서 겪는 통증, 자극 같은 것들은 흥분을 가져올 뿐 고통스러운 건 아니다.

그러나 이것만으로는 왜 하필 MZ세대가 특별히 더 떡볶이를 찾는지가 설명되지 않는다. 이에 대한 답을 찾기 위해서는 MZ세대의 '경험'을 들춰봐야 한다.

학교 앞 분식집에서 시작된 경험

지금의 MZ세대가 어린 시절 학교에 다니던 1990년~2000년대만 하더라도 삶의 모습이 비슷비슷했다. 이는 통계청이 5년마다 실시하는 인구주택 총 조사 결과에서 잘 드러난다. 2015년 조사에서 30대 미혼 인구 비율은 44.2%로 30대 5명 중 2명이 결혼하지 않았다. 불과 15년 전인 2000년에는 그 비율이 19.2%였다. 5명 중 1명만이 결혼하지 않았다. 1990년에는 9.5%에 그쳤다. 10명 중 1명이 미혼이었다. 1990년 대부분 30대는 가정을 꾸려 살아가고 있었다. 이때의 사람들은 대개 비슷한 시기에 비슷한 삶의 과정을 밟았다.

구체적인 생활 양상도 크게 다르지 않아 학생들의 학교생활도 비슷비슷한 모습이었다. 학교 앞에는 으레 문방구가 몇 곳, 떡볶이를 파는 분식집이 몇 군데 있곤 했다. 수업이 끝나면 친구들과 어울려 막 만들어낸 떡볶이를 먹으며 수다를 떨던 게 평범한 일상이었다. 그러나 지금은 다르다.

아이부터 어른까지 비슷한 삶의 기억을 공유할 것이라 기대할 수 없다. 예를 들어 '취향'만 하더라도 매우 세분됐다. 예전에는 취향을 즐기는 방법도 비슷했다. 팝 음악을 좋아하면 라디오를 켜서 〈배철수의 음악캠프〉를 듣곤 했다. 지금은 팝 음악을 즐기는 방법도 다양하다. 직접 가수와 소셜미디어를 통해 소통할 수 있고 자신이 좋아하는 팝 음악을 연주하거나 노래 불러 유튜브에 영상을 공유할 수도 있다. 개개인의 취향을 존중하라는 뜻에서 생겨난 신조어 '취존'은 이런 분위기를 잘 반영하고 있다.

흔히들 MZ세대는 '취존'이 중요해 각자의 삶을 즐기는 세대로 알려졌지만 바로 10년 전 이들이 살아온 '경험'은 그렇지 않다. 아이러니함은 MZ세대를 설명하는 특징이기도 한데, 개인주의자들로 알려진 MZ세대가 알고 보면 집단주의적인 사회 분위기 속에서 성장했다는 것부터 그렇다. MZ세대가 성장한 시기 학교에서는 매주 운동장에 모든 학생을 모아 '조회'했고 엄격한 학교 규칙을 두었다. 그렇게 자라난 MZ세대가 지금은 개인적인 세대로 지목받고 있다.

2021년 초 MZ세대들은 '공정한 성과급 지급'을 요구하며 기업을 상대로 직장인이 많이 사용하는 커뮤니티 애플리케이션 '블라인드' 등을 통해 자신의 의견을 관철해낸 적 있다. 당시 많은 전문가는 "MZ세대는 개인주의와 합리성이 무엇보다 중요한 가치"[117]라고 하는 등 MZ세대의 개인주의적인 측면을 부각시켰다.

그러나 MZ세대는 완전히 개인주의적이지 않다. MZ세대는 집단주의적인 측면을 보이기도 하고 민족주의에 경도되기도 한다. 중요한 것은 MZ세대가 동질한 사회에서 자라 분절된 사회에 적응하고 있다는 사실이다. 그러니까 MZ세대에 '나'만큼 중요한 것은 '동질감'이다. 떡볶이는 그런 동질감을 형성하는 역할을 할 수 있는 좋은 사례다.

일반적으로 떡볶이는 나눠 먹는다. 그릇에서 떡을 건져 올려 먹는 떡볶이는 홀로 먹기보다는 함께 먹는 게 더 익숙한 음식이다. 떡볶이를 먹으면서 얻을 수 있는 감정, 예를 들어 스트레스를 해소하는 일 또한 함께할 수 있다는 의미다. 이런 경험이 쌓여 '떡볶이를 먹으면 기분이 좋다'는 암묵적인 문화적 동질감을 만들어낸다. 한동안 서점 베스트셀러 목록에 올랐던 《죽고 싶지만 떡볶이는 먹고 싶어(흔)》는 문화적 동질감을 잘 활용한 책이다.

경험으로서 떡볶이는 긍정적인 감정을 대변한다. 연세대 언어정보연구원 유희재 연구원의 〈한국에서의 '매운맛'의 담화적 의미〉라는 논문을 보면 대강 짐작이 간다. 이 논문은 떡볶이보다 좀 더 광범위한 매운맛 음식을 연구한 것이긴 하지만 떡볶이가 매운맛을 대표하는 음식이라는 점을 고려해보면 연구 결과를 연결해볼 만하다.

유희재 연구원은 음식으로서 매운맛과 관련 있는 키워드를 죽 정리했다. 그에 따르면 매운맛은 '스트레스'라는 단어를 제외하고는 중립적이거나 긍정적인 단어와 묶였다. 예를 들면 사랑, 가족, 여행 같은 단어다. 심지어 매운맛은 통각을 통해 느끼는 '고통'임에도 불구하고 먹고 싶은 맛으로 분류돼 긍정적인 맛으로 인식된다.[119] 이에 따르면 매운맛, 즉 떡볶이를 먹는 일은 긍정적인 감정을 나누는 일이다. 떡볶이를 먹으러 가자는 제안은 '스트레스를 해소하자' '즐거움을 느껴보자'는 것과 같다.

로제 떡볶이가 유행하는 이유

왜 MZ세대가 떡볶이를 좋아하는지를 알게 된다면, MZ세대에게 떡볶이가 지닌 영향력을 이해할 수 있다. 떡볶이를 음식 자체로만 보지 않고 MZ세대를 이해하는 키워드로 읽어낼 필요가 있다. 떡볶이는 MZ세대의 취향에 맞게 계속 변화하기 때문에 떡볶이의 변화에 주목해야 한다.

2020년대 들어 가장 인기 있는 떡볶이는 '로제 떡볶이'다. '로제 소스'는 원래 토마토소스에 크림소스를 섞어 분홍빛이 나는 서양식 소스다. 로제 떡볶이는 이 로제 소스에 매운맛을 가미해 먹는다. 소스 자체만으로도 배가 부를 정도로 묵직한데 매운맛까지 강조됐고, 떡뿐 아니라 당면 같은 '사리'를 더하는 게 고열량에 자극적인 맛을 추구하는 음식이다.

로제 떡볶이의 유행은 지난 1~2년간 식품업계를 휩쓴 중국식 매운맛 '마라(麻辣)'의 연장선에 있다. 한국학중앙연구원의 주영하 교수의 《백년식사(휴머니스트)》에 따르면 매운맛은 한국 음식에 없던 맛인데, 외래 향신료 고추의 도입과 더불어 한식에 접목됐다가 다양한 문화적 배경을 만나 분화되기 시작했다.[120] 중국 동포들이 한국 사회에 자리 잡으면서 동포를 상대로 한 음식점이 생겨났고, 이 음식들이 서서히 대중에게 알려지기 시작해 마라가 대중화된 것도 같은 맥락이다.

마찬가지로 로제 떡볶이는 서양식에 익숙한 MZ세대가 만들어낸 '퓨전 음식'이다. 특히 코로나19로 인해 해외여행이 멈추다시피 한 시기에 유행하기 시작한 데서도 의미를 찾을 수 있다. 이국적인 맛과 익숙한 맛을 섞어 '새로운 경험'을 할 수 있기 때문이다. 그 경험 역시 기존의 떡볶이가 주던 것처럼 즐겁고 설레는 것이다. 떡볶이를 통해 MZ세대는 즐거움을 확장할 수 있다는 걸 보여준다. 이처럼 떡볶이는 MZ세대에게 스트레스를 해소하는 매운맛 음식 이상의 의미를 지닌 동질한 경험을 떠올리게 하는 키워드이자, 즐거움을 나누는 계기가 된다.

Generation MZ's manual

12 미식_ 자아존중감을 높이는 방법

MZ세대는 새로운 미식의 세대다. 알음알음 맛집을 알아내 찾아가는 이전 세대의 미식 문화와 MZ세대의 문화는 다르다. 기성세대 미식가라면 좋아하는 음식에 일가견이 있는 사람처럼 여겨지지만, MZ세대 미식가는 꼭 그렇지도 않다. 맛집을 많이 아는 사람이 미식가로 통할 때도 있다. MZ세대의 미식은 좀 더 가볍고, 좀 더 광범위하고, 좀 더 다양하다. MZ세대의 미식이 갖는 특징을 알기 위해서는 우선 이 세대에게 인기 있는 맛집의 공통점을 살펴봐야 한다.

맛집마다 길게 늘어선 대기 손님이 첫 번째 공통점이다. 서울 용산구 지하철 4호선과 6호선이 교차하는 삼각지역 인근에 있는 고깃집 '몽탄'의 인기는 좀처럼 수그러들지 않는다. 평일이든 주말이든 대기 인원이 많아 아침에 대기 예약을 걸면 저녁에 식사할 수 있을 정도다.

서울 종로구에 있는 '런던 베이글 뮤지엄'이나, 여러 곳에 지점을 둔

'카페 노티드'와 '카페 레이어드'에도 대기 줄은 길다. 지금은 곳곳에 지점이 생겨 인파가 분산됐지만 커피 전문점 '블루보틀'이나 '쉐이크쉑' 같은 프랜차이즈 맛집에도 대기 인원이 수십 명이 넘던 적 있다. 때로는 홍보 차 잠시 문을 여닫는 팝업스토어에도 사람이 몰리는데, 서울 여의도 '더현대 서울'에 일주일간 문을 연 주류 전문 매장 '원소주'에는 3만 명의 인파가 몰렸었다.

또 다른 공통점은 이들 매장 모두 각자 '포인트'를 지녔다는 점이다. 기념사진을 촬영하기에 좋은 특징이 있는데, '몽탄'의 경우 감탄이 나올 정도로 두꺼운 고깃덩어리를 앞에 두고 사진 찍지 않는 사람이 없다. '카페 레이어드'에서는 가득 쌓인 디저트 접시들이 사진 촬영 포인트가 되고, '블루보틀'에서는 간결한 하늘색 브랜드 로고가 새겨진 컵을 들고 인증샷을 찍는 사람을 쉽게 찾을 수 있다.

한국식 고기구이 전문점이나 미국에서 시작한 햄버거, 한국 소주나 영국식 디저트 전문점이 모두 인기를 얻는 걸 보면 MZ세대의 미식에는 경계가 없다고 짐작할 수 있다. MZ세대는 아침 일찍 음식점이 문을 열기 전에도, 비행기를 타고 건너가야 하는 외국에서도 미식을 즐긴다. 중국 특유의 향신료가 잔뜩 들어간 마라 음식부터, 갖가지 향과 맛을 지닌 수제 맥주까지 다양하고 광범위한 미식을 즐긴다.

MZ세대에게 미식은 단지 음식을 먹는 행위에만 그치는 게 아니라는 점이 중요하다. 맛있는 음식을 먹고 맛집을 찾아가는 미식 활동의 중심은 음식이 아니라 경험이다.[121] 그래서 음식의 맛만큼 중요한 게 바로 매장 분위기나 메뉴 구성이다. 실제로 농림축산식품부의 '2021 국내외 외식트렌드' 보고서를 보면, 맛집의 기준으로 특색 있는 메뉴와 분위기를 꼽은 사람이 많았다.[122] 메뉴와 분위기가 중요한 이유는 그것을 경험하고 공유하는 게 중요하기 때문이다. MZ세대의 미식에는 '공유하기'가 거의 포함된다.

나를 덧칠하는 경험

'공유하는 미식'을 즐기기 위해서는 인증샷이 필요하다. 인증샷은 두 가지 목적으로 찍힌다. 하나는 자기만족이다. 시간이 지난 후에 돌이켜보기 위해 찍는다. 또 하나는 과시를 위해서다. 다른 사람이 좋게 봐주기를 바라면서 찍은 사진을 공유한다.[123] 이 두 목적은 서로 나뉘지 않는다. 인스타그램 등 소셜미디어에는 매년 같은 날이 되면 업로드한 게시물을 다시 보여주는 기능이 있는데, 이 기능은 자기만족과 과시적 목적을 모두 충족시킨다.

이때 과시는 물질주의에 기반한 으스대기나 '인정투쟁(認定鬪爭)'으로만 볼 수 없다. MZ세대를 두고 '인증세대'라고 부르는 분석 중에는 MZ세대의 인증샷이 인정 욕구를 채우기 위한 것이라는 설명이 있다.[124] 또는 '인스타그래머블'과 '있어빌리티'를 결합해 설명하기도 한다.

인스타그래머블이란 인스타그램과 접미사 'Able'의 합성어로 '인스타그램에 올릴 만한'이라는 뜻이다. 있어빌리티는 '있어보인다'와 능력을 뜻하는 'Ability'의 합성어다. '인스타그래머블한 장소를 찾는 이유는 있어빌리티를 입증하기 위해서다'라는 문장이 가능하다.

MZ세대가 미식을 즐기고 인증샷을 찍어 공유하는 이유를 있어빌리티를 보여주기 위해서라는 설명이 제기되곤 한다.[125] 그러나 이런 과시욕구, 허세 같은 것으로만 MZ세대의 미식을 설명하면 놓칠 만한 부분이 많다. 미식 경험 중 인증샷은 거의 필수적으로 찍지만, MZ세대가 인증샷을 반드시 공유하지는 않기 때문이다. 다수에게 노출할 목적이 없는 경우도 많다. 친한 친구끼리만 공유하는 식이다. 인스타그램을 운영하더라도 팔로워는 소규모일 수 있다.

공유하지 않는 인증샷을 찍는 MZ세대는 그렇다면 왜 미식 경험을 즐기는 걸까. 이는 자기과시 혹은 자기 인정과 관련 있다. 김수아 서울대 기초교육원 교수에 따르면 소셜미디어에서는 '반응편향(Response Bias)'이 일어난다. 반응편향이란 특정한 방식으로 반응하는 것인데, 소셜미디어에서 보이는 모습이 순간을 포착한 게 아니라, 그 사람의 기본적인 속성이라고 생각하게 한다.[126] 이건 반드시 타인에게만 적용되는 게 아니다. 스스로 소셜미디어 속 자기 모습이 원래 모습이라고 믿을 수도 있다.

인증샷에는 맛집을 찾아보면서 기대하던 마음, 음식을 앞에 두고 사진을 찍으며 즐기던 기분, 맛집 분위기, 새로운 음식에 대한 즐거움, 미식 경험을 함께하는 사람과의 친근함 같은 게 모두 담긴다. 그리고 소셜미디어에 이를 공유하면서 스스로 경험을 덧씌운다.

미식과 자아존중감의 관계

이런 점에서 MZ세대 미식가는 맛 이외의 다른 목적을 위해 미식 경험을 즐긴다. 기성세대 미식가와는 사뭇 다른 부분이다. MZ세대 미식가는 기성세대 미식가보다 더 많은 파스타와 피자를 먹어봤다 하더라도 기성세대 미식가가 대개 그렇듯 전문적 설명을 늘어놓지 못한다. 대신 그 파스타를 만들어내는 분위기가 얼마나 특별한지, 파스타 맛이 얼마나 독특한지, 그 음식점에서의 시간이 얼마나 즐거웠는지 등을 설명한다.

그렇다고 MZ세대 미식가가 기성세대 미식가보다 미식의 '본질'에 어긋나 있다고 지적하는 것도 적절하지 않다. MZ세대 미식가가 분위기와 동반인과의 대화에 좀 더 신경 썼다고 해서 '음식을 즐기는 일'이라는 미식의 원래 뜻에 어긋나는 행동을 한 것은 아니다.

미식학(Gastronomy)을 심리학적으로 분석한 영국 심리학자 찰스 스펜스에 따르면 음식 맛은 분위기와 함께하는 사람 등에 영향받는다. 사람들은 나무와 풀로 꾸민 방에서 마신 위스키에서는 풀 냄새가 나고, 달콤함이 느껴지도록 꾸민 방에서 마신 위스키는 달콤하다고 느낀다.[127] 그러니 MZ세대 미식가는 음식 맛 외에 다른 데 신경을 쓰는 게 아니라 음식 맛을 최대한 즐기려고 경험하는 것이다.

오히려 MZ세대 미식가는 미식을 통해 자아존중감(Self-Esteem)을 높인다. 인증샷을 동반한 미식에는 몇 가지 '능력'이 내포돼있다. 첫째는 맛집을 알아내는 정보력에 대한 것이다. 정보를 찾아내는 능력뿐 아니라 유행에 뒤처지지 않았다는 것을 스스로 주변에 입증하는 일이다.

유행은 단지 많은 사람이 찾는다는 걸 의미하는 데 그치지 않는다. 유행에 뒤처진다는 건 과거에 머물러 현재와는 동떨어졌다는 걸 의미한다.[128] 도태되지 않기 위해 계속해서 세상의 흐름에 발맞추어야 하는 인간으로서 유행을 잘 따라간다는 것은, 제대로 세상에 자리 잡고 있다는 안정감을 준다.

그리고 MZ세대처럼 미식을 즐기기 위해서는 상당한 노력이 필요하다. 미식 경험에는 음식점을 방문할 수 있는 자본, 줄을 서거나 일부러 지역에 들르는 등 음식을 맛보기 위해 쏟아야 하는 시간과 여유가 있다는 점이 저절로 입증된다.

거기다 인증샷을 동반한 MZ세대의 미식은 보통 누군가와 함께 이뤄진다. 친구, 연인, 가족들이 함께 있다는 것은 MZ세대의 사회성을 보여주는 것이기도 하다.

몇몇 MZ세대에게서 파인 다이닝이 인기를 얻는 데는 이 같은 이유도 있다. 한 끼에 수십만 원에 이르는 식사비용은 그만한 경제적 능력을 연상시킨다. 대부분 파인 다이닝이 일상 식사에서는 찾아보기 어려운 식재료로 음식을 꾸미고 맛을 낸다는 점도 암시하는 바가 있다. 식사 자리에 있는 사람의 다양성과 개방성을 보여주는 일이기 때문이다.

이런 파인 다이닝 레스토랑에서의 한 끼가 힐링(Healing)이라는 단어와 잘 연결된다는 점에도 주목할 만하다. 단지 사치스럽게 돈을 쓰는, '플렉스' 해버렸기 때문에 힐링 되는 것이 아니다. 스스로나 주변에 그만한 능력과 가치를 가지고 있다는 것을 입증할 수 있기 때문이다. 자아존중감을 고취시킬 수 있다는 측면에서 힐링할 수 있다.

이런 측면에서 보자면 MZ세대의 미식뿐 아니라 이해가 되는 소비 활동이 많다. 대표적으로 호텔에서 휴식을 취하는 '호캉스'를 이해할 수 있다. 호캉스는 단지 비싼 돈을 내고 청결한 숙박시설에서 휴식할 수 있기 때문에 선호되는 것이 아니다. 사실 MZ세대의 호캉스는 꽤 바쁜 일정을 보내야 하는 노동에 가까워[129] 상상하는 것처럼 편하게 시간을 보낼 수 있는 것이 아니다. 그럼에도 불구하고 호캉스가 휴식의 방법으로 선호되는 이유는, 이를 통해서 MZ세대는 심리적 만족을 얻기 때문이다. 호텔의 다양한 부대시설을 이용할 수 있는 것 또한 능력의 일종이다. 좋은 호텔을 찾고 호텔을 이용할 수 있는 힘을 보여줄 수 있다. 꼭 소셜미디어의 수많은 팔로워에게 알려지는 방식이 아니라도 괜찮다.

해외여행도 마찬가지다. 여행에서 인증샷을 찍는 MZ세대는 사진을 돌이켜보기 위해서 혹은 인스타그램에 전시하기 위해서만 찍는 게 아니다. 사진을 찍으면서 해외여행을 통해 고취시킨 자아존중감을 확인하는 것이다. 일상에서 이뤄지는 미식 경험이나 비교적 손쉽게 떠날 수 있는 호캉스보다 더 큰 만족감을 얻을지도 모른다. 런던 타워브리지 앞에서 인증샷을 찍기 위해서는 걸림돌들을 헤쳐 나갈 수 있는 문제 해결 능력까지 갖춰야 하기 때문이다.

그런 점에서 음식점 앞에서 길게 줄을 서 몇 시간을 기다리는 MZ 세대에게 핀잔을 줄 필요 없다. 이들은 다른 누구도 아닌 자기 만족을 위해 줄을 서 미식을 즐기고 있기 때문이다.

PART

3

MZ 사용하기

MZ세대가 관계 맺는 방식

MZ세대를 구성하는 요소를 살펴보고 나면 MZ세대가 실제로 어떻게 행동하는지 궁금해집니다. 일반적으로 제품의 사용설명서는 제품의 구성 요소들이 어떻게 운영되는지를 관찰하게 합니다. PART3에서 MZ세대가 실제로 어떻게 세상과 서로 간에 관계 맺음을 하는지 알아볼 것입니다. MZ세대는 기성세대와 비교될 때 두드러지게 드러납니다. MZ세대는 기성세대를 어떻게 생각하고, 기성세대와 어떤 관계를 맺는지 보면서 그 세대의 실제 모습을 살펴보겠습니다.

MZ세대의 세계는 개별화돼 있습니다. MZ세대 개인에 맞춰 구성된 세계에서 MZ세대는 '덕질'을 합니다. MZ세대에게 덕질은 빼놓을 수 없는 행위인데 '커뮤니티'에서 그런 점이 잘 드러납니다. 온라인 커뮤니티는 MZ세대를 자유롭게 했지만, 부정적인 영향도 끼쳤습니다. 의외로 MZ세대는 끊임없이 남과 비교하며 살아갑니다. 남과 비교해서 나은 삶에 대한 열망은 '재테크'에 대한 열의를 키웠습니다. 그러나 비교하는 행동을 겉으로 드러내는 건 MZ세대가 하는 일이 아닙니다. MZ세대는 평범함을 추구합니다. MZ세대의 평범함은 '안 꾸민 듯 꾸민' 것입니다.

MZ세대가 바라보는 세계는 좀 우울합니다. 이들은 학창 시절부터 세상은 평등하지 않다는 사실을 절감했습니다. 그런데 MZ세대가 느끼는 불평등은 경제·사회적인 것에 그치지 않습니다. '교육'에서는 MZ세대가 겪어왔고 겪고 있는 정서적 불평등의 문제를 살펴보겠습니다. 그러면서 MZ세대에게서 빼놓을 수 없는 젠더 이슈를 이야기하고자 합니다. MZ세대의 페미니즘은 이념적인 차원만이 아니라 삶에 영향을 주는 지침이 되고 있습니다. 이들 세대는 변하는데 한국 사회는 그 속도에 맞추지 못합니다. 속도의 괴리는 '스터디카페'에서 파악할 수 있을 것입니다.

13

Generation MZ's manual

기성세대_ 거리감과 괴리감

MZ세대는 기성세대를 좋아하지 않는다. 기성세대가 MZ세대의 언어를 가져가 쓰는 것도 탐탁지 않게 생각한다. 맨 처음 '라떼는 말이야'는 기성세대를 비꼬기 위한 밈으로 시작되었다. 기성세대가 툭 하면 '나 때는…'을 쓰는 것을 두고 '라떼는 말이야'라는 문장을 만들어낸 사람이 있었다. 어떤 MZ세대가 이걸 읽다가 '말'의 동음이의를 활용해 '라떼 이즈 홀스(Latte is horse)'라는 밈을 완성시켰다. 이 인기에 슬그머니 기성세대가 발을 들이밀었다.

"회의하다가 상무가 "예전에는"이라고 운을 띄웠어요. 그러니까 옆에서 팀장이 "상무님, 요즘은 그렇게 쓰면 안 됩니다. 라떼 이즈 홀스라고 쓰십시오"라고 웃으며 말하는데, 팀장급은 다 와하하 웃더라고요. 저희는 억지웃음을 지었어요. '너희 쓰라고 만들어진 말이 아닐 텐데'라고 생각하면서요."

통신사에 다니는 7년 차 직장인 32살 A씨의 이야기는 MZ세대가 기성세대를 대하는 태도를 보여준다. 표면적으로 MZ세대는 기성세대에 적대적이지 않다. 여론조사업체 트렌드모니터 2022년 1월 조사에서 부모 세대가 존경받을 만한 세대라고 대답한 사람이 70%가 넘는다.[130)]

"팀장, 임원이나 부모님 세대를 무시하는 건 아니에요. 그렇지만 사실 그분들이 현재 우리의 환경이었다면 지금 같은 지위를 얻을 수 있었을까 하는 생각은 들어요. 실력 미달이라는 거죠."

A씨의 말에 유통 분야 중소기업에 다니는 29살 B씨가 동의했다.

"회사에 엑셀 프로그램도 제대로 못 다루는 부장이 있는데, 지금이라면 도태되었을 사람이 시대를 잘 타고났다고 생각해요."

인터뷰에 응한 일곱 MZ세대에게서 공통으로 나온 얘기가 '시대를 잘 타고난 기성세대'에 관한 것이었다.

이상주의자 X세대와의 괴리감

MZ세대의 첫 화살은 X세대를 겨냥했다. 최샛별 이화여대 사회학과 교수는 X세대를 "이전과는 완전히 다른 새로운 세대의 시작이자, 88만원세대로 통칭되는 아랫세대가 공통으로 보유하는 특성들을 보이기 시작한 '신세대'의 조상으로서 새로운 라이프스타일을 주도하는 사람들"이라고 설명했다.[131)] 보통 1970년대에 태어나 1990년대에 대학에 진학한 이들을 X세대로 칭한다.

서울 시내 4년제 사립대 사회학과 박사과정에 재학 중인 C씨는 X세대를 MZ세대와 완전히 다른 세대라고 했다.

"X세대와 MZ세대의 차이를 가르는 건 사회적 사건들이 삶의 조건에 얼마나 장기적인 영향을 미쳤는지인 것 같아요."

그의 말에 따르면 X세대는 청년기에 1997년 외환위기를 맞이했다. 당시 사회에 막 진입하려던 X세대는 타격을 입었는데, 기업들이 수년간 정규직 사원을 입사시키지 않았다는 점에서다.[132] 사실상 신자유주의 체제가 도입되기 시작한 시점에 청년이 된 X세대는 불안정한 상황에 놓인 것으로 우려를 샀다. 그러나 20여 년이 지나고 나서 이들이 40대가 된 요즘에 돌이켜보면, 외환위기가 X세대에게 영구적인 타격을 입히지는 않았다.

X세대에게는 기회가 있었기 때문이다. 2000년대 초반 벤처붐이나 당시부터 태동하기 시작한 K컬처 산업이 그랬다. X세대의 영향력이 특히 눈에 띄는 게 문화 분야다. X세대는 대중문화의 앞줄에서 물러난 적이 없다.[133] 청년일 때는 '서태지와 아이들'로 대표되는 '신세대문화'가 있었고, 그들이 40대 중후반 내지 50대에 들어선 지금은 X세대가 YG엔터테인먼트와 JYP엔터테인먼트 같은 대표적인 연예기획사를 거느리고 있다. 나영석 PD나 김태호 PD, 봉준호 감독이나 방송인 유재석 모두 X세대다. X세대의 문화적 영향력은 매우 커서 MZ세대에게는 절대적일 정도다.

문화 분야에서만 영향력이 큰 게 아니다. 서서히 X세대는 윗세대의 권력을 이양받고 있는데, 기업분석연구소 리더스인덱스에 따르면 삼성, LG, 현대자동차와 SK 등 4개 그룹 임원 중에서 X세대가 차지하는 비율은 점점 늘고 있다. 삼성의 경우 54.8%가 X세대고 X세대의 비율이 가장 낮은 현대자동차도 31.8%에 달했다. IT 기업에서는 이 비율이 더 높아 네이버의 경우 75%가 X세대였다.[134)]

IT 대기업에 다니는 30살 D 씨는 "X세대는 우리 입장에서 똑같은 기성세대"라고 설명했다. "저희가 그랬던 것처럼 치열한 경쟁을 겪지 않았어도 됐잖아요. 부럽다는 생각이 많이 들어요."

MZ세대는 X세대를 부러워한다. 인터뷰에 응한 MZ세대 대부분은 "15년만 일찍 태어났다면 좋았을 텐데"라는 D 씨의 말에 동의했다. 그들은 X세대 역시 '시대를 잘 타고 난 세대'로 본인들보다는 좀 더 수월하게 살아왔다고 생각한다.

X세대가 여전히 진보적 가치를 옹호한다는 점이 그 증거라고 MZ세대는 말한다. 여론조사 전문기관 갤럽에 따르면 스스로 진보라고 응답한 40대는 32%다(2021년 12월 기준). 일반적으로 가장 진보적이라고 여겨지는 20대의 24%보다 훨씬 높은 수치다. 이는 X세대가 민주화 이후 문화 개방 시대를 맞이한 첫 청년세대라는 점, 신자유주의적 경쟁체제가 완전히 자리 잡기 전에 사회생활을 시작했다는 점, IT 산업과 문화 산업이 새로운 전기에 들어서던 시점에 기회를 얻은 세대라는 점 등이 복합적으로 작용해 여전히 진취적이고 개혁적인 사고방식을 지

냈다고 해석할 수 있다. 이 부분에서 MZ세대는 X세대에 이질감을 느낀다. C씨는 "가끔 40대 중후반 선배들과 이야기할 때면 현학적이라는 느낌까지 받아요. 이상주의자 같고 낭만주의자 같아요"라고 했다.

리더십을 박탈당한 MZ세대

어떤 MZ세대에게 X세대는 '꼰대'의 시작점이기도 하다. X세대가 사회의 중추적인 역할을 하게 되면 될수록 그렇다. 서울의 한 공공기관에서 비정규직으로 일하는 E씨는 "자리 잡고 버티는 꼰대가 많다"고 불만을 터트렸다.

"관리직은 대부분 X세대인데 꼰대 같은 사람이 너무 많아요. 일도 많이 하지 않으면서 월급은 많이 받아 가는 사람들이죠."

그런데 E씨의 이런 불만은 X세대보다는 그보다 윗세대, 86세대로 향하는 게 더 적절해 보인다. 이철승 서강대 경제학과 교수의 연구 결과를 보면, 86세대가 장기 근속해 점유율이 높은 기업의 경우 비정규직을 늘리고 청년 고용을 줄인다는 게 실증적으로 밝혀졌다. 50대 인력을 구조조정하고 싶어도 노동조합과 기업 의사결정의 핵심 역할을 하는 이들의 네트워크 때문에 불가능하다는 것이다.[135)]

86세대는 1960년에 태어나 1980년대에 대학에 다녔던, 지금의 50대를 일컫는 세대 용어다. 1990년대에는 386세대로 불리던 이들은 1987년 민주화운동 전후로 등장해 1997년 외환위기에 앞세대가 퇴

장한 뒤 40대에도, 50대에도 같은 이름으로 권력을 유지하고 있다.[136]

21대 국회의 연령 구성을 보면 50대가 300명 중 177명으로 과반수 넘게 차지하고 있다. 평균 연령 역시 54.9세다. 16년 전인 17대 국회를 보면 40대 당선자 수가 102명이었다. 40대에도, 50대에도 86세대는 정치의 전면에 나섰다는 것을 확인할 수 있다. 경제적 측면에서 기업 이사진의 연령별 분포를 살펴봐도 비슷한 추세를 보인다.

MZ세대는 86세대의 권력 점유를 목격하는 세대다. B씨가 다니는 사원 수 100명이 채 되지 않는 규모의 회사에는 부장 직함을 달고 있는 사람만 10명이 넘는다.

"동료끼리 부장 자리만 줄여도 신입사원 10명은 뽑을 수 있을 거라고 자주 푸념해요. 50대 부장 모두 사장과 친해서 그만두지 않고, 잘리지도 않죠. 젊은 직원만 자주 그만두고 힘들어해요."

이런 인력 구조는 요즘 어느 회사에서나 쉽게 찾아볼 수 있다. 장차 대학에서 교수를 하고 싶어 하는 C씨에게 86세대는 원망의 대상이다.

"젊을 때부터 정년퇴직할 때까지 탄탄대로가 보장되는 길을 86세대 교수들은 걷고 있죠. 외국에 유학만 다녀오면 교수 자리를 얻을 수 있던 시절이 있었으니까요."

86세대는 노동시장, 정치권, 학계 가릴 것 없이 사회 전 분야에서 과실을 분배받았다. 권력을 장악한 86세대는 소득 불평등에서 자산 불평등으로 불평등 구조를 악화시켰고 아랫세대를 약화시켰다. 노동시장을 예로 들자면, 86세대는 늘 리더 역할을 맡아왔기 때문에, 아랫세대는 '리더십'을 경험할 기회조차 얻지 못했다. 86세대의 아랫세대, X세대와 MZ세대는 주도적으로 나선 경험이 없다.[137)]

MZ세대는 더욱 위축되어 있다. 청년세대가 기성세대에 비해 적은 권력을 가지는 게 일반적이라지만, 특히 한국에서 MZ세대의 권력은 아주 적은 편이다. 현역 의원 20명 이상이 모인 원내 교섭단체 대표로는 헌정사상 처음으로 30대가 대표 자리에 오른 게 2021년의 일이다. 그나마 X세대는 문화 분야에서 주도적으로 나섰지만, MZ세대가 두드러진 곳은 많지 않다. 여전히 기성세대의 뒤를 쫓는 중이다.

리더십을 박탈당한 MZ세대는 기성세대를 탓하고 원망하지만 저항하지 못한다. 이들은 소극적으로 블라인드 애플리케이션에 불만을 토로하는 글을 남기지만 단체 행동을 보이지는 않는다. 방법을 모르기 때문이다. 그래서 겉으로는 순응하는 듯 보인다.

그런 점에서 기성세대는 MZ세대를 좀 더 면밀히 관찰할 필요 있다. MZ세대는 표현하는 세대가 아니다. 내심으로는 강력한 거리 두기를 하더라도 이를 드러내지 않는다. 갑작스럽게 시작하는 맥락 없는 소통, 표면적인 이해 같은 것은 MZ세대가 기성세대에 가장 경계하는 것 중 하나다. 다만 보이지 않을 뿐 MZ세대는 기성세대에 깊은 거리감을 지니고 있다.

14

Generation MZ's manual

중국_ 기억이 만들어낸 감정

MZ세대가 가장 싫어하는 국가는 어디일까. 요즘은 중국이다. 과거사 문제가 얽힌 일본보다 중국이 더 싫다고 하는 MZ세대가 훨씬 많다. 여론조사 전문기관 한국리서치가 정기적으로 실시하는 조사 결과를 보자. '한반도 주변국에 대해 평소 느끼고 있는 감정을 온도로 표시하라'는 질문에 대한 답이다. 온도가 낮을수록 그 국가에 대한 부정적인 감정이 큰 것이다. 2021년 7월에 실시한 조사 결과를 보면 20대가 중국에 대해 느끼는 온도는 12.4도, 30대가 느끼는 온도는 18도로 다른 연령대에 비해 무척 낮았다. 북한에 대한 20대의 온도는 23.6도, 30대의 것은 30.5도였고 일본에 대해서는 각각 26.8도, 23.4도였다.[138)]

이 조사 결과와 같은 반중 감정은 많은 사례에서 찾아볼 수 있다. 콘텐츠의 중국 자본 투입에 대한 반감, K팝 아이돌 그룹에 중국 멤버를 투입하는 것에 대한 비판, 2022년 베이징 동계 올림픽에 보인 반중 감정 등이 있다.

그런데 반일(反日) 현상은 전 세대에 걸쳐 공통으로 드러난다. 나이가 들수록 반일 감정이 더 강해지는 경향을 보이기도 한다. 미국에 대한 긍정적인 감정은 젊을수록, 그러니까 MZ세대에게서 강하게 나타난다. 반중(反中) 감정은 반대다. MZ세대는 다른 세대에 비해 중국을 더 싫어한다.

MZ세대의 반중 의식은 단순히 한 국가에 대한 호오(好惡)로만 읽을 수 없다. MZ세대의 반중 의식은 국제정치나 다문화에 관한 MZ세대의 인식은 물론이거니와 MZ세대의 민족 정체성과 이념적 성향까지 버무려져 나타나는 것이다. 왜 MZ세대가 중국을 싫어하는지를 분석해본다면, MZ세대의 특성을 알 수 있게 되는 셈이다.

기억이 쌓여 만들어진 MZ세대의 '중국'

대개 미국과 중국에 대한 호오는 이념적 성향과 연관있는 것으로 알려져 있다. 2000년대 이후 한국 사회의 중국에 대한 인식은 점차 이념적 영향을 받아왔다. 전통적으로 친미(親美)는 보수, 반미(反美)는 진보라고 구분되어왔다. 진보 진영의 반미는 단순히 미국의 팽창 정책을 반대하는 것을 넘어 한국의 자주적 외교 정책을 옹호하는 것도 포함했다. 자주적 외교를 위해서 미국을 견제할 중국의 역할이 중요했기 때문에 진보 진영이 친중(親中) 성향을 띠게 된 것이다.[139]

그런데 MZ세대의 반중 의식을 이념과 관련짓는 것은 단편적인 분석이 될 가능성이 높다. MZ세대가 친미·반중 성향을 보이기는 하지만, 정치적으로 보수적이지만은 않기 때문이다. 대신 MZ세대의 반중은 정치·경제 분야보다 사회·문화 부분에서 더 잘 드러난다. K팝 아이돌 그룹의 중국인 멤버를 비판하는 목소리를 들어보면 잘 알 수 있다.

예전부터 K팝 아이돌 그룹들은 중국 시장 진출을 위해 중국인 멤버를 함께 데뷔시키곤 했다. 그런데 그룹 슈퍼주니어의 한경, EXO의 루한 등 여러 중국인 멤버가 그룹의 인기가 높아지면 그룹을 탈퇴하고 중국으로 복귀하곤 했다. 그룹 활동으로 높아진 인지도를 디딤돌 삼아 중국에서 더 많은 활동을 하기 위해서다. MZ세대 사이에서는 이 행태가 마치 비둘기 같다고 해서 이들 멤버를 '둘기'라고 부른다. 그러면서 '애초에 중국인 멤버를 영입하지 말자'거나 '중국인은 믿을 수 없다'는 식의 언설을 덧붙인다.

MZ세대가 반중 성향을 드러내는 사례는 더 많다. 한복이나 김치를 둘러싼 중국 네티즌과의 갈등, 미세먼지의 발원지에 대한 논쟁도 반중 의식과 관련된 일이다.

원래 한·중 관계는 정치·경제적 이해관계뿐 아니라 대북관계까지 얽혀 민감하게 다뤄져 왔다. 그러나 MZ세대의 반중 의식은 정치공학과 거리를 두고 국제정치적 민감성을 다소 무시하는 경향이 있다. 다시 말해 MZ세대의 반중은 조금 더 강경하다.

강경한 반중 의식이 어디서부터 비롯되었는지를 알기 위해서는 먼저 많은 MZ세대가 민족주의자라는 사실을 알아야 한다. 보통은 MZ세대라면 '민족주의', '국가'와 같은 단어와는 거리가 있을 것이라고 여긴다. 그러나 한국의 MZ세대는 민족주의자다.

MZ세대는 미디어를 통해 '기억'을 주입받아 민족주의자로 거듭났다. 미디어는 MZ세대에게 일제강점기의 피해, 민주화운동의 강렬함 같은 것을 전달했다. 그런데 미디어로 전달받은 기억은 실제 기억과 다르다. 실제로 역사 속에 살아왔던 사람은 개인적이고 파편적인 기억을 가진다. 모두가 독립운동가였거나 민주화운동을 하지는 않았기 때문에 각자 기억하는 바가 다르다는 얘기다. 그러나 미디어를 통해 통합적으로 전달받은 기억은 그보다 더욱 강렬하고 축약적일 수 있다. 더 강한 민족의식을 지닐 수 있다.

기성세대보다 MZ세대가 역사 문제에 더 민감한 이유가 있다. 미디어는 의도를 가지고 재현한 이미지로 강렬한 기억을 만든다.[140] 독립운동가의 활동상을 예로 들면, 미디어는 독립운동가가 겪은 고초를 강조하기 위해 독립운동의 어려움, 일제의 악랄함을 강조한다. 그저 구전(口傳)으로만 전해 들을 때보다 영상과 사진, 음악과 증언이 포함된 미디어는 강렬한 메시지를 전달한다. MZ세대는 학창 시절 끊임없이 받은 역사 교육을 바탕으로 미디어가 재현한, 강렬한 민족적 기억을 지녔다.

즉 MZ세대는 중국을 정치적으로 인식하는 게 아니라 기억한다. 2016년 사드(THAAD) 배치가 불러온 중국 내 한류 문화 금지 조치, 즉 한한령(限韓令)은 그런 기억의 일부분이다. MZ세대는 이때 문화가 정치의 일부분인 중국에 거리감을 느꼈다. 중국 교포 오원춘이 저지른 살인 사건도 중국에 대한 안 좋은 기억을 만들었다. 중국 교포를 포함한 중국인의 성정이 '잔인하다'는 선입견을 심어준 일이다. 아이돌 그룹 트와이스 멤버 중 대만 출신 쯔위가 대만 국기를 들었다가 논란이 된 일이나 홍콩 민주화운동 같은 사례도 있다. 권위적이고 국가 지향적인 중국의 이미지가 강화되었다. 이 이미지는 MZ세대가 중국에 대한 태도를 정하는 근거가 됐다.

중국의 성장을 목격한 MZ세대의 반응

MZ세대가 중국의 성장과 함께 자라났다는 점도 반중 의식을 키우는 요인이 됐다. 냉전이 끝나고 급격히 성장한 미국의 영향력 아래 386세대와 X세대의 반미 의식이 커진 것처럼 중국의 급속한 경제 성장은 MZ세대의 반중 정서를 키웠다. 다만 당시 미국은 민주주의와 자본주의 양면에서 전 세계에 영향력을 행사했지만, 중국은 좀 다르다. MZ세대는 중국을 경계한다. 때로는 정치적 우월감을 느끼기도 한다. MZ세대의 밈 중 하나는 중국 정치 제도를 비꼬는 것이다. 시진핑 중국 국가 수석을 곰돌이 캐릭터 푸(Pooh)에 비유하거나 중국인 네티즌에게 '프리 티벳(Free Tibet)'을 외치는 식이다.

실제로 한국 MZ세대는 중국의 정치적 영향력을 다른 세대에 비해 약하게 인식하고 있다. 〈한반도 주변국에 대한 세대별 인식 차이 분석〉

이라는 논문에서는 한반도 문제에 관해 주변국이 얼마만큼의 영향력이 있다고 생각하는지 세대 별로 분석해봤다. 그 결과 MZ세대는 다른 세대에 비해 한국의 영향력을 중요하게 생각하는 대신 중국의 영향력을 과소평가하는 경향을 보였다. 이에 관해 논문에서는 "중국이 고성장하는 시기에 성장기를 보낸 세대일수록 중국에 대한 위협인식이 강해지기 때문에 이것이 중국에 대한 호감도에도 영향을 미친 것으로 보인다"고 분석하기도 했다.[141]

중국에 대한 경계는 일본에 대한 경계와 조금 다르다. 경제적으로 봤을 때 일본은 한국이 도달해야 하는 목표 같은 존재였다. 그러나 중국은 한국을 쫓아오고 있다. 일본에 대한 경계가 일본 문화에 잠식될 것이라는 '왜색 논란' 같은 것이었다면 중국에 대한 경계는 좀 더 경쟁적이다.

전 세계적으로 중국인에 대한 반감이 커지고 있는 것도 MZ세대의 반중 의식을 강화시키는 원인이 된다. 미국 여론조사업체 퓨리서치센터가 코로나19 발생 이후 중국에 대한 세계 여러 나라의 인식을 조사한 결과, 거의 모든 나라에서 부정적인 인식이 강해진 것을 확인할 수 있었다.[142] 이런 상황에서 중국과 가장 많이 교류하는 국가인 한국에서 '거리두기'에 대한 욕구가 강해질 수밖에 없다. MZ세대는 중국과 교류할 일이 많기 때문에 중국을 더욱 혐오한다.

기성세대에게 알리바바, 텐센트 같은 기업 이름은 낯설지만 MZ세대에게는 그렇지 않다. MZ세대가 즐겨 보는 영화의 제작사가 중국 기업인 경우는 흔하다. 여행을 즐겨 하는 MZ세대는 세계 어느 곳에 가더라도 "안녕하세요"보다는 "니하오"를 더욱 자주 듣곤 한다. 이런 환경에서 MZ세대에게 중국은 친밀한 옆 나라일 수 없다. 경쟁해야 하는 상대이고 구분되고 싶은 이웃이다.

이웃으로서 중국과 중국인은 이질감이 느껴지는 존재다. 한국인의 상당수는 외국인에게 동화주의적 입장을 취하고 있다. 동화주의란 서로 다른 문화적 배경의 외국인도 한국에 살기 위해서는 한국의 전통과 문화를 따라 동화되어야 한다고 생각하는 입장이다. 여성가족부의 국민 다문화수용성 조사에서 '외국 이주민들은 우리나라에 체류하는 동안 한국과는 다른 자신들의 전통이나 생활습관을 버려야 한다'는 질문에 30%가 그렇다고 답했다.[143]

MZ세대도 크게 다르지 않다. 특히 MZ세대 사이에서 반(反)다문화 의식이 커지고 있다는 점에 주목해야 한다. 여성가족부의 조사에서 MZ세대의 다문화수용성 점수는 2018년을 기준으로 2015년에 비해 떨어져 "하락 폭이 40대 이상 연령집단에 비하여 큰 것으로" 드러났다.[144] 낮아지는 다문화 의식과 동화주의적인 사고방식이 합해져 중국인과 중국 교포를 바라보는 MZ세대의 시선은 냉담하다.

MZ세대의 반중 인식은 가라앉을까

간혹 일부 MZ세대를 중심으로 중국 대중문화 팬덤이

형성되는 것과 관련해 반중 인식이 옅어지지 않을까 기대하는 목소리도 있다. 실제로 〈삼생삼세십리도화(三生三世十里桃花)〉나 〈랑야방(琅琊榜)〉 같은 중국 드라마는 한국에도 소개되어 상당한 팬덤을 확보했다. 중국 드라마 팬덤은 대개 드라마 한 편의 팬으로 시작해 중국 드라마 장르 전체의 팬이 되었다가 중국 대중문화 전체에 관심을 가지는 경로를 밟는다. 이렇게 형성된 중국 대중문화 팬덤에는 나름의 팬덤 문화도 있다.

그러나 이 팬덤이 전체 흐름을 바꾸기란 쉽지 않아 보인다. 오히려 최근에는 중국 대중문화 속 역사 왜곡 논란까지 일어나는 실정이다. 한복을 중국 소수민족의 전통 복식으로 소개해 중국 문화화한 작품이 여럿 발견되어 MZ세대의 공분을 사기도 했다. '동북공정'에 관한 경각심이 MZ세대 중심으로 다시금 일어나고 있고, 반중 정서가 강화되는 모양새다.

이런 논란들은 MZ세대의 반중 인식이 좀처럼 쉽게 가라앉지 않을 것이라는 전망을 가능하게 한다. 반미 구호를 외치며 자라 미국을 가장 부정적으로 보게 된 세대가 지금의 40대인 것처럼 MZ세대의 반중 인식은 생애를 관통해 이어갈 인식일지도 모른다.

15

Generation MZ's manual

스타벅스 텀블러_ 학습된 염세주의자

커피전문점 스타벅스는 최근 들어 브랜드 이미지를 '친환경'으로 굳히는 중이다. 플라스틱 빨대가 아닌 종이 빨대를 쓰고, 일회용품 사용을 줄이기 위해 개인용 컵인 텀블러에 음료를 담아주기도 한다. 문제는 이 '텀블러'에 있다. 고객이 개인용 컵을 마련해 매장을 방문하라는 뜻에서 스타벅스에서는 자체적으로 디자인한 텀블러를 판매하는데, 시즌마다 그 디자인이 바뀐다. 스타벅스 브랜드를 좋아하는 마니아는 이 텀블러를 디자인이 바뀔 때마다 구입하곤 한다.

대개 MZ세대인 스타벅스 마니아에게 텀블러는 더 이상 친환경적이지 않다. 친환경 가치를 좇으면서도 반친환경 모습을 보이는 모순을 어떻게 설명해야 할까. 이 모순을 설명하려면 우선 MZ세대가 염세주의자라는 사실을 알아야 한다.

학습된 염세주의

요즘 서서히 알려지기 시작한 용어 중 하나가 '착한 소비'다. 착한 소비란 환경과 이웃, 지역 사회와 세계에 미치는 영향을 고려하는 소비를 말한다. 친환경 공법으로 키워진 애호박을 산다거나 대형마트가 아닌 재래시장에서 물건을 구입하는 것, 장애인 고용 기업이 생산한 제품이나 공정무역 제품을 사는 것 등이 모두 착한 소비에 속한다. 그런데 여론조사 전문기업 한국리서치와 엠브레인 트렌드모니터가 실제로 착한 소비가 이뤄지고 있는지, 누가 착한 소비를 하는지 등을 조사해봤는데 비슷한 결과가 나왔다. MZ세대는 다른 세대에 비해 착한 소비에 관심이 없다.

대개 MZ세대는 좀 더 진보적인 세대로 여겨진다. 친환경·공정무역 같은 사회적 가치에 조금 더 관심 있을 것이라 여겨지기도 한다. 그런데 조사 결과는 다르게 나왔다. 한국리서치 조사(2020년 9월 기준)에 따르면 '의도적으로 착한 소비를 해본 적 없다'고 대답한 MZ세대는 19~21%로 다른 세대에 비해 훨씬 많았다.[145] 트렌드모니터 조사에서는 '착한 소비가 필요하다'고 생각하는 MZ세대는 75%를 조금 넘었다. 40대 이상이 80% 넘게 그렇다고 응답한 것과는 사뭇 다르다.[146]

왜 이런 결과가 나왔을까. 이건 미래에 대한 MZ세대의 인식과 관련 있다. 그리고 이를 알기 위해서는 MZ세대의 학창 시절을 되짚어볼 필요가 있다. MZ세대는 '이해찬 세대'라는 별칭에서 시작한다. 1998

년 교육부 장관으로 임명된 이해찬은 '특기 하나만 있어도 대학에 갈 수 있다'고 선언하며 교육 현장부터 대학 입시 제도까지 교육 전반을 바꾸어 놓았다. 수학능력시험(수능)으로만 말하자면 이해찬 세대의 수능 성적표에는 원점수 대신 영역별 표준 점수가 도입되고 등급이 표기되었다. 의도는 수능을 자격시험화하자는 것이었는데, 자격시험이 될 수 없는 큰 규모의 수능 시험과 '수시 제도'가 뒤섞여 대입 현장은 혼란에 휩싸였다.

혼란은 매년 가중됐다. 아예 수능 성적표에 점수 대신 등급만 표기되었다가 다음 해에 폐지되기도 하고, 면접과 논술 전형이 강화되었다가 축소되었다가, 입학사정관제가 도입되었다가 축소되고, 학생부종합전형이 등장했다가 비판받고, 선택형 수능이 등장했다가 사라지기도 했다. 일관성 없는 대학 입시 정책은 단지 대학 입시를 준비하는 학생들에게 혼란만을 가져온 게 아니었다. 혼란한 학창 시절은 MZ세대의 삶 전반에 큰 악영향을 미쳤다.

MZ세대가 자주 느낀 건 불안감과 무력감이었을 것이다. 이 감정들은 불확실성에서 오는데, MZ세대는 해마다 미래를 위해 준비해야 할 것이 무엇인지 확실하지 않다는 것을 깨달으며 살아왔다.

이 과정에서 개인의 '노력'이 확실히 결실을 맺는 경험을 했다면 MZ세대의 감정은 조금 더 긍정적인 것으로 바뀌었을지도 모른다. 그러나 MZ세대는 입시가 다가올수록 결과를 확실하게 만드는 것은 나의 노력이 아닌 주변의 '도움'이라는 사실을 알게 되었다. 한국보건사회연구원의 보고서 '사회통합 실태 진단 및 대응 방안 연구(2018)'를 보면 한 개인이 평생 노력할 때 사회·경제적 지위가 높아질 가능성이 낮다고 응답한 MZ세대는 57%를 웃돌았다. 최소한 둘 중의 한 명은 성공하기 위해서 개인의 노력이 크게 필요 없다고 생각한다는 의미다.[147]

MZ세대 염세주의자들은 미래와 현재 사회를 보는 시선 모두 비관적이고 비판적이다. 서울연구원에서 펴낸 《서울의 미래세대》를 보면 MZ세대는 정도의 차이가 있을 뿐 꿈을 포기하고 살아가는데, 그 차이는 알려진 것처럼 계층이나 지역에 달린 것이 아니다.[148] 강남에 살든, 강북에 살든, 대학을 졸업했건 월급이 더 많건 차이가 나지 않는다는 것이다. 대신 차이는 좀 더 내부적인 문제에 달려 있었다. 청년들의 꿈은 좌절감이나 자신감 같은 것에 달려 있었다.

이 좌절감과 자신감은 개인적으로 길러지는 게 아니다. 사회와 미래를 바라보는 시선에 따라 달라지는 것인데, 계층 이동 가능성, 기회 불평등 인식 등과 관련이 있었다. 계층 이동 가능성을 높게 생각한다는 것은 자신의 사회·경제적 계층이 상승하리라 생각한다는 것이다. 기회 불평등 인식은 단지 좋은 '배경'을 통해 더 좋은 기회를 얻는 사람이 얼마나 되는지를 가늠하는 척도다.

말하자면 MZ세대의 염세주의는 경험적으로 만들어진 것이다. 학창 시절을 거치며 미래를 진보적으로 낙관하는 대신 불합리와 불확실성을 먼저 인식하는 염세주의자가 된 것이다.

체념하는 MZ세대

경험적으로 학습된 염세주의자들은 노력의 가능성을 낮게 평가한다. 그리고 쉽게 포기한다. '또 실패할 것'이라는 생각을 확신할 때가 많다. 실패가 반복되는 걸 수없이 봐왔기 때문이다. 불매운동을 예로 들어보자.

한국리서치에서 불매운동과 관련하여 실시한 여론조사(2021년 9월 기준) 결과를 보면 불매운동이 기업의 태도 변화를 끌어낼 것이라 긍정하는 MZ세대는 다른 세대에 비해 수가 적었다. 특히 Z세대는 비관적 인식을 드러냈는데, 열 명 중 서너 명은 불매운동이 별다른 변화를 이끌지 못할 것이라 생각하고 있었다.

실제로도 소비자의 불매운동은 지속적이지 못하다. 최근 들어 가장 강하게 일어났던 일본 기업에 대한 불매운동, 이른바 '노재팬' 운동도 시간이 지나면서 동력이 약해졌다. 한국리서치의 조사를 보면 막 노재팬 운동이 시작되던 2019년 8월만 하더라도 83%의 사람이 참여했지만 2021년에는 57%로 크게 떨어졌다. 특히 감소 폭은 MZ세대에게서 컸다. MZ세대의 20%가 넘는 사람이 불매운동을 철회한 것이다. 기업에 대한 불매운동은 그보다 더 쉽게 실패한다.

쿠팡의 노동 환경이 사회 문제가 된 2021년 여름, 쿠팡에 대한 불매운동 여론이 형성되었지만 별다른 사회적 영향을 끼치지 못했다. 빅데이터 업체 모바일인덱스에서 2021년 6월과 7월에 걸쳐 쿠팡 애플리케이션 이용자 수를 조사한 바를 보면 이용자 수는 불매운동 여론이 형성된 직후 조금 떨어졌지만, 이후 금세 이전의 기세를 회복했다는 것을 알 수 있다. 불매운동이 계속 실패하는 것을 본 소비자는 행동에 나서는 것을 주저한다.

특히 MZ세대는 개인적으로도 실패를 반복하며 살아간다. 수십 장의 이력서를 제출해본 MZ세대라면 개인의 노력이 어떤 결과를 낳을지 회의적일 수밖에 없다. 더 적극적으로 노력해보는 것을 포기하면서 MZ세대는 '탓'한다. MZ세대 염세주의자의 특징은 구조를 탓한다는 것이다. 노력이 잘 먹히지 않는 이유도, 실패가 반복되는 이유도 구조 때문이다. 구조적으로 조성된 사회 문제 때문에 결과적으로 개인이 실패한다는 것이 염세주의자의 생각이다.

그렇다고 해서 MZ세대 염세주의자가 '가치'에 무관심하냐고 묻는다면, 그렇지 않다. 염세주의자는 가치를 좇는 행동이 실패할 것이라 쉽게 포기할 뿐 가치 자체의 중요성은 인정한다. 환경문제를 예로 들자면, 친환경 제품을 사용하고 재활용 분리수거에 힘을 쏟는 일이 가치 있는 일이라는 걸 염세주의자도 알고 있다. 그러나 이 일이 과연 진짜 환경문제를 해결할 수 있을지에 '의문'을 가진다.

착한 소비에 대한 여론조사 전문기관 엠브레인 트렌드모니터의 조사(2020년 7월 기준) 결과를 보면 '착한 소비 활동의 수혜자가 있을지 의심이 든다'고 생각하는 MZ세대가 다른 세대에 비해 확실히 많았다. 40대 이상에서는 절반 이하의 사람이 의심하는 반면, MZ세대는 60%

가까운 사람이 그렇게 생각했다. 그래서 MZ세대 염세주의자는 착한 소비를 할 필요를 덜 느끼는 것이다. 착한 소비가 과연 세상을 바꿀 것인가부터, 누가 착한 소비의 수혜자가 될 것인지, 사회의 구조를 의심하는 것까지 MZ세대는 낙관적이지 않다.

소비를 통해 실현하는 가치

하지만 MZ세대가 염세적이라고 아무런 노력도 하지 않는 것은 아니다. 다만 모든 삶을 노력해 이루고자 하는 목표에 맞추지 않을 뿐이다. 노력해도 별 소용없다는 것을 알기 때문에 노력은 잠시의 위안으로만 존재한다. 나아지기 위해 노력하지만, 그 노력이 지속적이지는 않다는 것이다.

스타벅스 텀블러를 반복해서 사는 MZ세대의 소비 행동을 이 지점에서 이해할 수 있다. 텀블러를 사용함으로써 친환경이라는 목표에 참여하고는 싶지만, 단 하나의 텀블러를 가지고 소박하게 사는 게 과연 어떤 '이득'을 가져다줄지 장담하기 어렵다면, 그럴 바에는 그때그때 친환경 이미지를 소비할 수 있는 텀블러를 반복해 구입하는 게 낫다는 결론에 이르게 된다.

그러니까 MZ세대는 종종 소비 활동같이 실제 노력을 대체할 수 있는 행동으로 가치를 실현하려고 한다. 위안부 할머니들을 후원하는 업체의 물품을 구입하거나 독립운동가 가족을 지원하는 스타트업의 펀딩에 참여하는 식이다. 그건 실제 삶에 영향을 줘 좌절감 같은 걸 느끼게 할 위험이 없다. 지속적이지 않기 때문에 줄곧 신경 써야 할 필요도 없다. 염세주의자에게 꼭 맞는 실천 방법이다.

16

Generation MZ's manual

밈_ 각자 따로 이해하는 세계

MZ세대는 분열돼있다. 정치적으로나 경제적으로 양분돼있다는 게 아니라, 문화적으로 단절되어가고 있다. 얼마 전까지만 해도 한 세대에는 공유되는 문화적 경험이 있었다. TV 프로그램이든 대중가요든 또래 집단이 듣고 보는 콘텐츠는 크게 다르지 않았고 웬만해서는 대화가 통하는 환경이었다. 그러나 지금 MZ세대는 좀 다르다. 친한 친구끼리도 완전히 다른 콘텐츠를 향유하는 일이 잦다.

여성 댄서들이 실력을 겨루는 TV 예능 프로그램 〈스트리트 우먼 파이터〉를 보는 친구와 OTT 넷플릭스를 통해 드라마 〈오징어게임〉을 보는 친구끼리 대화가 잘 통하지 않을 때도 있다. 유튜브 채널 〈올리버쌤〉의 구독자는 200만 명이 넘지만 아예 채널 자체를 모르는 MZ세대도 많다. 2022년 들어서 '코카인 댄스'가 유행했지만, 관련 콘텐츠를 한 번도 안 본 사람과 배우 허성태의 댄스 영상을 수십 번 반복해 본 사람이 한자리에 섞여 있을 수도 있다.

모든 세대에서 일어나는 현상이지만 MZ세대에서는 이 모습이 좀 더 두드러진다. MZ세대가 이용하는 매체가 더 다양해졌기 때문이다.

아는 사람만 아는 콘텐츠들

방송통신위원회는 '방송매체 이용행태 조사(2020)' 결과 보고서를 발표했다. 이 보고서에 따르면 TV를 일주일에 5일 이상 보는 50대는 93.4%, 60대는 96.9%였다. 그러나 MZ세대의 TV 이용 빈도는 낮았다. 주 5일 이상 TV를 보는 20대는 49.7%에 불과했다. 30대에서도 71.3%였다. 대신 스마트폰 이용 빈도는 매우 높았다. 20대 97.4%, 30대 99.0%였다.[149)]

이 통계 결과는 MZ세대가 이전 세대와 달리 더 이상 하나의 통일된 매체를 이용하지 않는다는 것을 알려준다. 대신 MZ세대는 각자의 매체로 각자의 콘텐츠를 즐긴다. 유튜브, 틱톡, 여러 소셜미디어가 다른 즐길 거리를 제공해준다.

사람마다 각자 다른 콘텐츠를 각자의 매체로 즐기는 '개인화'는 좀 더 긍정적이고 발전적인 미디어 이용방식처럼 보였다. TV는 '대중매체'라는 말에 걸맞게 하나의 콘텐츠를 다수의 대중이 즐기는 형식으로 콘텐츠를 공급한다. 시청자에게는 선택할 기회가 적다. 그러나 유튜브는 보고 싶은 콘텐츠만 골라볼 수 있다. 보고 싶을 법한 콘텐츠를 알고

리즘이 추천해주기도 한다. 유튜브에서는 시청자가 콘텐츠에 관해 의견을 남길 수 있고 제작자와 소통할 수도 있다. 참여의 기회가 더 많고 불필요한 콘텐츠 소비 없이 취향에 맞는 콘텐츠를 즐길 수 있다. 대중매체의 일방향성을 보완해줄 수 있을 거란 기대가 생기는 지점이다.

그러나 실제로 이렇게 개인화된 콘텐츠가 소통·공유·참여 같은 가치를 실천하는 데 도움이 되는지 묻는다면, 마냥 긍정적인 대답을 기대하기는 어렵다. 강준만 전북대 신문방송학과 명예교수가 〈인물과 사상〉에 실은 'SNS·모바일·유튜브 시대의 언론'이라는 글에는 캐스 선스타인 하버드대 로스쿨 교수가 2001년에 이미 우려했던 바가 인용되어있다.

"인터넷으로 인해 수많은 사람이 다른 사람들과의 예상치 않은, 선택하지 않은 대화 기회를 많이 잃고 있다."[150]

MZ세대는 밈으로 이야기한다?

OTT 서비스인 넷플릭스에서 자체 제작한 〈킹덤〉은 전 세계적으로 인기를 얻은 한국 드라마다. 단, 넷플릭스 가입자만 볼 수 있는 드라마로, 〈킹덤〉을 시청한 MZ세대보다 시청하지 않은 MZ세대가 더 많다. 대신 〈킹덤〉이 어떤 내용인지는 대개 안다. 해당 드라마에서 어떤 부분이 호평을 얻었는지도 안다. 〈킹덤〉을 가지고 여러 밈이 생겼기 때문이다. 일례로 이 드라마를 시청한 외국인 시청자들이 한국의 '갓'에 열광하는 소셜미디어 캡처 화면은 지금까지도 공유되고 있다. 드라마에 등장한 좀비 모습은 '움짤'이 되어 온라인 커뮤니티에 공유되기도 했다.

그러니까 MZ세대는 더 이상 전체 콘텐츠를 알지 않아도 된다. 밈으로도 충분히 콘텐츠를 파악할 수 있기 때문이다. '똥 밟았네' 노래가 밈이 되어도 그 노래가 처음 등장했던 애니메이션 〈포텐독〉을 찾아보지는 않는다. 가수 나훈아의 신곡 '테스형!'의 가사 '세상이 왜 이래'에 감명받아 패러디를 만들어내지만, 굳이 노래를 찾아 듣지는 않는다.

이 밈들은 일부 MZ세대에게만 유행한다. 밈의 수명이 짧기도 하다. '펭수'는 지난 2019년 신드롬까지 일으킬 정도로 인기를 얻은 캐릭터였다. 펭수가 등장하는 유튜브 채널 〈자이언트 펭TV〉 구독자는 한때 200만 명에 달했다. 펭수 카카오톡 이모티콘이 만들어지고 파생 캐릭터 상품이 우후죽순 등장했다. 그러나 그 인기가 오래 가지 않았다. 여전히 펭수를 좋아하는 팬은 많지만 밈이 될 정도의 인기는 몇 개월에 불과했다. '세상이 왜 이래' 밈도 마찬가지다.

애초에 밈이라는 것에 별 의미가 있지도 않다. 2002년 첫 방영된 드라마 〈야인시대〉에서 배우 김영철의 극 중 대사 '사딸라'는 밈이 되었다. 원래는 1950년대를 배경으로 한 극 중에서 미군과 임금을 협상하는 장면이었는데 주인공이 무조건 '사딸라'를 외치던 장면만이 남아 밈이 되었다. 이를테면 무엇인가를 '사달라'고 말해야 할 때 대신 '사딸라'를 외치는 식이다. 이때 '사딸라'에는 어떤 의미도 없다. 그저 발음이 비슷하다는 이유로 '사딸라'가 쓰일 뿐이다. 그러니 밈은 오래 가기도 어렵다. 몇 번 반복되고 나면 그 유쾌함이나 기발함이 빛을 바랜다. 밈으로 이뤄진 MZ세대문화가 오래 그리고 넓게 공유되기 어려운 이유다.

다시 말해 MZ세대는 끊임없이 밈으로 대화하지만, 그 밈은 계속해서 바뀐다. 사실 밈으로 대화하는 MZ세대도 일부분에 불과하다. 밈을 모른다고 해서 굳이 찾아 배울 필요는 없다. 예전에는 드라마 재방송을 보거나 TV 예능 프로그램을 녹화한 영상을 다시 보곤 했을지 모르지만, 요즘 밈은 쉽고 빠르게 지나가기 때문에 몰라도 '사는 데'는 별 문제가 없다. 가끔 친구들과의 대화에 끼지 못하더라도 일시적인 일에 불과하다. 오히려 밈을 반복적으로 오래 쓰는 MZ세대가 있다면 '촌스럽다'고 구박받을지도 모른다.

공유하는 문화적 기억이 없는 세대

마케팅 측면에서도 MZ세대문화의 짧은 유통기한, 좁은 영역은 눈여겨볼 만하다. 유튜브 채널 〈피식대학〉에 등장하는 캐릭터 '최준'은 어떤 MZ세대에게는 특출한 유명인이지만, 그 존재를 모르는 MZ세대도 많다. 그런 경우에는 MZ세대를 타깃으로 한 광고일지라도 반쪽짜리가 될 수밖에 없다. 각자의 콘텐츠를 지닌 MZ세대의 공통된 감성을 찾아내기 어렵다는 의미다.

어쩌면 MZ세대는 공유하는 문화적 기억이 사라져가는 세대일지도 모른다. 그래도 아직은 MZ세대에게 몇몇 지배적인 문화적 기억이 남아있다. 어릴 적 TV에서 방영되던 애니메이션 주제가로 대화가 가능하다. 아이돌 그룹 '동방신기'가 얻은 인기에 관해 이야기 나눌 수도 있다. 그러나 과거의 기억에 한정된 것이다. 현재 MZ세대 모두가 공유하는 문화는 거의 없다.

대신 MZ세대에게 중요한 것은 취향이다. MZ세대는 각자의 취향대로 문화를 즐긴다. MZ세대의 취향에는 고급이거나 저급인 것이 없다. 취향에 우열이 없다는 부분은 중요한데, 그간 문화를 분류하는 데 계급이나 자본 같은 게 얽혀있다고 봐왔기 때문이다.

이전에는 취향이란 계급과 관련해 사회적으로 결정되는 것이라고 보는 시각이 지배적이었다. 취향이란 계급을 나누기 위한 문화적 자본을 마련하는 토대가 되는 것으로, 자연히 개인적인 기호에 따라 발생하는 것이 아니라 사회적으로 형성되는 것이다.[151] 이때 지배계급은 계급적 '취향'에 따라 특정 예술, 이를테면 클래식 음악이나 발레 공연을 즐긴다. 특정 예술은 모여 고급문화를 이루는데 고급문화는 지배계급만의 배타적인 문화적 자본이 된다. 오페라 공연장이 귀족의 사교 모임 장소처럼 활용된 것을 떠올려보면 이해하기 쉽다.

반면 최근 들어서 미국 엘리트 집단이 고급문화뿐 아니라 힙합이나 재즈 같은 대중문화에까지 선호를 보인다는 점을 주목한 이론도 있었다. '옴니보어(Omnivore)'라고 하는 개념인데, 엘리트 집단이 다른 계층의 문화까지 아우르는 잡식성 취향을 지니게 되었다는 것이다.[152] 이

때의 잡식성 취향 역시 계급과 관련 있다. 다양한 문화 취향을 수용할 수 있는 능력은 한정되어있기 때문이다.

취향 존중의 세대

그러나 MZ세대의 취향은 탈계급적이다. MZ세대의 취향은 주로 온라인에서 형성되고 향유된다. 그런데 온라인 공간은 오프라인의 계급이 의미를 잃는 공간이기도 하다. 의사 집안에서 태어난 의사도, 국가장학금을 받고 아르바이트하는 대학생도, 같은 온라인 공간에서 콘텐츠를 공유할 수 있다. 예를 들어 웹툰은 계급과 무관한 콘텐츠다. 웹툰에도 세분된 장르가 있는데 세분된 장르에 대한 취향은 기존의 계급과는 상관없이 온전히 개인의 기호에 따라 결정된다.

MZ세대의 취향은 지극히 개인적이기도 하다. 취향을 형성하는 데 어떤 사회적 압력이 없기 때문에 취향을 계발하는 일도 개인적으로 이뤄진다. 〈스트리트 우먼 파이터〉 같은 TV 서바이벌 예능 프로그램이 인기를 얻고 있고 주변에서 '시청하라'는 추천을 많이 받는다고 하더라도 내키지 않는다면 보지 않을 수 있다. 취향을 굳이 드러내지 않아도 되기 때문에 남들 몰래 즐기던 하위문화도 취향의 일부로 존중받고 있다. 남성 간의 로맨스를 다룬 작품을 일컫는 BL, 일본 애니메이션, 피규어 같은 소위 그동안 하위문화로 인식되던 장르를 즐기는 사람들도 트위터나 온라인 커뮤니티를 타고 일군을 이루며 취향을 드러낸다. 조금 더 극적으로 말하자면 모든 MZ세대에게는 각자의 취향이 있다.

취향은 일관적이지 않다. 어떤 MZ세대 여성이 격투기를 좋아하면서 화장품 수집에 열을 올리는 취향을 지닐 수도 있다. 채식주의와 카레이싱을 동시에 즐기는 취향일 수도 있다. 취향이 가치관이나 신념과도 연결되던 예전 세대와는 사뭇 다르다. MZ세대의 취향은 즉흥적이고 비일관적이다.

이런 점 때문에 MZ세대에게 '취향 존중'은 중요한 문제가 된다. 취향을 지적하는 것은 지극히 개인적인 부분을 짚는 것과 같다. MZ세대 스스로 취향이 형성된 과정을 잘 설명할 수 없기 때문에 취향의 이유를 묻는 것 또한 적절하지 않다.

MZ세대의 취향에는 밈과 비슷한 측면이 많다. 밈처럼 길지 않은 수명을 지닌 취향도 꽤 많고 분절적이며 개인의 사회·경제적 지위와는 크게 관계없이 형성된다는 점에서 그렇다.

17

Generation MZ's manual

커뮤니티_ 세상을 덕질하기

MZ세대에게 온라인 커뮤니티는 일상이다. 여기서 온라인 커뮤니티란 디시인사이드, 에펨코리아, 더쿠 같은 커뮤니티형 웹사이트는 물론 네이버나 다음 등 포털 사이트 내 카페, 카카오톡 오픈채팅방 등을 모두 포함하는 것이다.

대학내일20대연구소가 실시한 조사 결과에 따르면 MZ세대의 71~74%가 한 달 내 온라인 커뮤니티를 이용한 적 있다고[153] 밝혔다. 거의 매일 2시간 이상씩 이용하는 MZ세대도 20%를 상회했다. 주로 사용하는 커뮤니티는 포털 사이트 카페, 카카오톡 오픈채팅방, 커뮤니형 웹사이트 순이었는데 대학생들이 주로 이용하는 커뮤니티 애플리케이션 에브리타임이나 직장인 커뮤니티 애플리케이션 블라인드도 높은 비중을 차지했다. 특히 MZ세대가 많이 참여하는 카카오톡 오픈채팅방의 주제를 따져보니 20대는 일상·게임·경제·금융 등이었고 30대는 경제·금융, 일상, 자기계발 순으로 나타났다.[154] 수다방이나 독서 모임 같은 주제의 채팅방이나 주식 정보, 부동산 잡담 같은 제목의 채팅방이 MZ세대가 모이는 곳이다.

그런데 지금껏 MZ세대의 커뮤니티 활동을 바라보는 시각은 한정적이었다. 온라인 커뮤니티에서 비롯되는 갈등 같은 사회 문제에 집중해왔다. 몇몇 온라인 커뮤니티에서 강하게 드러나는 혐오표현에 관한 연구, 의견이 한쪽으로 쏠리는 집단 극화(Group-Polarization), 의견이 같은 사람끼리만 모여 벌어지는 동조화 현상인 필터 버블 또는 온라인 커뮤니티를 이용한 마케팅 방식에 관한 연구 등이 그렇다. 그러나 이는 온라인 커뮤니티를 일상처럼 드나드는 MZ세대의 단편만을 본 것이다.

취미와 유희의 장(場)

중요한 점은 MZ세대에게 온라인 커뮤니티는 더 이상 공론장(Public Sphere)이 아니라는 것이다. 커뮤니티가 태동하던 2000년대 초반만 하더라도 온라인 커뮤니티는 어느 정도 공론장 역할을 했다. 당시 인기 있던 커뮤니티 중에는 '다음 아고라' 같이 토론을 목적으로 하는 커뮤니티도 있었다.

그러나 요즈음에는 그런 커뮤니티를 찾아보기 어렵다. 아예 특정 단어가 포함된 글은 보이지 않도록 만들어주는 '필터링' 기능을 지원하는 커뮤니티도 있다. 토론은 유튜브에서 일어난다. 커뮤니티 참여자들은 갑론을박을 좋아하지 않는다. 토론에 참여하는 사람은 커뮤니티에 접속한 사람 중 일부분일 뿐이다. 온라인 커뮤니티 참여자의 41%는 글과 댓글을 쓰지 않는다고 밝힌 연구 결과를 봐도 그렇다.[155)]

소셜미디어에 한한 연구이기는 하지만, 소셜미디어 이용자의 4분의 1만이 소셜미디어에 의견을 개진한다는 것을 밝힌 연구 결과도 있다. 조정열 숙명여대 홍보광고학과 교수가 천여 명을 대상으로 조사한 바에 따르면 소셜미디어 사용자는 응답자의 86%에 달하는 것으로 드러났다. 매일 접속한다는 사람도 60.4%에 이르렀다. 그런데 소셜미디어에 정치·사회적인 발언을 한 번이라도 해본 적 있다는 사람은 25.9%에 불과했다.[156)] 소셜미디어와 커뮤니티 이용자 분포도가 크게 다르지 않다는 점을 고려해볼 때 커뮤니티에서도 사회적인 발언을 하는 사람은 일부분일 것으로 짐작할 수 있다.

커뮤니티가 공론장이 아니라면 무엇일까. 커뮤니티는 '유희의 장'이다. 다시 말하면, 놀거리를 찾는 MZ세대가 모인 곳이다. 대부분의 커뮤니티 주제가 취미와 관련된 것이라는 점이 이를 증명한다. 2021년 9월을 기준으로 국내 온라인 커뮤니티의 순위를 볼 때 10위 안에 든 커뮤니티 중 6곳이 같은 취미를 가진 사람끼리 모여 시작한 커뮤니티다.[157)][158)]

취미 커뮤니티는 비슷한 구성인 경우가 많다. 많은 사람이 읽거나 추천한 글을 모아둔 게시판이 있고, 유용한 정보가 올라오는 게시판이 따로 있다. 일상적인 잡담하는 게시판도 있는데, 중요한 것은 '덕질'

에 관련된 게시판이 꼭 있다는 점이다. 덕질이란 '덕후'의 행동을 낮춰 부르고, '질'을 붙여 만든 단어다. 덕후는 오타쿠라는 일본어에서 변형된 단어인데, 특정 대상에 몰두하는 마니아를 일컫는다. 그러니까 덕질이란 강하게 몰입하는 취미생활을 뜻하는 것이다.

상당수 온라인 커뮤니티는 덕질을 기반으로 움직인다. 1999년 생겨난 국내 최대 규모의 커뮤니티 사이트 디시인사이드는 '갤러리'가 모인 형태로 운영되는데 각 갤러리에는 같은 대상을 덕질하는 사람끼리 모여있다. 게임 '리그 오브 레전드' 갤러리, 국내 야구 갤러리, 국내 드라마 갤러리 등이 모여 디시인사이드를 만든다. 2000년 창설된 '루리웹'도 마찬가지다. 디시인사이드가 거의 모든 취미 활동을 포괄한다면, 루리웹은 게임과 만화, 애니메이션 같은 주제에 조금 더 집중되어있다. 남성들이 관심을 가질 만한 주제가 많은 만큼 루리웹 이용자 중에는 남성이 압도적으로 많다.[159] 에펨코리아는 원래 게임 '풋볼 매니저(FM)'를 좋아하는 사람이 모여 만든 커뮤니티로 시작됐는데, 남성 이용자가 많은 것으로 손꼽히는 커뮤니티다. 반면 '더쿠'는 여성 이용자가 더 많은 커뮤니티다. 일본 음악 커뮤니티로 시작됐다가 지금은 연예 정보를 포함한 갖가지 덕질을 지원하는 커뮤니티로 성장했다.

일상화된 덕질

불과 얼마 전만 하더라도 덕질은 특별한 행위였다. 스

스로 덕후라고 밝히는 사람도 찾기 어려울 정도였다. 그러나 최근 몇 년 사이 덕질은 일상적인 것이 되었다. 덕질 행동인 팬덤 활동을 건전한 취미활동으로 여기는 인식이 강해졌고,[160] 덕후에 관한 인식도 긍정적으로 변했다.[161] 온라인 커뮤니티의 역할이 컸다. 온라인 커뮤니티와 덕후들은 서로 영향을 주고받으며 발전해왔다고 볼 수 있다. 덕후들이 소통할 수 있는 공간을 찾아 온라인 커뮤니티를 만들거나 커뮤니티에 적극적으로 참여했고, 커뮤니티는 덕후를 끌어모으며 발전했다.

그리고 이제는 덕질은 일상 속으로 들어왔다. 커뮤니티가 이를 가능하게 했다. 덕후라면 누구나 덕질을 공유할 수 있는 환경이 만들어지면서 덕후 문화는 더욱 확장되었다.

MZ세대 여성을 예로 들어보자. MZ세대 여성은 누군가의 팬이 된다는 게 자연스러운 환경에서 자라났다. 이들이 청소년기를 보내던 1990년대 중반에서 2000년대는 한국 대중문화가 폭발적으로 성장하던 시기였다. 아이돌 문화가 자리 잡았고, 한류라는 말이 처음 생겨났다. 이 당시부터 MZ세대 여성은 누군가의 팬이 되어 끊임없이 팬덤에 속하는 일이 자연스러워졌다. '생애 과정으로서의 팬질'[162]은 아이돌에서 드라마로, 드라마에서 뮤지컬로 끊임없이 옮겨가며 일상에 자리 잡았다. 이 과정에서 커뮤니티는 혼자서는 얻기 힘든 정보를 가져다주고 콘텐츠에 관한 감상을 나누며 때로는 덕후 친구를 만들어줬다. 덕질 아닌 일상생활에 관해서도 털어놓을 수 있는, 덕질에는 필수적인 공간이 되었다.

MZ세대 남성도 마찬가지다. 야구나 축구, 게임 같은 취미는 MZ세대 남성 또래 집단에서 필수적인 대화거리다. 예전에는 야구 얘기를 친구, 동료끼리만 나눴다면 이제는 커뮤니티에서 언제든 공유할 수 있다. 살면서 끊임없이 접하게 되는 팬덤 문화를 언제든 털어놓을 공간이 생겼다는 게 커뮤니티가 MZ세대에게 갖는 의미다.

세분된 취향, 동기화되는 현실

커뮤니티에서는 모든 취향이 존중된다. 취미를 기반으로 형성된 커뮤니티는 대개 넓은 범위를 포용하는데, 루리웹을 예로 들면 게임이라는 큰 틀이 커뮤니티 안에서 세세하게 나눠진다. 콘솔 게임과 PC게임, 모바일 게임은 각각의 공간을 점유한다. 콘솔 게임도 플레이스테이션4, 엑스박스, 스위치 등 게임기 종류에 따라 세분되어 있다. 거의 모든 게임에 게시판이 따로 있다. 말하자면 루리웹 안에서 모든 게임 이용자는 존중받는다.

MZ세대의 취향은 매우 세분되어있다. 영화, 음악, 스포츠 장르에 관한 덕후만 있는 것이 아니다. 버스에 관한 모든 것을 탐색하는 버스 덕후(버덕)도 있고, 역사 정보를 읊는 역사 덕후(역덕), 군사 관련 정보에 박식한 밀리터리 덕후(밀덕)도 있다. 영화 덕후라도 해리포터 시리즈를 좋아하는 덕후가 있고, 인도 영화를 좋아하는 덕후가 있다.

온라인 커뮤니티는 이런 세분된 취향을 위한 놀이 공간을 마련해

준다. MZ세대는 온라인 커뮤니티를 바탕 삼아 취향을 계발해 나간다. 한국 대중문화가 여느 국가보다 더 세분되어 다채롭게 발전한 것도, 다양한 하위문화를 지니게 된 것도 이런 온라인 커뮤니티가 있었기 때문이다. 한국처럼 온라인 커뮤니티가 다양하고 활발하게 운영되는 국가도 드물다. 2021년 11월 한 달간 방문자 수가 많은 상위 10곳의 커뮤니티 방문 수를 합산해보면 총 5억 5,000만 회가 넘는다. 온라인 커뮤니티는 MZ세대에게 또 다른 사회인 것이다.

MZ세대가 온라인 커뮤니티를 하나의 사회로 여긴다는 점에 중요한 의미가 있다. MZ세대에게 온라인 커뮤니티는 오프라인의 대체제가 아니라, 또 다른 삶의 영역이다. 온라인 커뮤니티를 통해서 현실 세계를 인식하는 MZ세대도 적지 않아, 온라인에서의 갈등 양상과 문제 인식 등이 오프라인으로까지 이어지기도 한다.

대표적인 게 양성평등과 관련된 문제다. 각 온라인 커뮤니티는 어떤 취미 활동에 주의를 기울이는지에 따라 커뮤니티 성격에 차이를 보인다. 어떤 MZ세대는 커뮤니티에 강한 소속감을 느끼는데, 커뮤니티에서 중요하게 생각하는 문제를 과장되게 인식할 때가 있다. 그중 하나가 양성평등과 관련된 문제로 에펨코리아, 더쿠 같은 커뮤니티는 서로 대립각을 세우며 다툼을 벌이기도 한다.

문제는 커뮤니티에서 인식된 문제가 현실 세계에도 서서히 영향을 준다는 것이다. 야당인 국민의힘에서 의원 경력이 없는 이준석 대표가 MZ세대 남성의 지지에 힘입어 대표로 선출되거나 MZ세대 남성 커뮤니티에서 언급되는 여성가족부 폐지 주장이 사회 이슈로 떠오르는 등 날이 갈수록 커뮤니티와 현실이 동기화되는 현상이 늘고 있다. MZ세대를 이야기할 때 커뮤니티를 빼놓을 수 없게 됐다. 커뮤니티에서 제기된 이슈가 언론을 통해 보도되고 다시 사람들 입에 오르내리는 일은 점점 더 잦아질 것이다.

18

Generation MZ's manual

재테크_ 남과 비교하며 살기

요즘 MZ세대의 대화 소재는 부동산과 주식, 코인에 초점이 맞춰지기 마련이다. MZ세대가 모인 자리라면 누군가 한 명쯤은 새로이 주식투자를 시작했을 것이고, 누군가는 급하게 대출금을 끌어 집을 샀을 것이다. 아무것도 안 하던 사람이라도 그 자리에서 "나도 해야 할까?" 물어보면 "당연하지" 단호한 대답을 들었을 것이다.

이미 2017년부터 2018년 초에 이르기까지 가상화폐 열풍이 불었을 때 가장 열정적이던 세대가 바로 MZ세대다. 한국금융투자자보호재단이 발표한 '2017 암호화폐 이용자 조사' 결과를 보면 연령이 낮을수록 가상화폐에 투자해본 경험이 많은 것으로 드러났는데 당시 20대의 22.7%, 다섯 명 중 한 명이 투자 경험이 있었다.[163] 2020년 급격히 상승했던 서울 아파트 매매 시장을 견인한 것이 MZ세대다. 한국부동산원에 따르면 지난해 서울 아파트 매매 건수의 33.5%는 30대가 거래

한 것으로 전통적으로 주택 매매 시장의 대다수를 차지하는 40대보다 더 많은 수를 기록했다.[164] MZ세대의 '패닉 바잉(Panic Buying: 공황구매)'은 최근 몇 년간 부동산 시장을 설명하는 주요 단어다.

주식 시장에서도 MZ세대는 큰손이 됐다. 코로나19 사태 속에 진행된 '동학개미운동'을 대표하는 게 삼성전자 주식이다. 2020년 말을 기준으로 삼성전자의 소액주주는 215만 명이었는데 그 전해에 비해 3.8배나 늘었다. 늘어난 대부분은 MZ세대였다. 새로 주식을 산 158만 명 중 47.2%가 MZ세대였다는 증권정보포털 세이브로의 분석 결과가 있다.[165]

가상화폐에 이어 부동산을 거쳐 주식 시장에 이르기까지, 재테크 시장에서 MZ세대가 눈에 띄지 않는 곳이 없다. 그들은 초조한 것처럼 보이기도 한다. 왜 MZ세대는 필사적으로 재테크 하는 것일까. 그들의 특성에 답이 있다.

최초의 소셜미디어 네이티브 세대

MZ세대를 이야기할 때면 꼭 등장하는 문제가 있다. 공정과 평등이다. 아닌 게 아니라 MZ세대는 유독 공정과 평등에 민감한 세대처럼 보인다. 언론에 보도된 MZ세대와 관련된 기사 제목만 봐도 그렇다. "공정성·투명성에 목매는 세대" "보수·진보보다 공정에 민감한 MZ세대" "주목되는 MZ세대 사원들의 성과급 공정성 요구"…….

기사 제목을 봐서는 MZ세대가 다른 세대에 비해 더 정의로워 보이기도 한다. 평등에 대한 요구도 더 커 보인다. 과연 그럴까. MZ세대는 더 정의로워서 공정과 평등을 강조하는 게 아니다.

잠시 MZ세대와 소셜미디어 간의 관계를 떠올려보자. MZ세대는 역사상 최초의 소셜미디어 네이티브(Social Media Native) 세대, 소셜미디어를 생활의 일부로 자연스럽게 받아들인 세대다. 싸이월드, 아이러브스쿨 같은 초창기 소셜미디어 플랫폼을 비롯해 네이트온이나 MSN 같은 메신저부터 페이스북과 인스타그램, 카카오톡 같은 소셜미디어 그리고 유튜브 같은 동영상 서비스가 없으면 소통이 어려운 세대다. 이들에게 소셜미디어는 생활의 기반이 되는 플랫폼이다. 여전히 대면 소통을 이어가려는 기성세대와 달리 소셜미디어 네이티브들은 소셜미디어로 연결돼있기만 해도 '연결되었다'고 생각한다.

10년간 발간된 20대 청년 관련 연구 논문 530편을 분석한 〈20대 청년세대에 관한 연구 동향 분석〉이라는 논문에서는 20대 청년의 특성 다섯 가지를 공통적으로 도출했는데, 그중 세 가지가 디지털 기술과 관련 있다. 10년 전 논문의 '20대 청년'은 지금의 30대이므로 이 같은 청년의 특징은 전체 MZ세대의 특징으로 봐도 무방할 것이다. 이 논문에서는 청년이 "온라인 세계에서 자신의 정체성을 찾는다"고 주장했다. 청년은 온라인에서 "자신의 가능성을 온라인 환경 속 타인을 통해 확인하고, 자신과 같거나 다른 삶의 모습을 보며 다양한 가능성에 직접 도전한다".[166] 다시 말해, MZ세대는 타인을 통해 자신을 깨우친다는 것이다.

어쩌면 이런 이유가 아이러니하게 보일지도 모른다. MZ세대라면 '나'를 중시하고 나만의 기준으로 살아간다는 인식이 있기 때문이다. 명절에 친척들이 하는 잔소리, 회사에서 상사가 던지는 핀잔 섞인 말을 "꼰대스럽다"고 배척하던 MZ세대다.

그러나 MZ세대가 소셜미디어 네이티브 세대라는 것을 생각해보자. 소셜미디어에 접속된 MZ세대는 남과 비교하는 일을 체화(體化)해 살아가고 있다. 소셜미디어 자체가 끊임없이 남의 행동을 체크하고, 자기 모습을 보여주는 매체다. 내가 무엇을 해야 하고, 어떻게 살아야 하는지 다른 사람을 보면서 결정할 때가 많다. 사소하게는 주변 사람들이 가지고 있는 물건을 소셜미디어로 보고 따라 구입하는 것부터 여행하거나 휴가를 보내는 일처럼 사생활의 영역에도 소셜미디어는 큰 영향력을 행사한다. 타인 삶의 조각을 자기 삶으로 끌어들이면서 MZ세대는 자연스럽게 남과 나를 비교하고 가늠해보게 된다.

그러면서 MZ세대는 '남과 같이' 살고 싶어 한다. 흔히 MZ세대와 같은 청년세대는 개성을 중시한다고 알려졌지만 꼭 그렇지만은 않다. 남과 같이 살고 싶다는 얘기는 남들만큼은 살고 싶다는 욕구를 포함한다. 미국 심리학자 로이 바우마이스터는 《자아탈출(Escaping the Self)》에서 남에게 보이는 모습을 중시하는 세태를 지적한 바 있다. 그에 따르면 사람들은 "자신을 비교할 기준을 가지려고 남들에 관한 정보를 끊임없이 찾는다".[167] 소셜미디어는 이들에게 정보를 제공해준다.

그러면서 남들을 따라 하게 되고, 남들만큼은 살기 위해 노력한다.

상대적 박탈감에 민감한 MZ세대

말하자면 MZ세대는 비교를 통해 자신의 정체성을 형성하는 세대고, 그게 MZ세대의 인식에 많은 영향을 끼쳤다. MZ세대가 누구보다 '상대적 박탈감'이라는 표현을 자주 사용한다는 점에도 주목할 필요가 있다. MZ세대는 '상대적으로' 달라지는 자기 지위에 민감하다. 실제로 영국 스털링대학 한 연구팀의 연구 결과, 어떤 사람의 정신적 괴로움을 따지는 데는 절대적 기준에서 소득이 많은지 적은지는 중요하지 않았다. 연구팀은 주변 지인들이 얼마나 벌고, 그에 비해 내가 얼마만큼의 소득을 올리는지가 중요하다고 결론 내렸다.[168)]

그래서 비교 대상의 사회경제적 지위가 갑자기 오르면 자존감이 떨어진다. '벼락 거지'는 이런 심리를 표현하는 단어다. 벼락 거지란 부동산과 주식 같은 자산 가격이 급격히 올라 갑자기 상대적으로 빈곤해진 사람을 자조적으로 일컫는 것이다. 벼락 거지가 되고 싶지 않은 MZ세대는 자기가 갑자기 끌어내려지는 것도, 남이 부당하거나 손쉬운 이득을 얻는 것도 바라지 않는다.

이 문제는 공정성에 대한 관심으로 이어진다. 2020년 6월 인천국제공항공사 비정규직 직원 2,100여 명이 정규직으로 전환될 당시 반대 목소리를 크게 내던 이들이 MZ세대라는 점에서도 드러난다. 한국

토지주택공사(LH) 직원들의 3기 신도시 투기 사태도 그렇다. MZ세대는 불공정한 사건 그 자체에 화가 나는 게 아니다. 그로 인한 결과, 누군가의 기회나 자산이 박탈당할 수 있다는 가능성에 분노하는 것이다.

그러니 '박탈되기 전에' 행동을 취하는 일은 중요하다. MZ세대의 재테크는 단순한 유행이 아니다. 잃어버린 자존감을 되찾는 대처 방안이다. 몇 차례 상대적 박탈감을 느낄 만한 사건을 겪고 난 후, 부동산과 주식 투자로 근로소득을 상회하는 이익을 거둔 주변 사람의 이야기까지 듣고 나면 재테크를 하지 않는 일은 마치 '저항하지 않는 일'처럼 느껴지기까지 한다.

즉 MZ세대의 재테크는 MZ세대 나름의 저항이다. 개인적으로나마 불공정한 사회를 극복하려는 움직임인 MZ세대의 재테크를 단지 경솔한 유행으로만 치부하는 경우가 많다. 김현미 전 국토부 장관만 해도 2020년 8월 국회 국토교통위에서 30대의 '패닉바잉'에 관해 "안타까움을 느낀다"고 평가절하한 적 있다. 패닉바잉이 MZ세대의 특성을 그대로 반영하는 생존전략이라는 점을 고려하지 못한 발언이다.

신용대출을 해서 주식 투자를 하고, 안전하지 않은 코인에까지 투자하는 MZ세대를 밖에서 보면 '무모하다'고 할 수 있지만, 사실 MZ세대는 심리적 생존을 위해서 투자한다. 단순히 경제적 안정을 위해서만이 아니라 박탈감을 해소하고 우울과 불안에서 벗어나기 위한 방법으로 재테크를 하는 것이다. 과감하게 투자에 나선다는 건 그만큼 불안하다는 걸 의미한다.

내 재테크는 바람직하다는 생각

MZ세대는 믿는 게 없다. 국가가 불안한 자신을 보호해줄 거라고 믿지 않고, 주변 누군가 어려움이 닥쳤을 때 도와줄 거라 믿지 않는다. 실제로 2021년 통계청 사회조사 결과를 보면 '많은 돈을 빌려야 할 경우'나 '이야기 상대가 필요한 경우'에 도와줄 사람이 없다는 MZ세대는 해가 갈수록 늘고 있다. 2021년의 경우 돈을 빌릴 수 있는 사람이 없다는 MZ세대는 열 중 넷에 가까웠고, 이야기 상대가 없다는 사람도 열 중 하나를 넘었다.[169)]

MZ세대는 어려움이 닥쳤을 때 스스로 헤쳐 나가야 한다고 생각하고, 그 과정에 자부심을 느낀다.[170)] 예컨대 직원 30명 남짓의 중소기업에 다니는 30살 A씨는 주변에서 '전문가'로 불린다.

"주식 투자로만 1억을 모았어요. 물려준 것 없이 가난하기만 한 부모님에게서 자란 제가 월급만 모아서 어떻게 이 돈을 모았겠어요. 저는 주변에 주식 투자를 꼭 하라고 말하고 다녀요. '주식 초보자'에게는 커피 한 잔으로 강의까지 해주죠. 곧 유튜브도 시작해볼까 해요."

재테크를 하는 MZ세대는 주변에 재테크의 중요성에 관해 설파하곤 한다. 그건 MZ세대가 이타적이어서가 아니라 재테크의 필요성을 절감하고 있고, 재테크하는 자신에게 자부심이 있기 때문이다. 재테크로 인해 목표하던 금액을 모았거나 내 집을 마련하는 등 소기의 성과를 거뒀을 때 자신의 노하우를 널리 알리고 싶어 한다.

그런 맥락에서 MZ세대에게 "신중하게 생각하길 바란다"고 한들 재테크를 신중하게 하는 일은 없을 것이다. 재테크는 불공정한 사회에 대한 저항이고, 자기 능력껏 펼치는 모험이며, 자존심을 되찾는 길이기 때문이다.

19

Generation MZ's manual

무신사_ 가장된 평범함

느슨한 실루엣의 티셔츠를 걸쳐 입고 느슨하게 가방을 둘러메고 느슨하게 풀어진 바지를 입고 다니는 MZ세대를 거리에서 목격하기란 어렵지 않다. 대신 유행을 넘어서 일반적인 스타일로 자리 잡은 것은 스트리트 패션이다.

거리에서 쉽게 볼 수 있는 스타일을 일컫는 스트리트 패션으로는 슈프림(Supreme), 스투시(Stussy) 같은 외국 브랜드가 대표적이다. 커버낫(COVERNAT), 디스이즈네버댓(Thisisneverthat) 같은 한국 브랜드도 있다. 품이 넉넉한 상의에 더 넉넉한 실루엣의 와이드 팬츠를 입으면 요즘의 스트리트 패션을 얼추 따라잡았다고 할 수 있다. 신발은 나이키, 아디다스나 반스의 운동화, 끈 없는 신발인 슬립온 같은 것들이다. 때로 옷보다는 조금 더 화려한 무늬의 신발을 강조하는 경향도 있다.

젠더리스, 즉 성(性) 중립적인 스타일이 익숙한 MZ세대다. 일부러 남성이 입는 사이즈의 옷을 찾는 여성도 꽤 있다. 세련되게 입기 위해서는 평범하고 자연스러운 놈코어(Normcore) 스타일 옷을 입는다. 놈코어는 스티브 잡스의 검은 터틀넥 셔츠, 리바이스 청바지를 떠올려 보면 이해하기 쉽다. 남성이라면 넉넉한 스웨트셔츠에 청바지, 여성이라면 툭 걸친 베이지색 셔츠에 검은색 슬랙스(통이 넓은 바지)를 입으면 놈코어 스타일로 볼 수 있다.

색으로 말하자면 무채색이다. 이화여대 디자인대학원의 김지애 씨의 〈패션스타일에 따른 MZ세대 여성의 색채 선호 특성〉이라는 석사학위 논문을 보면 MZ세대 여성이 선호하는 색과 패션 스타일을 알 수 있다. 김 씨는 MZ세대 여성 220명을 상대로 선호하는 의상의 색과 스타일, 주로 구입하는 의상 색 등을 조사했다. MZ세대 여성이 가장 선호하는 색은 검은색, 가장 많이 구입하는 의상의 색 역시 검은색이었다. 구매하는 의상의 색은 검은색, 흰색, 회색으로 무채색 계열이 대다수였다.

선호하는 패션 스타일도 색상에 어울렸다. 캐주얼, 내추럴, 클래식한 스타일의 선호도가 높았다. 이들 스타일 옷을 종합해보면 어두운 색, 갈색이나 베이지색의 편안한 차림, 일상생활에 적합한 옷을 선호하는 MZ세대 여성이 상당수를 차지한다.[171] 편하고 간결하며 무채색인 MZ세대의 스타일은 '느슨한 패션'이라고 요약해볼 수 있다.

무개성의 개성

MZ세대는 이 스타일을 완성하기 위해 무신사(MUSINSA)를 찾는다. 무신사는 여러 패션 브랜드가 모인 온라인 쇼핑몰이다. 2021년 거래액만 2조 3천 억 원에 달하는 국내 최대 규모의 온라인 편집숍이다. '무신사룩(Look)'이라는 말을 만들어낼 정도로 무신사에서 인기 있는 스타일을 거리에서 쉽게 찾아볼 수 있는데, MZ세대가 선호하는 스타일과 색채의 옷은 무신사에 접속하기만 해도 알 수 있다.

무신사는 '래플(Raffle)'이라는 시스템으로 유명해졌다. 래플이란 한정 상품의 구매를 원하는 사람을 모두 모집해 무작위로 당첨된 인원에게만 상품을 제공하는 방식이다. 2019년 하반기부터 무신사에 도입되기 시작한 래플 시스템은 한정 상품 수집에 열을 올리는 MZ세대의 구매욕을 자극하면서 무신사의 이름을 알리는 데 큰 역할을 했다. 그와 동시에 스트리트 패션에 대한 수요가 커지던 상황에서 무신사에서 주력으로 판매하는 커버낫, 디스이즈네버댓 같은 브랜드의 옷이 인기를 끌며 매출액이 크게 상승했다.

무신사의 성장은 한 업체의 성장을 넘어서 의미하는 바가 있다. '느슨한 패션'이 왜 MZ세대 사이에서 대세가 되었는지, 이 스타일이 의미하는 바가 무엇인지 단서를 얻을 수 있기 때문이다.

MZ세대의 '느슨한 패션'은 단조롭게 보인다. MZ세대 개인의 특성이라곤 잘 드러나지 않는 것 같다. 실제로 놈코어나 내추럴 스타일 패션에 '튈만한 옷'은 없다. 최대한 자연스럽게, 편하게 입는 게 중요하다.

이런 점만 두고 보면 MZ세대는 개성이 없는 것처럼 보인다. 튀는 걸 싫어한다거나 단조로울 정도로 평범함을 추구하는 것처럼 비칠 수도 있다. 실제로 극도의 내추럴 스타일을 앞세운 무인양품(MUJI)이란 브랜드가 있는 일본에서는 '사토리 세대(さとり世代)'가 청년세대를 일컫는 고유명사처럼 쓰인 적도 있다. 사토리 세대란 의욕 없이 무기력한 청년세대를 지칭하는데, 욕구가 딱히 없이 위험을 회피하고 도전하지 않으며 그때그때 삶을 살아가는 모습을 빗댄 말이다. 이들에게는 화려한 옷이 필요하지 않다. 눈에 띄지 않게, 무기력한 모습을 담아낼 만큼 일상적인 옷을 입는 게 자연스럽다.

한국 MZ세대의 '느슨한 패션'은 사토리 세대의 내추럴 스타일과 얼핏 비슷하게 보이기도 한다. 그러나 다른 점이 있다. MZ세대의 느슨한 스타일에는 '포인트'가 존재한다. 마냥 건조하기만 한 스타일이 아니라 한군데 취향이 드러나는 부분이 있다는 거다. 예를 들어 신발은 MZ세대가 열정을 보이는 패션 아이템 중 하나다. 나이키 '에어 조던', 아디다스 '이지 부스트'처럼 브랜드에서 한정적으로 내놓는 운동화는 없어서 못 살 지경으로 인기를 끈다. 이 운동화를 구하기 위해 줄을 서고, 무신사의 래플에 열을 올리는 MZ세대다.

한마디로 MZ세대는 패션으로 '무개성의 개성'을 추구한다. 전체적으로는 가급적 자연스러운, 무난한, 평범함을 추구한다. 그러나 어느 한 군데에는 자기 취향을 드러내는 게 MZ세대의 세련된 스타일이다.

종종 취향은 패턴으로 드러난다. 최근에는 기본 스타일에 화려한 패턴을 수놓은 옷을 입는 게 인기를 끌고 있다. 아니면 과감하게 머리를 염색하거나 배꼽을 드러내는 식이다. 이때도 중요한 것은 포인트가 잘 살아날 수 있도록 다른 부분은 평범하게 해야 한다는 점이다. 푸른 머리색에 검은색 옷을 입는다거나, 무채색 크롭(기장이 짧은 옷) 티셔츠를 입는 게 그렇다. 이렇게 세련된 포인트를 넣는 게 마냥 화려하게 입는 것보다 더 어렵다는 걸 알기 때문이다.

열정이 만들어낸 평범함

그러니까 MZ세대의 '느슨한 패션'은 여러 겹의 꾸밈이 만들어낸 무심함에 가깝다. 가끔 기성세대는 MZ세대를 개인적이거나 열정이 부족하다고 오해하곤 한다. 그러나 주식이며 코인, 부동산 등으로 자산 형성에 열을 올리는 세대가 바로 MZ세대다. 한 번뿐인 인생을 즐겁게만 살겠다며 '욜로'를 외치며 있는 힘을 다해 즐거움을 추구하기도 한다. 이들이 만들어내는 트렌드는 다양하고 광범위해서 MZ세대마저도 미처 다 따라가기 힘들 정도다.

사실 MZ세대의 취향은 세분되어있다. 온갖 분야에 '덕후(마니아)'가 존재한다. K팝 내에도 많은 그룹이 있지만, 같은 그룹의 팬이라도 취향은 사람마다 다르다. '개인팬', '알페스팬', '올팬' 등 각자 취향대로 트위터에서, 커뮤니티에서, 오프라인 현장에서 '팬질'을 한다. 세상의 모든 열차를 외울 기세인 철도 덕후도, 존재하는 모든 파도를 타고 싶어 하는 서핑 덕후도 있다. 덕후가 없을 것 같은 분야에도 덕후가 존재할 만큼 MZ세대의 취향은 많은 분야에 닿아 있다.

MZ세대의 '공(公)'과 '사(私)'는 분명히 분리된다. 사적인 공간에서 개인적인 시간을 열정적으로 쓰는 MZ세대는 반대로 공적인 영역에서는 평범해지려 애쓴다. 굳이 자기 취향을 드러내거나 공과 사 모두에 열정적으로 임하지 않는다. '에너지'가 한정되어 있다는 걸 알기 때문이다. 기성세대가 보기에 MZ세대가 마냥 무난하고 평범하다면, 그 MZ세대가 기성세대와 함께 있는 영역에 열정을 쏟고 있지 않다는 의미다. 해당 영역이 취향이 아니기 때문에 열정을 쏟아야 할 이유를 찾지 못하는 것이다.

이런 점을 고려한다면 MZ세대의 '느슨한 패션'이 그저 평범하고 무난한 것을 추구한다는 뜻이 아니라는 점을 비로소 알게 된다. MZ세대는 하나의 강조점을 만들어내기 위해 '느슨한 패션'을 추구한다. 강조점은 신발이 될 수도, 가방이 될 수도 있다. 패션 아이템이 아니라 외모 자체가 강조점이 되거나, 아예 취향이나 성격처럼 잘 드러나지 않는 무엇인가이기도 하다. 느슨한 스타일의 MZ세대와 좀 더 가까워져야 비로소 파악할 수 있는 부분이다.

어떤 부분에서 MZ세대의 '느슨한 패션'은 MZ세대 개인을 더 잘 알아주길 바라는 어필이라고 봐도 된다. 느슨한 패션에 숨겨진 취향을 눈치채기 위해서는 그의 스타일을 좀 더 눈여겨봐야 하기 때문이다. 알고 보면 뚜렷한 취향을 지닌 무심한 MZ세대처럼, 느슨한 패션은 평범함 속에 가려진 열정을 상징한다.

20

Generation MZ's manual

교육_ 정서적 불평등

대부분의 MZ세대에게 대입 수학능력시험(수능)은 삶에 생채기를 남기는 트라우마 같은 것이다. 대부분 동질한 교육을 받으며 격차를 크게 느끼지 못하던 학생들은 수능을 앞두고 비로소 알게 된다. 부모의 지원과 능력이 입시에 어떤 영향을 미치는지 목격하고 나서 '삶은 불공평하다'는 인식을 굳히게 된다.

구체적으로 말하자면, 부모의 사회경제적 지위가 높을수록 자녀의 학력도 높고 나아가 소위 좋은 직업을 얻거나 높은 소득을 올릴 수 있는 기회가 늘어난다는 인식이다. 중산층 자녀가 성공할 기회가 줄고 '개천에서 용 나는' 사례는 더욱 드물어지고 있다는 게 '사회 이동이 줄어들었다'고 보는 사람들의 주장이다. 통계청이 2년마다 한 번씩 실시하는 사회조사 결과를 봤을 때 다음 세대에 계층 이동이 가능할 것이라는 MZ세대는 2011년 39% 남짓에서 10년 만에 26%에 못 미치는

정도로 줄었다.[172]

그런데 최근 연구들은 교육 불평등이 더 심화되었다고 보기 어렵다는 결론을 내리는 경우가 많다. 1940년대생부터 1990년대생까지의 학력을 조사해 살펴본 〈한국에서 교육 기회는 점점 더 불평등해져 왔는가?〉라는 논문에서 연구자들은 한국 사회의 교육 불평등이 늘 있어 왔던 그대로 유지되고 있으며, 달라져 보인다고 해도 그건 양상이 달라진 것일 뿐 교육 불평등이 심화된 것은 아니라고 한다.[173] 네 사람의 사회학자가 같이 쓴 〈한국의 세대 간 사회이동과 교육 불평등〉이라는 논문을 보면 부모의 사회경제적 지위에 따라 자녀의 교육 기회가 박탈되는지를 따져봤을 때 불평등해졌다고 말할 근거는 부족하다. 교육 문제를 떠나서도 부모 세대와 자녀 세대의 계급적 관련성, 즉 사회 이동의 가능성을 봤을 때 '사다리가 사라졌다'는 주장도 강력한 근거를 가지지 않는 것으로 드러났다.[174]

그렇다면 왜 교육 불평등에 대한 인식이 강해진 것일까. 연구자들은 체감적으로 악화되는 사회경제적 불평등에 미디어를 중심으로 전해지는 사례들이 쌓여 교육을 통해 사회 이동이 어려워졌다는 인식이 생겨난 것이라고 지적한다.[175] 반면에 사람들이 생각하는 불평등의 양상이 달라졌기 때문에 인식 또한 달라졌다는 주장도 있다. 소득이나 직업, 학력 같은 것으로는 잘 파악되지 않는 삶의 질에 관한 문제를 고려하는 사람이 늘었다는 얘기다. 더구나 어떤 방법으로든 학력을 획득하고 직업을 얻었다고 하더라도 이를 연속성 있게 이어 나가는 일이 어

렵기 때문에 인식이 악화되었을 수도 있다.[176)]

불평등해지는 친밀감

흥미로운 연구 결과가 있다. 도프케와 질리보티, 두 경제학자가 쓴《기울어진 교육(메디치미디어)》은 한국의 국제학업성취도 평가(PISA) 점수를 통해 부모의 양육 스타일을 분석하고 있다. PISA는 만 15세, 한국에서는 중학교 2학년 때 전 세계 학생이 공통으로 치르는 읽기, 수학, 과학 영역 시험이다. 이 시험 결과를 분석해보니 부모와 대화 시간이 많은 학생과 그렇지 않은 학생 사이의 점수 격차가 확연히 발생했다.

문제는 어떤 부모가 자녀와의 대화 시간을 많이 가지느냐다. 도프케와 질리보티는 고학력 엄마들이 아이와 보내는 시간이 훨씬 많다고 말한다. 거기다 교육을 더 받은 부모일수록 자녀의 공부를 도와줄 수 있는 여력도 커진다. 다만 부모의 학력 그 자체는 점수에 별 영향을 미치지 않았다. 고학력 부모라도 자녀와 보내는 시간이 적으면 학생의 점수가 낮게 나온다는 것이다.[177)] 거꾸로 말하면 좋은 성적을 거둔 학생일수록 부모와 더 친밀할 수밖에 없다.

친밀감(Intimacy)은 MZ세대가 느끼는 불평등의 밑바닥에 있는 정서다. MZ세대는 불공정과 불평등에 불만을 토로하지만 사실 이들이 느끼는 불평등은 친밀감과 관련돼있다.

친밀감은 가족, 부모·자식 간이나 부부와 같은 파트너십에서 발생한다. 문제는 파트너십에서 발생하는 친밀감을 얻을 가능성이 날이 갈수록 낮아지고 있다는 점이다. 한때는 MZ세대를 N포 세대라고 지칭하기도 했는데, 이때 MZ세대가 포기한 것은 연애·결혼·출산·양육 같은 관계적인 부분이었다.

일반적으로 한 개인이 성인이 되어 수행해야 할 역할로 꼽히는 것은 취업, 경제적 독립, 부모로부터 분가, 결혼과 출산을 통한 가족 형성 등이다.[178] 요즘 MZ세대 중 이 과업을 다 달성한 사람은 많지 않다. 애초에 연애해서 결혼할 생각도, 결혼에 다다랐어도 출산할 생각을 하지 못한다. 이런 생애 과정을 포기하면서 잃는 게 바로 친밀감이다.

MZ세대는 살아가면서 친밀감에 접근할 권한이 불공평하다는 것을 느끼며 산다. 이 느낌은 누적된다. 청소년기에 부모에게서 충분한 관심과 함께 지원받은 사람은 취업 과정에서도 그럴 가능성이 높고, 취업 이후에 스스로 친밀한 관계를 맺을 자신감이 생길 가능성이 높다. 가정을 꾸리는 것을 당연하게 생각하고 출산에까지 이르러 안정적인 친밀감을 획득할 수 있다. 반면에 친밀감을 느끼지 못하고 산 사람은 가정을 이뤄 살더라도 친밀감과 관련된 자신의 문제를 대물림할 가능성이 높다.[179]

교육에서 시작하는 정서적 불평등

이 불공평함은 교육에서부터 시작한다. MZ세대는 수능을 준비하면서 충분히 신경을 써주는 부모와 그렇지 않은 부모 사이의 간극을 느끼며 처음 좌절한다. 혹 이 좌절을 뛰어넘어 원하는 바를 이룬다 해도 다음 단계에서 다시 벽에 부딪힌다. 2011년에 서울대 정치외교학과에 입학했던 A씨는 최근 동기 B씨와 비교해, 자기 처지를 한탄하는 일이 늘었다.

"대학에, 서울대에 합격하면 많은 것이 나아질 거라고 생각했습니다. 하지만 제가 대학생이 되었어도 저희 아버지는 술만 마시고, 어머니는 일하느라 집에 잘 들어오지도 않았어요. 방 두 개짜리 작은 아파트에서 독립할 날만 꿈꾸며 과외 아르바이트를 했는데 등록금과 생활비를 대기 바빴고, 다른 스펙 같은 걸 쌓을 여유는 거의 없었어요."

서울 강남구 출신인 B씨는 부모의 전폭적인 지원을 받아 서울대에 입학했다. 그의 형 역시 서울대 졸업생이다. 고등학교 영어 교사인 어머니 덕분에 영어 성적이 좋았던 그는 대학교 때 교환학생을 다녀왔다. A씨는 B씨의 그런 경험이 부러웠다고 말했다.

"B는 인턴십도, 아버지의 친구 아들이 설립한 스타트업에서 시작했어요. 그 경험이 도움이 되었는지 졸업하기도 전에 전자 계열 대기업에 합격했습니다."

A씨는 2년간의 취업 준비 끝에 대기업 유통사에 자리를 잡았다. 그

러나 삶의 모습 역시 달랐다.

"B는 지금 결혼할 여자친구가 있어요. 1~2년 내로 결혼하겠다고 하는데, 얼마 전 신혼집으로 할 아파트 한 채를 미리 증여받았어요. 저는 이제 갓 독립했어요. 서울 은평구에 전셋집을 얻었죠. 여자친구는 있지만 결혼 생각은 없어요. 적어도 아파트 전세를 얻을 수 있을 만큼은 돈을 불려놔야 결혼을 생각할 것 같아서요."

겉으로 보이는 삶의 궤적은 A씨와 B씨가 비슷하다. 서울대를 졸업하고 대기업에 취직했으며 여자친구가 있는 삶이다. 그러나 들여다보면 A씨의 삶의 질은 B씨에 비할 바가 아니다. A씨는 추운 겨울에 보일러가 고장 난 낡은 빌라에 살며 남들처럼 살기 위해 혼자 해결하는 끼니는 라면으로 때우는 삶을 살고 있다. B씨는 지은 지 5년 남짓 된 30평대 아파트로 곧 독립한다. 삶의 계획표도 세워뒀다. 여자친구와 결혼하고 나서 1~2년간 신혼을 즐긴 다음 아이를 가질 예정이다. A씨는 B씨와 가장 차이가 나는 부분이 삶에 있어서의 "안정감"이라고 했다.

"서울대에 가도, 대기업에 취업해도 저는 늘 불안했어요. 삶을 유지하려고 계속 발버둥 쳐야 했습니다. B는 안정적이죠. 그런 안정감이 저희 둘의 가장 큰 차이인 것 같습니다."

MZ세대가 불평등하다고 생각하는 것은 이런 점이다. 소득이나 직업, 학력 같은 가시적인 지표로는 알 수 없는 친밀감, 삶의 안정성 같은 게 불평등하게 분배되고 있다. 특히 MZ세대 가구 중 절반이 1인 가구인 상황에서[180] 정서적 불평등은 점점 커질 수밖에 없다.

새로운 능력주의자의 탄생

이 상황에서 MZ세대의 생존 전략은 어떤 것일까. MZ세대 개인이 불평등 상황을 인식하고 개선하려 애쓰는 것은 불가능에 가깝다. 대신 MZ세대는 자기만을 믿으며 투쟁해간다. 이건 종종 선택되는 전략이다.[181] 사회 개혁이나 공정성 확립 등에 힘쓰기보다 각기 생존 방법을 찾는 게 일반적인 모습이라는 것이다. MZ세대가 보이는 모습도 이와 같다. 주식과 코인, 부동산에 몰두하며 경제적 지위를 향상시키려는 것은 안정감 때문이다. 그중 자산을 늘린 경험이 있는 MZ세대는 자신의 '능력'에 자부심을 가진다.

의외로 능력은 MZ세대에게 불평등을 이해시키는 도구 중 하나다. 2016년 최순실 딸 정유라의 이화여대 입학 비리 의혹, 2019년 조국 전 법무부 장관의 딸 조민의 고려대와 부산대 의학전문대학원 입학 비리 의혹 등을 거치면서 스스로 만들어낸 것처럼 보이는 능력 뒤에는 사실 부모의 지원과 집안 환경 같은 외부적 요소가 있다는 사실을 경험하고 나서도, MZ세대는 능력의 힘을 믿는다.

여론조사기관 한국리서치의 '교육 및 대학 진학에 대한 인식조사(2021년)' 결과를 보면 '학력은 능력의 척도이다'라는 말에 동의한 20대는 44%, 30대는 46%로 다른 세대보다 높았다. MZ세대는 일종의 능력주의자인데, 성공하지 못 한 사람을 능력이 부족한 사람으로 취급한다는 점에서 그렇다. 부동산 상승기에 내 집을 마련하지 못 한 사람을 두고 '안타깝다'고 하기보다 '어리석다'고 여기는 풍토가 그렇다.

많은 MZ세대는 불평등, 교육 불평등에서 시작한 정서적 불평등에 저항하지 않는다. 자기 환경을 있는 그대로 받아들이는 대신 벗어나기 위해 몸부림친다. 사회 제도나 주변의 도움에 기대기보다 자기 능력으로 벗어나려고 한다. 그러면서 자기가 받은 정서적 불평등 환경에서 벗어나 안정감을 찾을 수 있기를 꿈꾼다.

21

Generation MZ's manual

비연애_ 낭만적인 페미니스트

'비(非)연애', 즉 연애하지 '않음'에 대한 구체적인 조사 결과는 없다. 결혼하지 않음, 비혼이나 출산하지 않음, 비출산에 비해 그 수가 적기도 하지만 으레 MZ세대라면 연애할 것이라는 고정관념이 있기 때문이기도 하다.

그러나 결혼정보회사 듀오의 조사에 따르면 2021년 한 해 동안 연애하지 않은 사람은 열 중 넷이 넘었는데 그중에서도 '연애할 필요성을 느끼지 못했다'는 사람이 많았다. 연애하지 않던 여성의 36.7%가 그렇다고 답했다.[182)]

미루어 보자면 최근 연애의 필요성을 느끼지 못하는 MZ세대가 상당수 존재하고, 이들은 연애가 성인기의 발달 과업이라는 기존의 통념에 반하는 생활을 한다. 아예 '비연애주의자'라고 이름을 붙여 앞으로도 연애하지 않겠다고 주장하는 사람도 늘고 있다.

듀오의 '자발적 솔로'에 관한 조사(2017년) 자료는 일부러 연애하지 않음을 선택한 사람들에 대한 것인데, 결혼하지 않은 사람의 78.7%가 그런 경험이 있다고 답했다. 특히 여성의 비율이 높았는데 '연애 욕구가 생기지 않아서', 즉 연애의 필요성을 느끼지 못해서 연애하지 않는다는 응답이 제일 많았다.[183]

여성이 연애의 필요성을 느끼지 못한다는 점은 비연애주의자 중 여성의 비율이 비교적 많을 것이라는 점을 짐작케 한다. 남성은 대개 비연애주의자가 아닌데 연애하고 싶어 하는 남성이 꽤 많다는 연구 결과가 이를 보여준다. 서울대 사회발전연구소가 펴낸 〈저출산에 대한 사회심리학적 접근〉이라는 보고서를 보면, '괴리집단'이라는 표현이 나온다. 연애나 결혼, 출산에 대한 꿈은 꾸지만 현실적으로 이루지 못하는 사람들을 묶은 단어다. 괴리집단 중에는 남성이 훨씬 많아 65%에 달했다.[184]

이는 한국 사회만의 현상이 아니다. 미국에는 '인셀(INCEL)'이라는 단어가 존재한다. '비자발적 독신주의자'를 뜻하는 인셀은 여성과의 성관계를 거부당하고 그에 대한 보복으로 2014년 총기난사를 일으킨 미국 남성 엘리엇 로저가 남긴 영상에서 따온 말이다.[185] 이후로 여성과 관계를 맺고 싶지만 그렇지 못한 남성 집단에 대한 연구가 이어졌는데 저소득층이며 보수적 정치 성향을 가졌다는 게 대개의 결론이었다.

비연애주의자는 인셀과 대척점에 서 있는 집단이다. 서울대 사회발전연구소 보고서에서는 비혼집단이라고 표현되는데 결혼과 출산의 꿈이 적은 집단이다. 여성이 62%를 차지하고 대부분 대졸 이상의 학력을 가졌다. 이 보고서에서는 연애에 대한 연구를 따로 하지 않았지만 비연애주의자는 비혼주의자의 확장으로 볼 수 있다. 연애와 결혼, 출산은 동일한 경로의 발전 과업으로 인식되고 있기 때문이다. 말하자면 MZ세대 비연애주의자에는 여성이 더 많은 수를 차지하고 있을 것으로 짐작할 수 있다.

꼭 '돈'의 문제일까

종종 MZ세대의 비연애주의를 언급할 때는 'N포세대' 담론이 함께 거론되는 경우가 많다. 연애를 포기할 수밖에 없는 경제·사회적 환경을 곁들여서다. 그러나 꼭 비연애가 '포기', '경제적 문제'와 함께 언급되어야 하는지 의문을 제기할 수 있다. 비연애주의자 중 많은 수인 여성에게 연애는 경제적인 문제가 아니기 때문이다.[186] 비혼에 대한 연구이기는 하나 비혼 여성이 결혼을 회피하는 이유를 조사해보니 경제적 여건을 꼽은 사람은 비교적 적었다는 연구 결과도 있다.[187]

경제적인 문제를 제외하면 비연애의 이유는 좀 더 복합적이다. MZ세대가 사회적 관계 맺기를 어려워한다는 지적도 있다. 아무래도 MZ세대의 연령별 특성상 관계를 맺고 유지하는 경험이 부족하고 이를 배울 만한 기회도 적다 보니 복잡한 관계 맺음인 연애를 기피한다는 것이다.[188]

이전에는 이런 부분이 연애를 막을 만한 요소가 되지 못했다. 연애와 결혼, 출산은 성인기의 발달 과업[189]으로 시간이 지나면 자연스럽게 달성해야 하는 목표 같은 것이었다. 그래서 서툴더라도 관계 맺음을 좋아하지 않더라도 연애하고 결혼하는 일이 당연하게 여겨졌다. 그러나 지금은 그렇지 않다. MZ세대에게는 어려운 관계 맺음 대신 선택할 수 있는 게 많다. 연애 대신 일이나 취미 활동에 집중할 수도 있다.

시간이 갈수록 연애에 기술적인 부분이 더해지며 연애를 기피하게 된 측면도 있다. 지금 MZ세대에게 연애는 순수한 관계 맺음의 영역이 아니라 습득하는 기술 영역에 가깝다. 다시 말하면, MZ세대는 요즘 친밀성을 획득하는 '방법'을 깨우치면서 연애에 임한다. 연애는 기술을 습득함으로써 능숙하게 해나갈 수 있는 것이다. 그런 점에서 첫 번째 연애는 풋풋하지만 실패하기 쉬운 것이고 반복할수록 성공할 확률이 높아진다. 이 과정에서 '밀당'이나 '썸' 같은 전략을 적절하게 활용해야 한다.

기술로써 연애에는 자연히 도와주는 사람이 있기 마련이다. 온라인 커뮤니티와 TV 예능 프로그램은 훈수 두는 사람의 역할을 톡톡히 한다. 문제는 이들 연애 상담 채널에는 공식이 있다는 것이다. 연애 상담 채널에서는 연애가 왜 문제인지, 어떻게 해결할 수 있는지를 논하다가도 바람직한 연애와 그렇지 않은 연애를 구분해 이분법적으로 나누기를 좋아한다. 개별 연애의 관계 맺음 방식에 집중하기보다 연애가 바람직하게 흘러갈 수 있을지 훈수 두기를 즐긴다.

습득하는 기술로써 연애는 마치 스펙을 쌓는 것과 같다. 잘 습득된 연애는 개인이 성장할 수 있게 하는 밑거름이다. 이 점은 어떤 MZ세대에게 연애를 기피하게 하는 원인이 된다. 꼭 연애를 통해서 성장해야 하는 것인지, 이를 위해 연애의 기술을 갈고 닦아야 하는 것인지에 의문을 던지는 것이다.

이는 어쩌면 MZ세대가 연애에 대한 낭만적인 믿음을 지녔기 때문에 생기는 일일 수도 있다. MZ세대의 삶은 외로움에 기반한 생존에 가깝다. 어릴 때부터 노출되어온 경쟁적인 환경부터 정서적 친밀감을 줄 수 있는 사회 공동체가 거의 소멸된 상황까지, MZ세대의 정서적 안정을 찾을 방법은 많지 않다. 그래서 오히려 열정과 헌신, 결속을 추구하는 낭만적 사랑을 간절하게 바라는 MZ세대도 많다.[190]

낭만적 사랑을 꿈꾸는 MZ세대에게 기술적인 연애는 달갑지 않다. 진정한 의미의 사랑을 하고 있지 않은 것처럼 보이기 때문이다. 이런 MZ세대는 현실의 연애가 아니라 가상의 이야기에 빠진다. 연애를 시작할 듯 감정을 주고받는 출연자들이 나오는 TV 리얼리티 프로그램이나 낭만적인 사랑으로 가득 찬 웹소설 같은 것이다. 실제로 한국콘텐츠진흥원 조사 결과, MZ세대가 가장 많이 보는 웹소설은 로맨스·로맨스판타지 장르였다.[191]

비연애를 외치는 MZ세대 여성

기술적 연애에 대한 피로감 때문에 비연애가 늘어난다고 분석하더라도 설명되지 않는 부분이 있다. 왜 여성이 특히 연애의 필요성을 더 느끼지 못하는지에 대한 것이다.

연애가 스펙과 같은 것이라는 인식에는 한 가지 숨겨진 전제가 있다. 연애는 그 자체로 목적이 아니라는 것이다. 연애를 기술처럼 갈고 닦는 이유는 '사랑'보다는 연애하는 나를 위한 것이다.[192] 연애에 능숙해지면 연애를 통해 내게 주어지는 이득을 키울 수 있고 풍부한 서사를 쌓는 데도 도움이 된다. 그런데 만약 나를 위해서 연애하지 않는 것이 더 도움 된다고 생각한다면, 그 기술을 쌓는 데 시간을 들일 필요가 없다는 결론을 내리게 된다. MZ세대 여성이 도달하고 있는 결론이다.

연애 기술을 습득하고자 범람하는 연애 담론을 살펴보자. 여전한 성 역할 고정관념을 바탕에 두고 있다는 사실을 알 수 있다. 특히 MZ세대 여성들은 연애하면서 폭력적인 환경에 노출되는 것을 경계한다. 불법 촬영이나 데이트 폭력 같은 사건이 언론이나 온라인 커뮤니티를 통해 쉽게 전파되면서 MZ세대 여성의 경계심은 높아졌다. 낭만적인 사랑이 쉽게 폭력으로 변질될 수 있다는 것을 직·간접적으로 경험한 여성은 아예 연애하지 않겠다고 선언했다.

그러니까 이 문제는 비혼을 선언한 여성이 늘어난 것과 비슷한 맥락에 있다. MZ세대 여성의 비혼은 전략적 선택이다. 여전히 성 역할이 구분되고 규범적 의무에 노출되어야 하는 결혼 생활을 거부하고, 자기 의지대로 삶을 구성하고자 하는 의지다. 이들 MZ세대 페미니스트가 찾아낸 비합리의 하나가 연애였던 것이다.

물론 정말로 연애의 필요성을 느끼지 못해 연애하지 않는 비연애주의자가 있을 수 있다. 그러나 이와는 다르게 최근 늘어나는 비연애주의자는 연애 과정에서 겪어야 하는 '관계'를 피곤해하는 경우가 많다. 그 피로감은 단순히 연락하고 만나서 데이트하는 과정이 귀찮은 수준에 머무르는 게 아니다. 관계라는 말에 포함된 성별 권력구조나 성 역할 같은 것에서 해방되고 싶다는 것이다.

22

Generation MZ's manual

스터디카페_ 변하는 개인, 멈춰선 사회

모든 MZ세대에게 그런 것은 아니겠지만, 어떤 MZ세대에게 '스터디카페'는 집처럼 익숙한 곳이다. 대개 건물의 2, 3층에 있어 깨닫지 못할 뿐 사람으로 붐비는 장소라면 하나씩은 있는 게 스터디카페다. 국세청이 발표한 자료(2021년 5월 기준)를 보면 스터디카페는 전국적으로 4만 824개가 있다.[193]

일반적으로 스터디카페는 무인으로 운영한다. 카페에 들어가면 좌석을 선택하고 이용요금을 결제할 수 있는 키오스크를 마주하게 된다. 원하는 좌석을 선택하고 요금을 결제하면 스터디카페를 이용할 준비가 끝난다. 스터디카페의 좌석 배치는 카페마다 다르지만 여러 형태의 좌석이 혼합돼 있다는 점은 같다. 낮은 칸막이가 놓인 개방적인 큰 테이블에 마련된 좌석도 있다. 옆 사람의 책을 흘낏 쳐다보기는 어렵지만 완전히 단절된 것은 아니다.

한 사람이 책상 하나를 다 쓰도록 만들어놓은 좌석도 있고, 폭이 좁은 테이블에 나란히 앉아 공부할 수 있게 된 좌석도 있다. 아예 사방이 벽으로 막혀 문을 닫으면 고립되어 공부할 수 있는, 독서실 같은 좌석도 있다. 노트북을 사용할 사람은 키보드 소음을 마음껏 내도 되는 '노트북 존'에 가면 된다. 음료와 간식거리를 제공하는 공간도 따로 있기 마련이고, 상당수가 무료로 제공된다. 문서를 복사·인쇄할 수 있는 복합기도 설치되어있고, 여럿이 회의할 수 있는 '스터디 룸'이 갖춰진 곳도 있다.

좌석이 다양하게 비치되어있다는 이유만으로 스터디카페가 '카페'로 불리는 게 아니다. 많은 스터디카페에는 '백색소음기'가 있다. '백색소음'이란 적당한 정도의 소음으로 큰 소음과 달리 집중력을 향상시켜주거나 마음을 안정시켜주는 것이다. 백색소음기는 이런 백색소음을 인위적으로 만들어내는 기계다. 덕분에 스터디카페는 독서실처럼 조용하지 않다.

절간처럼 조용한 독서실

독서실이나 스터디카페나 공부할 거리를 가지고 방문하는 곳이라는 점은 같다. 그러나 분위기가 다르다. 스터디카페에서는 커피를 마셔도 되고 달그락거리는 소리를 내도 되지만, 대부분의 독서실은 조용한 상태를 유지해야 한다. 독서실의 칸막이는 옆 사람의 인기척을 느끼기도 어려울 정도로 높다.

동네마다 있던 독서실이 사설 학습 공간이라면, 공공 학습 공간으로는 도서관이 있다. 그런데 도서관의 열람실이 사설 독서실과 비슷한 분위기라는 점은 이용해본 사람이라면 아는 사실이다. 열람실에서는 문 여닫는 소리마저 성가셔하는 사람이 많다. 실제로 박현구 전남대 교수 등이 대학 내 열람실에서 발생하는 소음에 대한 대학생의 반응을 살펴본 연구 결과에 따르면, 열람실에서 발생하는 소음에 대해 '전혀 신경 쓰지 않는다'라고 답한 사람은 전체 설문 대상자의 1.7%에 불과했다. 〈대학 독서실에서 발생하는 소음의 특성과 사용자 의식 분석〉이라는 논문을 보면 3분의 1이 넘는 응답자가 소음 때문에 혈압이 상승하거나 소화불량, 수면장애까지 얻는다고 답했다. 독서실만큼 조용한 곳이 도서관의 열람실이다.

사실 이 모습은 아주 오래전부터 있던 것이다. 조선 시대 선비들이 공부하던 곳이 인적 드문 절이었다. 꼭 사찰이 아니더라도 '절간 같이' 조용히 공부에만 집중할 수 있는 곳에서 과거시험을 준비하던 게 일반적인 선비 모습이었다.

사찰에서 모든 유혹을 끊고 공부하는 게 중요하던 이유는 선비들이 공부해야 하는 영역이 광범위했기 때문이다. 과거시험은 경쟁률 높은 시험이다. 전국 유생 중 소수를 뽑아 그중에서도 순위를 매겼다. 시험을 잘 치르기 위해서는 유학의 모든 경전을 술술 외워야만 했다. '술의 폐단을 논하라'는 질문에 술에 관련된 고사(故事)와 경구(警句)를 줄

줄 읊고 자기 생각을 덧붙이는 방식이 모범 답안이었다. 들인 시간과 노력에 따라 성패가 좌우된 것이다.

이 흐름은 600년을 이어져 현대 한국에서도 재현된다. 한국 사회에서 줄줄 외워 쓰는 시험은 거의 모든 것을 가능하게 하는 마법의 열쇠였다. 행정 공무원도, 교사도, 대학생도 심지어 회사원도 시험으로 뽑아왔다. 대부분의 시험은 국어에서 영어에 이르기까지 공부해야 할 게 광범위한데 한두 문제의 실수가 당락을 결정할 정도로 경쟁적이다. 그러다 보니 미래를 준비하는 데는 '절간처럼 조용한' 장소가 필요했다. 한국의 독서실에서는 간식을 먹는 것도 허용되지 않는다. 책장 넘기는 소리가 반복되면 신경질적인 '조용히 해주세요'라는 메모가 전달되곤 했다.

혼자에서 여럿으로, 공부의 변화

MZ세대에 들어서 변화가 시작됐다. 시간이 지날수록 시험의 힘이 점점 약해졌다. 예를 들어 대학에서는 중간·기말고사의 비중이 줄고 '조별 과제'의 비중이 늘었다. 단순히 문제를 읽고 푸는 일보다 과제를 설정하고 문제를 해결하는 과정을 더 중요하게 여기기 시작했다.

시험의 단점이 두드러지기 시작하면서 생겨난 일이다. 예를 들어 얼마 전까지 한국에서는 법조인이 되기 위해서 사법고시를 치렀다. 사법고시는 단지 시험 결과로만 법조인을 선발했다. 평소에 법조인이 되기 위해 했던 노력이나 역량 같은 것은 시험에서 충분히 드러내기 어려웠다. 사법고시가 폐지되고 로스쿨 제도가 도입된 배경에는 이 같은 비판이 있었다. 로스쿨 역시 논란에서 벗어날 수 없지만, 변화는 일어났다. 예비 법조인이 인턴십을 거치고 역량을 쌓아가는 데도 집중하기 시작한 것이다.

사회 활동하면서도 마찬가지다. 당장 취직을 준비하는 과정에도 변화가 생겼다. 상식 문제를 달달 외우기만 해서는 좋은 결과를 얻을 수 없게 됐다. 동료와 협업하고 과제를 해결하는 과정을 가늠해보는 기업이 많아진 만큼 친구나 선·후배와 함께 의견을 나누며 공부하는 시간이 늘었다.

결과 중심에서 과정 중심으로 공부의 형태가 옮겨가면서 마냥 조용하기만 한 독서실은 '공부'하기에 적합한 장소가 아니게 되었다. 독서실만큼 조용한 도서관 열람실도 마찬가지다. 결국 MZ세대는 카페로 나오기 시작했다. 카페가 선호된 이유는 의외로 간단하다. 적당한 소음이 있으면서도 개인 공간이 확보되는 곳이기 때문이다. 카페에서는 토론해도 괜찮다. 이어폰을 꽂고 조용히 공부한다 해서 주목하는 사람도 없다. 다만 지나치게 개방적인 공간일 뿐이다.

발 빠른 사업가들은 카페와 독서실을 결합한 '스터디카페'를 만들었다. 현재의 스터디카페가 있기 전 '스터디 룸'을 제공하는 형태의 업체도 있긴 했다. 개인 공부를 하기보다는 친구·동료와 만나 토의하는 자리를 만들어주는 곳이었다. 이는 지금까지 한국의 학교 현장에는 모여서 자유롭게 토의할 만한 공간이 없었다는 것이기도 하다. 혼자 하는 공부에서 같이하는 공부로, 공부의 형태는 바뀌었는데 공부할 곳은 부족했던 것이다. MZ세대는 조용한 곳에서 내용을 달달 외우는 공부가 아니라 조금 더 느슨하게, 동료와 함께 공부할 수도 있는 공부를 하기 위해서 스터디카페를 찾기 시작했다.

한정적인 변화, 지지부진한 현실

다른 한편으로는 공부의 형태가 변화했다는 것은 평가 항목이 달라졌다는 이야기이기도 하다. 시험의 결과만 보는 평가에서는 평가자의 역량, 인성 같은 요소가 배제되어있다. 그러나 과정을 보는 평가에서는 보다 정성적(定性的)인 요소가 포함되어있다. 그에 따라 요구하는 인간형도 달라진다.

MZ세대는 달라진 평가 항목, 즉 달라진 '인재상' 요구에 맞춰 자신을 다듬어왔다. 대학에서는 토론을 바탕으로 과제를 설정하고 팀원들과 힘을 합쳐 과제하고 역할을 나눠 보고서를 작성했다. 그리고 이런 공부 형태가 MZ세대의 미래에도 적용될 것이라 생각했을 것이다.

MZ세대는 학창 시절을 거칠수록 평가받을 때 혁신적이고 협력적인 인간이 되도록 교육받아왔다. 특히 MZ세대가 대학에 진학한 이후에는 그랬다. 그런데 MZ세대가 맞이한 실제 사회는 그 같은 인간형을 탐탁지 않게 여기는 곳이었다. 전북지역 공공기관에 근무하는 A씨의 채용 과정에서는 창의적인 발상을 많이 요구하곤 했다.

"그런데 막상 합격해 들어온 회사 분위기는 경직되고 수직적이었어요. 입사 전까지는 좀 더 발랄한 20대 시절을 보냈는데, 입사하고 나서는 기성세대가 겪었을 법한 회사 생활을 하게 되더군요."

이 괴리는 MZ세대를 괴롭히는 것 중 하나다. 변화의 범위는 한정적이다. 배워온 것과 막상 하는 일의 차이는 크다. 경기도 IT 기업 계열사에 다니는 B씨는 "차라리 '거짓말'하지 않았으면 좋겠다"고 했다.

"효율적으로 일을 빨리빨리 처리하고 업무 지시가 잘 전달되는 회사를 만들겠다, 그런 회사에 적합한 인재상을 찾는다고 하면 좋겠어요. 창의적이고 혁신적인 사람을 찾는 것처럼 포장하고는 막상 하는 일은 그렇지 않네요."

취업포털 '사람인'은 직장인을 대상으로 기업의 조직문화를 위계형·공동체형·혁신형·시장형으로 나누었을 때, 직장인이 어떤 조직문화를 선호하는지를 설문 조사(2021년 3월 기준)했다. 그 결과 위계형을 선호하는 직장인이 36%로 가장 많았다. 공동체형이나 혁신형처럼 새로운 형태의 업무 환경은 이상적일 뿐, 효율성과 명확성을 더 중시하는 현실이 고려된 결과다.

어쩌면 MZ세대에게 이런 괴리는 일상적일지도 모른다. 자율성을 강조하는 교육을 받지만 실제로 자립하기는 어려운 현실, 신념과 세계관을 갖출 것을 요구받지만 막상 펼쳐낼 곳이 없는 현실은 MZ세대가 늘 겪는 일이다. 그러니 MZ세대는 혼란스러울 수밖에 없다. 그래서 MZ세대가 창의적인 것처럼 보이지만 순응적이고, 혁신을 추구할 것 같다가도 현실에 안주하는 혼란스러운 모습을 많이 보이는 것은 당연할지도 모른다. 공부와 현실의 차이를 절감하는 게 그들의 일상이기 때문이다.

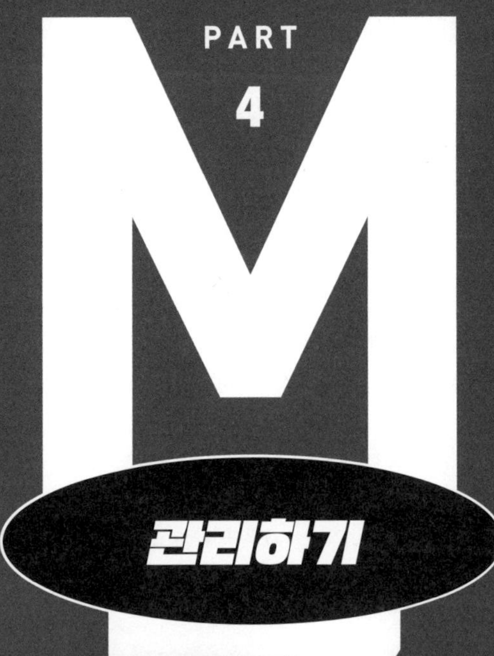

PART 4

MZ 관리하기

MZ세대를 대하는 방식과 제안

제품이 어떻게 작동하는지 알았다면 제품을 오래 사용할 수 있게 관리하는 일도 중요합니다. PART4에는 MZ세대와 함께 살아갈 기성세대에게 MZ세대를 어떻게 대해야 하는지 제안하는 키워드가 제시되어있습니다.
기성세대는 MZ세대를 조심스럽게 대합니다. MZ세대는 직설적으로 이야기하지 않기 때문입니다. 불만이 생겨도 감춰놓았다가 자신이 믿고 있는 플랫폼에서 '폭로'하는 경우가 많습니다. 이는 MZ세대 나름의 저항 방식입니다. MZ세대와 일하다 보면 흔히 나오는 얘기가 '회식에 참여하기 싫어하는 세대'라는 점입니다. 왜 MZ세대가 회식을 피하는지는 모르는 채로요. MZ세대는 '아이돌' 때문에 '회식'을 피합니다. 비슷한 키워드로 기성세대는 종종 MZ세대의 '문해력'을 문제 삼습니다. 문해력이 떨어지는 MZ세대를 상대로 충고하곤 합니다. 그러나 이들의 문해력이 왜 떨어지는지, 어떻게 이해해야 하는지를 고민한 적은 드물 겁니다.
이렇게 MZ세대를 이해해서 상대하려고 해도 MZ세대는 종종 당황스러운 모습으로 마주할 때가 있습니다. '젊은 꼰대'는 MZ세대에게서 보이는 낯선 모습을 표현한 신조어입니다. 이는 MZ세대가 일반화하는 데 익숙하기 때문에 등장한 것입니다. 모든 것에 '점수'를 매기고 점수가 매겨지는 사회에서 살아왔기 때문입니다. MZ세대에게서 보이는 다소 혼란스러운 모습을 정리하다가도 영어 공부며, 운동이며 '갓생'을 사는 MZ세대를 보면 이들을 격려하고 싶어질지도 모릅니다. 그러나 MZ세대의 갓생이 희망적이고 긍정적인 것만은 아닙니다. 사회의 동력이라는 청년세대로써 MZ세대는 이미 번 아웃 증상을 보이고 있고, 갓생은 그 결과물 중 하나입니다.
이 키워드들은 MZ세대를 겉으로만 보고, 대해서는 안 된다는 점을 알려줍니다. MZ세대가 회식에 가기 싫어하는 이유 이면에는 유쾌한 '덕질'이 숨어있을 수 있습니다. 열심히 사는 것 같은 MZ세대는 사실 우울감을 이겨내기 위해 노력하는 중일 수도 있습니다. 그러니 MZ세대를 '관리'할 때는 겉으로 보이는 모습 외에 이들의 내면을 파악해보려는 자세가 필요합니다.

MZ

23

Generation MZ's manual

폭로_ 불신의 한풀이

2021년은 '폭로'로 뒤덮인 해였다. 새해가 되자마자 온라인 커뮤니티가 일제히 학교폭력(학폭)을 폭로하는 목소리로 뒤덮였다.

맨 처음 학폭 폭로는 프로배구 선수를 지목했다. 쌍둥이 배구선수로 잘 알려진 당시 흥국생명 소속 이다영·이재영 선수가 학창 시절 학폭 가해자였다는 폭로였다. 피해자가 온라인 커뮤니티 '네이트판'에 폭로 글을 게시하면서 사건이 시작됐다. 이다영·이재영 선수는 학폭 사실을 인정하고 사과했다. 그러면서 폭로는 힘을 얻기 시작했다. 당시 한창 인기를 얻기 시작한 배우를 비롯해 외국 팬이 많던 여성 아이돌 그룹 멤버 등이 학폭 가해자였다는 폭로가 줄을 이었다. 폭로는 주로 네이트판이나 인스타그램과 같은 소셜미디어, '에브리타임' 같은 애플리케이션을 통해서 이루어졌다.

학폭 폭로가 줄을 잇기 전에도 폭로가 유행처럼 번진 일이 있었다.

기업의 불합리한 성과급 지급 기준, 비인간적인 인사 평가제도 같은 것이 애플리케이션을 통해 폭로되던 일이다. 회사의 내부 사정이 여과 없이 드러난 이 폭로는 각 기업 경영진에 상당한 충격을 주었다. 이전에는 회사에 불만 있는 사원이 많더라도, 그 불만이 그대로 외부로 알려지는 일은 드물었다. 언론에 '제보'된 사건들은 회사 홍보팀의 노력으로 통제되곤 했다. 그러나 이제는 홍보팀도, 경영진도 손댈 수 없는 폭로가 가능한 상황이다. 이제 더 이상 MZ세대는 제보나 고발하지 않는다. 폭로한다. 앞선 두 가지가 회사 인사팀이나 언론 등 내외부 조직에 기댄 것이라면, 폭로는 다르다.

폭로는 개인적이다. 여과를 거치지 않는다. 온라인 커뮤니티나 소셜미디어를 통해 제기된다는 특징도 있다. 네이트판이 가장 잘 알려진 커뮤니티고, 인스타그램 같은 소셜미디어로도 폭로가 자주 일어난다. 대학생들이 이용하는 애플리케이션 '에브리타임'이나 직장인들이 사용하는 애플리케이션 '블라인드'에서도 종종 폭로가 이뤄진다. 이제 폭로는 TV나 신문 같은 기존의 미디어를 통하지 않는다.

1991년생 A씨의 폭로는 MZ세대가 왜 이렇게 폭로하는지를 짐작하게 하는 사례다. 대기업에 다니는 그는 얼마 전 블라인드에 상사의 성희롱 사실을 폭로했다. 회사 동료와도 상의하지 않고 혼자 며칠간 고민한 끝에 올린 글이었다. A씨의 회사에서는 성희롱 사건이 종종 있었고 그때마다 인사위원회가 열리곤 했다. 그러나 A씨는 인사팀에 상사의 성희롱을 고발하지 않았다. 대신 회사 임직원이라면 누구나 글을 읽을 수 있는 블라인드에 글을 올렸다.

"대학 동기가 회사에서 집단 괴롭힘을 당해서 인사팀에 정식으로 문제를 제기했는데 몇 달 동안 인사위원회가 열리느니 마느니 사과받느니 마느니 하다가 유야무야 됐다고 했어요. 제가 겪은 일은 정도가 약한 일이고 아마 인사팀에 고발했다면, 적당히 제 상사한테 사과하라고 하고 말았겠지요."

그러나 블라인드에 쓴 글에는 A씨나 상사의 신상이 감춰져 있었다. 그는 이름을 드러내 상사를 벌주는 '고발'이 하고 싶던 게 아니라고 했다.

"속이 터질 거 같아서 글을 썼어요. 그렇다고 해서 불이익을 받고 싶지도 않았어요. 상사에게 정식으로 항의하고 싸우고 사과받고 싶었다면 블라인드에 글을 쓰지 않았겠지요."

왜 MZ세대는 네이트판에 폭로하나

MZ세대는 폭로하더라도 전면에 나서지 않는다. 요즘의 '학폭 폭로'를 보면 학폭 가해자로 지목된 연예인이나 운동선수와 같이 학교에 다녔다는 것을 인증하더라도 자기 신상명세는 가린다. 같이 찍은 사진을 증거로 올리더라도 자기 얼굴은 가리는 식이다. 이들에게 폭로는 자기를 드러내놓고 모든 것을 까발리는 게 아니다. 묻어뒀던 상처를 꺼내어 '이런 일이 있었다'라고 소리치는 것에 가깝다.

기존 미디어에서 이들의 폭로 글을 읽고 인터뷰하겠다고 접근한다고 가정해보자. 인터뷰에 응하는 폭로자는 거의 없을 것이다. 실제로 2021년 '학폭 폭로'에서 직접 피해자를 인터뷰한 언론 매체는 거의 없었다. 하지 않은 게 아니라 하지 못한 것에 가까울 것이다. 애초에 폭로자는 자신의 신상을 꽁꽁 감춰두고 폭로에 나섰기 때문에 접근하기가 어려운 것이다.

다만 MZ세대는 다른 통로가 없어 이렇게라도 폭로하는 게 아니다. 블라인드나 네이트판이기 '때문에' 폭로한다. 안전하게 얼굴을 가리고 묵혀둔 상처를 털어내고자 하는 것이다.

그렇기 때문에 폭로는 후속 처치로 이어지지 않곤 한다. 학폭 폭로에서도 학폭 가해자로 지목된 사람과 직접 만나 문제를 해결하고자 하는 피해자는 드물었다. 대부분은 처음 그랬던 것처럼 온라인으로 이야기를 이어갔다. 해명 글이 올라오면 다시 반박 글을 올리는 식이다.

다른 폭로 사건에서도 마찬가지였다. 직접적이고 적극적인 문제 해결을 원했다면 폭로자는 사건을 공식적인 조직에 의뢰했을 것이다. 그러나 이들은 간접적인 방식을 택했다.

문제는 이런 방식이 팩트에 대한 갑론을박을 야기한다는 것이다. 사건을 조사할 만한 중재자가 없다 보니, 가해자와 피해자가 가상의 공간에서 대립하는 것을 반복할 때가 많다. 어떤 폭로는 끝없는 팩트 공방 글이 오가다 유야무야되기도 한다. 가해자가 맞다, 아니다로 논쟁이 벌어지다 명확하게 끝맺음 없이 시간이 흘러가기도 한다.

이렇게만 보면 MZ세대가 온라인 커뮤니티에 폭로하는 일은 목적성이 뚜렷하지 않은 일처럼 보인다. 그런데도 MZ세대가 네이트판, 애플리케이션, 인스타그램에만 폭로하는 데는 이유가 있다. 가장 큰 이유는 MZ세대가 기존 미디어를 믿지 않기 때문이다.

애초에 한국 사회는 사회 전반의 신뢰도가 많이 낮아진 상태이기는 하다. 지난해 9월 미국의 여론조사기관 퓨리서치센터가 발표한 자료를 보면 한국 정부 기관을 신뢰한다는 응답자가 전체의 12%에 불과하고, 기업가를 신뢰한다는 것 또한 5%만의 사람이 그렇다고 답했다. 그중에서도 언론에 대한 신뢰도는 3%에 불과했는데, 이는 조사 대상국가 20개국 중 가장 낮은 수치다.[194]

이런 분위기 속에서 MZ세대는 언론이나 공식적인 조직을 통해서 폭로가 잘 전달될 수 있을 거라고 믿지 않는다. MZ세대는 종종 충동적이고 직설적인 것처럼 보이지만 오히려 현실에 순응하는 편이다.

미국의 저널리스트 맬컴 해리스는 《밀레니얼 선언(생각정원)》을 통해 MZ세대의 비관적이고 순응적인 측면을 지적했다. 이에 따르면 풍요로운 시절에 태어난 것처럼 보이는 MZ세대의 삶은 비관적인 전망으로 가득 차 있다는 것이다. 해리스는 "밀레니얼들은 개인으로서 권리를 요구하고 다투기보다는 겁을 먹고 움츠러들도록 길든 상태"라고 말한다.[195] MZ세대는 일단 경쟁하고 살아남아야 하기 때문에 웬만해서는 질서를 흐트러트리면서까지 폭로하지 않는다. 대신 어떤 계기가 생기면 흐름을 타고 슬쩍 자기 이야기를 털어놓는 방식으로 대응한다.

한 번 폭로가 시작되면 잇따라 나서는 사람이 많은 이유다.

한풀이로 끝나는 MZ세대의 폭로

MZ세대는 처벌이 제대로 이뤄지지 않는다는 것을 안다. 음주운전, 성폭행, 아동 학대 같은 범죄가 일어났을 때 가해자가 충분히 처벌받을 것이라고 기대하는 MZ세대는 거의 없다. MZ세대는 법원 판결문에 "다만 …하다는 점을 고려해볼 때 감형의 이유가 된다"는 구절이 많다는 점을 꼬집어 '다만 판결'이라고 하기도 한다.

다만 판결은 MZ세대가 느끼는 불합리함의 예시 중 하나일 뿐이다. 치열한 경쟁과 체제 순응의 연결 고리 속에서 MZ세대는 세상이 얼마나 불합리한지 몸소 깨닫고 지낸다. 이제는 보편적인 단어가 되어버린 금수저, 은수저 같은 수저론이 대표적이다. 정치인을 둘러싼 논란이나 비정규직 노동자의 정규직 전환 소식이 들려올 때마다 MZ세대가 보이는 보수적인 저항이 그 결과물이다.

하지만 앞서 말했듯이 MZ세대는 불합리함에 맞서 싸우지 않는다. MZ세대가 무엇보다 중요하게 생각하는 건 '나'다. 시장조사 전문기업 엠브레인 트렌드모니터가 전국 만 13~59세 남녀 1천 명을 대상으로 조사한 바에 따르면 "나 자신을 위해 사는 것이 인생에서 가장 중요하다"고 생각하는 사람은 연령이 낮을수록 더 많은 것으로 드러났다. '그렇다'고 대답한 40대는 56.5%였는데 반해 20대에서는 72%가 '나 자

신'이 가장 중요하다고 말한 것이다.[196)]

MZ세대가 학교 폭력 피해를 입었다고 가정해보자. 그들은 그 즉시 학교 폭력에 저항하지 않는다. 상처받고 피해 입은 채로 살아가다가 어느 날 계기가 생겼을 때 폭로할 용기를 얻는다. 그러나 그 폭로로 인해 자신의 삶이 흔들리는 것은 원하지 않는다. 그래서 네이트판이나 블라인드 같은 익명 공간에 폭로한다. MZ세대가 원하는 것은 가해자가 처벌받는 게 아니다. 그게 가능하지 않다는 것을 알고 있다. 대신 많은 사람이 가해자가 알려진 것만큼 선한 인물이 아니라는 사실을 알았으면 한다.

학폭 폭로에서도 피해자가 피해를 호소하며 올린 수많은 글 중 가해자가 처벌받았으면 좋겠다고 명시한 건 많지 않다. 가해자가 옳지 않은 행동을 했다는 것, 그렇기 때문에 지금 인기를 얻고 유명세를 누릴 자격이 없다고 주장할 뿐이다.

이런 점에서 보면 MZ세대의 폭로는 '한풀이'에 가깝다. 한 번 불붙듯이 일어난 폭로가 변화를 이끌어내지 못하고 한순간 가라앉는 것처럼 보이는 이유가 여기에 있다. 왁자지껄한 폭로가 끝나면 언제 그랬냐는 듯 침묵이 다가올 것이다.

24

금융치료_ 사적인 저항

2021년, 한국 방송 드라마 역사상 최초로 일주일 만에 종영한 드라마가 생겼다. SBS 드라마 〈조선구마사〉다. 3월 22일 첫 방영한 이 드라마의 막을 내린 건 MZ세대였다.

조선을 정복하려는 악령과 그에 맞서 싸우는 인간을 그린 〈조선구마사〉는 박계옥 작가가 쓴 사극이다. 만들어낸 이야기지만 드라마에서는 실제 역사 속 인물들이 거의 그대로 등장했다. 그러면서 역사 왜곡 문제가 불거졌다. 실존 인물을 비하하는 표현이 등장한 것도 문제였지만, 조선 시대 인물이 중국식 복식을 한다거나 중국 음식을 먹는 등의 표현이 공분을 샀다. 이미 작가의 전작 〈철인왕후〉에서 역사 왜곡 문제로 한바탕 논란이 있던 뒤였기 때문에 시청자는 이 문제를 좀 더 민감하게 받아들였다.

온라인 커뮤니티와 소셜미디어를 중심으로 '이대로 방영하게 두어서는 안 된다'는 여론이 거세게 일었다. 몇몇 발 빠른 네티즌은 '광고주에게 압박을 넣자'는 의견을 냈다. 제작을 지원하거나 광고 협찬을 한 기업의 이름과 연락처가 정리된 게시물이 공유되었고, 드라마 제작 지원을 맡았던 동진제약의 '호관원'이 가장 먼저 지원을 취소한다는 입장을 밝혔다. 그리고 이틀 만에 광고 기업 24곳과 제작 지원 기업 3곳이 모두 광고와 지원을 취소한다는 입장을 밝혔다. 초유의 광고 없는 드라마가 생겨난 것이다. 결국 3월 26일, SBS는 드라마의 방영을 중단하겠다고 밝혔다.[197)]

빠르게 진행된 〈조선구마사〉 사태에서 주목할 만한 부분이 있다. 똑같이 역사 왜곡 논란이 있던 〈철인왕후〉와의 차이다. 온라인 커뮤니티 '더쿠'에 올라온 게시물 내용을 보자.

> 앞으로 매국드라마, 역사 왜곡 드라마가 나올 때 어떻게 해야 되는지 알아버린 대한민국 네티즌
>
> 자본주의 사회에서 허울뿐인 방통위에 민원을 신고해서
> "정상적인" 절차를 기다리는 게 아니라
> 광고(자본)를 끊어서 일차적으로 타격을 주고
> 전방위적 압박으로 계속해서 커뮤니티에 끌올되게 만들고
> 이미지에 타격을 줘서

기사와 뉴스가 나게 해야 하는 걸 알아버림

이 게시물에 동의한다는 댓글이 수백 개 달렸다. "ㄹㅇ 금융치료가 답임ㅋㅋㅋㅋㅋㅋ" "21세기엔 금융치료가 최고야"[198] 댓글에는 흥미로운 단어가 등장한다. '금융치료'는 최근 만들어진 단어로 그 의미를 풀어보자면 '돈으로 본때를 보여주는 행위' 정도가 될 것이다. 예를 들어, 악성 댓글을 남기는 네티즌에게 '금융치료 받았으면 좋겠다'고 말하는 건, 앞으로 악성 댓글을 남기지 못하도록 조치할 뿐 아니라 악성 댓글로 인한 피해를 복구한다는 의미이기도 하다. 그러니까 금융치료는 꼭 부정적인 의미로만 쓰이지는 않는다. 퇴사하려던 마음이 월급을 받아 치유되는 것도 금융치료다.

'돈쭐'은 금융치료의 한 방식인데 '돈으로 혼쭐내다'는 부정적인 뉘앙스와 달리 긍정적인 상황에서 주로 쓰인다. 선행을 베푼 사람에게 금전적인 보상을 해주는 것을 돈쭐이라고 한다. 한 예로, 2020년 초 서울 마포구의 한 치킨집 사장은 가난한 형제에게 무료로 몇 차례 치킨을 대접한 적 있다. 일 년이 지나서 이에 감사의 편지를 쓴 형제 덕분에 선행 사실이 알려졌는데, MZ세대를 중심으로 '돈쭐을 내주어야 한다'고 손님이 몰려든 적 있다. 치킨집 앞에 줄을 서 먹으러 가는가 하면 배달 애플리케이션 등을 통해 치킨을 주문하고, 치킨을 수령하는 대신 금액을 기부하겠다고 밝힌 사람도 있었다.

그런데 부정적인 의미로 쓰이는 금융치료는 새로운 게 아니다. 불매운동은 금융치료의 대표적인 형태다. 2019년 일본 상품 불매운동, 이른바 '노재팬 운동'이다. 당시 노재팬 운동은 일본 정부의 수출 통제 조치에 반발해 일어났다. 이 새로운 방식의 항의는 꽤나 효과적이었다. 일본 관광업계가 타격을 입었고, 일본 기업 모두 자동차·의류·식음료 등 종목을 가리지 않고 매출액이 급감했다. 그간 일본에서 역사 왜곡 논란이 있을 때마다 국내에서 다양한 방식으로 항의의 뜻을 표하곤 했지만, 막상 불매운동만큼 제대로 된 효과를 거둔 적은 없었다. 말 그대로 '금융치료가 정답'이 된 셈이다.

금융치료의 중심은 MZ세대

누가, 어떤 이유로 금융치료를 주도하는지에 관해 궁금한 점이 생긴다. 금융치료를 외치는 대부분은 MZ세대다. 금융치료가 소셜미디어와 온라인 커뮤니티를 중심으로 일어난다는 것을 생각해보면 그렇다. 여론조사 전문기업 리얼미터가 조사한 바에 따르면 일본제품 불매운동에 참여하는 20대와 30대는 54.2%와 57.2%에 달했지만, 60대는 29%에 그쳤다.[199] '남양유업 불매운동'도 마찬가지다.

남양유업 불매운동은 2013년 기업의 '갑(甲)질'을 알린 언론보도와 그에 분노한 소상공인의 항의에서 시작됐다. 그러나 지금껏 불매운동 분위기가 유지될 수 있던 것은 소셜미디어와 온라인 커뮤니티의 힘이 컸다. 천혜정 이화여대 소비자학과 교수가 〈정치적 소비주의, 소비자불매행동 그리고 소셜미디어〉라는 논문에서 조사한 바를 보면 그렇다. 이 논문을 보면 어떤 식이든 불매운동에 동참해본 경험이 있는 사람 중 20~30대의 비중이 더 높게 나타났다. 이들은 소셜미디어를 더 많이 사용하는 것으로 드러났다. 천 교수는 소셜미디어가 "불매운동에 참여하도록 하는 유인책으로 작용할 가능성"이 있다고 분석했다.[200]

전통적으로 사회 문제에 비판적인 태도를 취하는 방법은 직접 행동에 나서는 것이었다. 집회에 참여한다거나 시민단체 활동에 동참하는 식이다. 그러나 지금의 금융치료는 전통적 사회참여 방법과 조금 다르다. 남양유업 불매운동만 하더라도 어느 시민단체가 이끌어나가는 것이 아니다. 이에 관해 천 교수는 "과거 소비자불매운동은 다른 사회운동과 마찬가지로 오프라인에서 특정 조직이나 단체가 주도하는 방식으로 이루어졌지만" 이제는 "조직적 동원보다 자발적 참여를 선호"한다고 설명했다.[201]

정치적 행동 대신 금융 치료

조금 더 분석해보자. MZ세대는 정치로부터 자유로운 세대다. 지금은 장년층이 되어버린 386세대와의 연결고리는 희미하다. 이들이 대학에 다닐 무렵에 운동권은 고리타분한 몇몇 선배에게서나 찾아볼 수 있는 유물이었고 학생회는 '비(非)권'에서 당선되었다. 시민

단체는 이미 제도에 편입되었다.

MZ세대 대부분은 "정치에 참여하지 않겠다"고 선언한다. 한국청소년정책연구원이 2017년부터 매년 실시하는 '청년사회·경제실태조사' 결과를 보면, 2020년 조사에서 정치적 의사를 나타내기 위해 '집회 및 시위에 참여하겠다'고 밝힌 사람은 전체의 5% 남짓에 불과했다.[202] 제도권 정치집단에 대한 신뢰도도 낮다. 한국행정연구원의 '2020년 사회통합실태조사'에서 국회에 대한 신뢰도를 조사해보니 국회로 대표되는 정치권을 '믿지 않는다'고 밝힌 MZ세대는 80%가 넘었다. 다른 세대가 78% 남짓인 것과 비교해보면 미세한 차이기는 해도 조금 더 신뢰도가 낮은 셈이다.[203]

정치에 대한 불신은 새로운 움직임을 만들어냈다. 정치에 참여해 세상을 바꾸려는 대신 '돈'으로 세상을 움직이려 하기 시작했다. 정치는 세상을 바꾸지 못한다. 하지만 돈은 세상을 바꿀 수 있다. MZ세대는 정치와 분리되고 자본과 가까워졌다. 일본에 본때를 보여주겠다는 생각이 노재팬 운동으로 이어지고, 역사 왜곡 드라마의 방영을 막겠다는 의지가 광고주를 압박하는 것으로 표현됐다. 〈조선구마사〉 논란에서도 방통위에 신고하는 것은 효과가 없으니 광고주에게 압박을 가하라는 게시글이 많은 공감을 얻었다. 제도적 압박보다 금융치료가 더 효과적이라고 생각하는 것이다. 금융치료, 돈을 통한 실력행사는 MZ세대 나름의 저항 행위다.

특히 금융치료는 MZ세대가 중요하다고 생각하는 부분에서 더욱 활발하게 드러난다. 하나는 민족주의와 관련된 이슈다. 지난 20여 년간 MZ세대 주도로 구성된 한국 대중문화 팬덤은 스타를 홍보하고 그 영향력을 넓히기 위해 민족주의적 정서에 많이 의지해왔다. MZ세대는 해외에서 한국 대중문화 스타가 얼마나 인정받는지 궁금해한다. 유튜브에서 K팝 아이돌 그룹의 춤과 노래를 보며 울고 웃는 외국인의 모습을 보여주는 '리액션 비디오'가 유행한 것과 같은 맥락이다. 때때로 '국뽕' 같은 단어로 대체돼 쓰이기도 하는 이 민족주의적 정서는 MZ세대가 역사 왜곡, 과거사 문제 등에 더욱 민감하게 되는 원동력이다. 〈조선구마사〉에 대한 금융치료는 MZ세대가 민족주의적 가치를 얼마나 중요하게 생각하는지를 보여주는 사례라고 볼 수 있다.

밈으로 전락한 금융치료

그런데 금융치료는 다소 유쾌한 뉘앙스와는 달리 꼭 낙관적인 결과만을 가져오지는 않는다. 금융치료 방식 중 불매운동이 결과적으로 성공을 거둔 경우는 거의 없다. 지난 몇 년간 남양유업 매출액이 크게 줄고 시장점유율이 떨어지긴 했지만, 업계에서는 불매운동의 원인이라기보다 사업 전략의 실패와 맞물려 일어난 결과라고 판단하고 있다. 노재팬 운동 역시 일본 기업과 정부에 타격을 입혔지만 점차 복구되고 있다. 다른 불매운동 중 성공 사례를 찾기는 쉽지 않다.

MZ세대의 금융치료가 개인적이고 자발적이라는 점 때문에 일어난 결과다. MZ세대는 각자의 화두(話頭)에 맞춰 금융치료를 언급하거나 행한다. 노재팬 운동이 많은 호응을 받을 수 있던 것은 그만큼 MZ세대에게 민족주의적 반일 의식이 넓게 퍼져 있었기 때문이다. 반면에 몇몇 기업에 대한 금융치료는 별 효과를 보지 못했다. 최근 몇 년간 유통기업 쿠팡에서는 과도한 업무량과 열악한 노동 환경에 지친 노동자가 숨을 거두는 일이 연달아 발생했다. 소비자의 불매운동 움직임이 시작되었지만, 그다지 성공적이지 못했다. 원래 노동 운동에 대한 반감이 있고 노동 환경 개선 등에 큰 관심을 보이지 않는 MZ세대가 많아서다.

그래서 금융치료는 일종의 밈으로만 작용될 때가 많다. '금융치료 가즈아' 같은 장난스러운 표현은 쉽게 찾아볼 수 있지만, 실제 금융치료 행동이 이어지는 경우는 많지 않다. MZ세대의 많은 행동 양식이 그렇다. 개별적이고 산발적인 움직임들은 MZ세대를 하나로 묶어주지 못 한다. MZ세대의 영향력이 크지 않아보이는 이유다.

25

Generation MZ's manual

회식_ 회사보다 아이돌

회식이 필요하다는 MZ세대는 열 명 중 세 명 정도뿐이다.[204] 회식이 업무의 연장선상에 있다고 생각하기 때문이다. 회식을 통해 얻는 동료 간의 친밀감 같은 걸 불필요하다고 생각하기 때문이기도 하다. 대학내일20대연구소의 조사 결과를 보면 회사 동료와 사생활을 공유하는 게 중요하다고 생각하는 20대는 열 명 중 세 명이 되지 않았다.[205]

MZ세대의 직업에 대한 태도를 엿볼 수 있는 조사가 있다. 미국 여론조사업체 퓨리서치센터가 전 세계 17개 나라를 대상으로 '삶을 의미 있게 만들어주는 것'에 대해 조사해본 결과다. 삶에서 의미 있는 것 한 가지를 꼽으라는 질문에 일(Occupation and Career)을 든 한국인은 6%에 불과했다. 43%가 일을 꼽은 이탈리아인과 확연히 차이가 날 뿐 아니라 조사 대상 국가 중 가장 적은 수다.[206] 대학내일20대연구소의 조사를 보면 직업이 생계를 위한 경제활동 수단 이상의 가치를 지닌다

고 답한 20대는 절반이 되지 않았다.[207]

미루어보자면 MZ세대에게 더 이상 일은 삶을 바칠 만한 것이 아니다. 기성세대 중에는 그런 사람이 꽤 많았다. 일이 곧 삶이고 직업이 자신을 대표하는 모든 것이었다. 기성세대에게 일은 자아를 실현하는 방법이기도 했다. 일에서 얻는 만족감이 삶의 만족을 좌우하고 회사의 성취가 나의 성취가 되는 삶이었다.

MZ세대는 그렇지 않다. MZ세대는 기성세대를 보면서 일과 직업에 대한 회의감을 느꼈다. 일하지 않는 나를 무엇으로 규정할 것인지에 대한 문제가 우선한다. MZ세대의 부모가 퇴근 후 혹은 퇴직 후에 어떻게 살게 되었는지를 목격하면서 MZ세대는 일이 인생의 전부가 아니라는 사실을 알게 되었다. 자신의 인생에서 삶의 의미를 찾아야 한다[208]는 주변의 지적을 기꺼이 받아들였다.

여기에 MZ세대는 일을 통해 자아를 실현한다는 데 의문 부호를 붙였다. 강상중 도쿄대 명예교수는 끊임없이 일하고 노력하라는 구호는 "환상에 가깝다"고 지적했다.[209] 직업인으로서 MZ세대는 일정한 목표를 가지고 일할 수밖에 없는데 이 목표란 이상적이라는 얘기다. 이상을 좇으며 계속 일하다 보면 영원히 달성 불가능한 것에 목을 맬 수밖에 없다.

특히 삶은 한 가지로 규정될 수 없는 것인데 일로써만 정의되는 삶이란 마치 보험이 없는 삶과 같다.[210] 일에 매진하던 삶을 살았던 기성세대는 MZ세대에게 직·간접적으로 가르쳤는데, 일 외에도 삶을 채울 수 있는 것을 찾아야 한다는 점이다.

그래서 MZ세대는 일과 멀어지기 시작했다. 회사에 평생을 바쳐 일한 기성세대가 은퇴 후 가난하게 사는 것을 보고 일이 이후의 삶을 보장해주지 않는다는 인식도 갖게 됐다. 일은 일일 뿐, 일하는 나 외의 다른 자아도 필요하다는 생각을 굳혀갔다.

팬 되기가 주는 행복

MZ세대는 일이 아니라 다른 곳에서 자아를 찾는다. 성취감이나 만족감도 얻고 자아존중감도 챙기고 행복도 느낀다. 팬덤에 속한 MZ세대는 그렇다.

다시 말하면 MZ세대는 무엇인가의 팬이다. '덕후'라고 해도 상관없다. 덕후란, 일본어 오타쿠에서 유래된 말로 한 가지에 집중해 파고드는 사람을 가리킨다. 덕후든 팬이든 MZ세대는 무엇인가에 빠져있다.

단순히 '팬'이라는 단어를 스타를 좋아하는 사람으로 좁혀서 봐도 팬임을 자청하는 MZ세대는 많다. 여론조사기관 엠브레인 트렌드모니터의 조사에 따르면 20대의 68.7%, 30대의 67.5%는 누군가의 팬이라고 답했다.[211)]

꼭 스타의 팬이 아닐 수도 있다. 오랜 시간 뮤지컬 장르를 좋아하는 뮤지컬 팬일 수도 있다. 매주 골프를 치러 나가는 골프 덕후일 수도 있다. 잠시 팬일 수도 있다. 겨울에는 드라마 〈옷소매 붉은 끝동〉을 보고 팬이 되었다가 봄에는 드라마 〈사내맞선〉 팬이 될 수도 있다. 혹은 동시에 여러 스타를 좋아하는 팬일 수도 있다.

MZ세대에게 팬 되기는 일에 대한 회의감을 해소시켜주는 적절한 해답이다. 일에서 '나'를 찾지 않아도 된다. 오히려 팬으로서 MZ세대는 일하지 않을 때의 나를 진짜 나라고 생각할지도 모른다. 팬덤 활동을 하며 얻는 심리적 만족감, 쌓아가는 자아존중감 같은 게 더 많기 때문이다.

무엇인가의 팬이라고 자처하는 사람을 들여다보니 팬덤 활동을 하고 나서 행복감, 즐거움, 평온함, 쾌감 같은 긍정적인 정서가 많이 증가했다는 연구 결과도 있다.[212] 팬덤 활동은 문제 해결 능력을 키우고 삶에 여유를 갖게 하고,[213] 팬덤 활동을 통해 자아존중감을 높이고 현실의 상처를 치유받을 수도 있다.[214]

그런데 이런 감성적인 부분 때문에 MZ세대의 팬 되기가 삶의 부차적인 것으로 인식될 때가 있다. 즐거움, 기쁨 같은 것을 추구하는 팬덤 활동은 단지 여가(餘暇)에 해당하는 것이고, 이성적이고 생산적인 일의 영역이 강조되어야 한다는 인식은 여전히 존재한다. 그러나 '나'를 기쁘게 하고 감정적으로 충족시킬 수 있는 것을 찾는 일은 생존을 위해 꼭 필요하다.[215] 팬 되기가 도리어 MZ세대에게는 일보다 더 필수적인 활동일 수 있다는 얘기다.

뮤지컬 장르를 좋아하는 29살 공인회계사 A씨는 경제학 전공을 살려 회계사가 되었지만 "일을 좋아하지는 않는다"고 했다. "솔직히 취업이 잘된다고 해서 경제학과에 갔지, 경제학을 좋아해서는 아니었어요. 좋아하는 건 공연 보기, 음악 듣기, 전시회 관람하기 같은 것들이죠. 이걸 위해서 일한다고 생각하며 하루하루 버텨요."

'버틴다'는 단어는 의미심장하다. 일은 나머지 생활을 위해 버텨내며 하는 것이다. 중견기업에서 비서 일을 하는 31살 B씨는 "'팬질'할 돈을 벌기 위해 직장에서 버틴다"고 했다. 지금은 유명 남자 배우의 팬인 그는 2~3년 주기로 가장 좋아하는 스타, '최애'를 바꾼다. 학창 시절부터 대상을 옮겨가며 해온 팬덤 활동은 가장 중요한 일상생활이자 취미 활동이었다. 팬덤 활동은 "그다지 좋아하지 않는 일을 하게 만드는 원동력 같은 것"이라고 한다.

어쩌면 팬덤 활동은 MZ세대 삶의 보험 같은 것일 수도 있다. 일이나 공부에 몰두하기만 하는 삶이 '무료하다'거나 '고리타분해 보인다'고 생각하는 MZ세대는 일부러 팬이 될 것을 찾는다. 매일 일정한 시간에 TV를 트는 게 아니라 시간을 내어 드라마를 찾아본다. 팬이 된다는 것은 시간과 노력을 들여야 한다는 것과 같은데, 일부러 자료를 찾고 정보를 수집해야 한다. 다른 팬과 소통하는 것도 필요하다.

복잡다단한 세계로의 편입

팬 집단, 혹은 팬 문화를 가리키는 팬덤은 복합적인 단어다. 이를테면 아이돌 그룹 팬덤에도 다양한 팬덤 문화가 존재한다.

대개는 유사한 감정을 가진 감정공동체로 묶이지만 감정에도 여러 종류가 있다.[216] 아이돌 그룹 멤버와 연애하는 것 같은 착각에 빠지는 '유사 연애' 감정을 지닌 팬도 있지만, 꽤 많은 수의 팬은 아이돌 멤버를 지지하고 격려하며 육성하는 재미에 빠진 '유사 육아' 감정을 지닌다. 스타에게 원하는 모습이 다른 만큼 평소에는 협력적인 관계를 유지하던 팬들도 특정 이슈가 생기면 충돌하기도 한다.

팬덤 내부의 충돌은 감정적인 데만 있는 게 아니다. 젠더도 팬덤 내에 갈등을 일으키는 요소가 된다. 예컨대 스포츠 종목의 여성 팬들은 남성 팬들과 갈등을 빚을 요소가 많다. 흔히 여성 팬은 남성 스포츠 스타의 외모만 보고 좋아하는 '얼빠' 취급을 당하기 쉽기 때문이다.

팬덤은 소비를 빼놓고는 이야기할 수 없기도 하다. 아이돌 그룹 팬덤을 다시 예로 들자면 공식적으로 출시되는 앨범, 뮤직비디오, 음원을 소비하는 일은 아주 기본적인 팬덤 활동으로 큰 문젯거리가 생길 만한 일은 아니다. 그러나 팬이 생산자가 되는 이른바 '2차 창작' 영역에서는 언제나 분란 거리가 생긴다.

즉 팬이 된다는 것은 상당히 복잡하고 다단한 세계로 편입된다는 의미다. 어느 영역의 팬이 되건 마찬가지다. 팬덤은 단순히 좋아하는 스타에 환호하는 데 그치는 느슨한 집단이 아니라, 팬덤의 대상을 중심으로 모인 새로운 감정공동체다. 팬이 된 MZ세대는 이 감정공동체의 일원으로 살아남기 위해 부단한 노력을 해야 한다. 새로운 정보를 늦지 않게 습득하고 가끔은 콘텐츠를 생산해내기도 하며 다른 팬들과 교류도 해야 한다. 그리고 이 모든 것을 해내려면 때로는 일하는 것만큼의 노력이 필요하다.

MZ세대는 때로 여러 대상을 동시에 좋아하거나 짧은 기간 대상을 옮겨 다니며 팬 되기를 즐기기도 한다. 새로운 감정공동체의 규칙을 익히고 그에 맞게 생각하고 행동하는 일을 반복해야 하는 것이다.

다시 말해 무엇인가의 팬인 MZ세대는 일에 그만큼 열정적일 수 없다. 왜 MZ세대가 '버텨가면서' 일해야 하는지에 대한 답이다. 일은 좋아하는 것을 찾고 팬덤 활동을 위해 유지해야 하는 것이고, 실제 즐거움은 일 밖에 존재한다. 그러니 MZ세대가 회식을 좋아할 수 없는 것이다. 회식 자리에서 상사의 재미없는 이야기를 들을 시간에 트위터를 열고 팬덤 활동을 펼칠 상상을 하고 있노라면 당장 자리를 벗어나고 싶어질 것이다.

때로는 팬 되기의 대상이 MZ세대의 정체성을 보여주는 요소가 되기도 한다. 예를 들어 어떤 MZ세대가 방탄소년단의 팬이라고 하는 것과 야구팀 삼성라이온즈의 팬이라고 하는 것은 서로 다른 이미지를 보여주는 일이다. 누구를, 어떤 대상을 좋아하느냐에 따라 팬으로서 MZ세대의 속성도 달리 보여주는 게 된다. 더구나 팬이 되었다가도 그 대상에게서 나의 사회·윤리적인 가치관과 맞지 않는 모습이 보이면 팬 되기를 그만두는 게 MZ세대의 모습이다.

그런 점에서 MZ세대의 팬 되기는 일에서 얻을 수 없는 감정적인 만족감을 얻게 해주는 것인 동시에 일 밖에서 자아를 찾는 새로운 방법이기도 하다. 자기 정체성을 형성하고 알리는 일이기도 하므로 무시 될 수 없다.

Generation MZ's manual

26 문해력_ 읽지 않고 보는 세대

가끔 통계 자료는 현실을 제대로 반영하지 못한다. 글을 읽고 쓰는 능력, 문해력에 대한 자료가 그렇다. 최근 들어 각지에서 나오는 지적 중 하나가 MZ세대의 문해력이 무척 떨어져 있다는 것이다. 이 주장에 맞춰 한국 성인의 문해력이 세계 최하위라는 자료도 떠돈 적 있다.

그런데 OECD가 최근에 실시한 국제성인역량조사(PIAAC)에 따르면 한국 성인의 문해력은 OECD 평균인 266점보다 높은 273점이었다.[217] 그중에서도 16~24세 그룹은 세계에서 4번째, 25~34세 그룹은 6번째로 문해력이 좋았다.[218]

이 자료만 보자면 MZ세대 문해력에 대한 논란은 근거 없는 것처럼 보인다. 하지만 OECD의 통계 자료에서는 보이지 않는 몇 가지 사실이 있다. 첫 번째 힌트는 문화체육관광부에서 실시한 '국민 독서실태 조사'에 있다.

이 조사(2019)에 따르면 MZ세대의 지난 1년 평균 독서량은 10~11권 정도다. 그런데 문제는 책을 전혀 읽지 않는 MZ세대도 상당히 많다는 것이다. 지난 1년간 책을 한 권도 안 읽었다고 답한 MZ세대는 다섯 명 중 한 명꼴이 넘는다.[219] 평균 독서량은 말 그대로 평균일 뿐, 책을 읽는 사람과 읽지 않는 사람 사이의 간극이 있음을 짐작할 수 있다.

또 하나의 힌트는 OECD의 국제학업성취도평가(PISA) 결과에 있다. 이 평가는 중학교 3학년 학생을 대상으로 치러지는 것인데, 이 중 '읽기' 항목에 주의를 기울여야 할 부분이 보인다.

한국 학생들은 높은 PISA 점수를 받는 것으로 알려져 있는데, 매년 그 점수가 하락하고 있다는 점은 잘 알려지지 않았다. 2006년에만 하더라도 평균 556점이던 읽기 점수는 3년에 한 번 평가를 치를 때마다 낮아져 2018년에 평균 514점이 되었다.[220]

그 이유는 디지털 문해력에 있다. OECD는 세계 각국 만 15세 학생들을 대상으로 디지털 공간에서 가짜뉴스와 거짓 정보를 잘 다룰 수 있는지 평가해봤다. 사실과 의견을 구분할 수 있는지 평가했을 때 한국 학생의 점수는 OECD 가입국 중 가장 낮은 수치를 보였다. 디지털 문해력을 기를 수 있는 교육을 받았는지를 볼 때도 OECD 평균에 못 미쳐 낙제 점수를 받았다.[221] 디지털 읽기에 익숙해지는 학생이 많아질수록 낮은 디지털 문해력은 전체 문해력 점수까지 끌어내린다고 유추할 수 있는 부분이다.

여기서 PISA와 디지털 문해력에 대한 평가는 만 15세 학생을 대상으로 한 것이지만, MZ세대와 무관하지 않다. MZ세대 역시 PISA를 치렀었고, 디지털 읽기와 쓰기에 능숙하기 때문이다.

그런 점에서 세 가지 자료를 종합해보면 한 가지 결론을 얻을 수 있다. MZ세대에게도 문해력의 위기는 현실로 다가온 문제라는 것이다. 방대한 디지털 정보에 노출되어 있지만 정확한 정보를 판별하고 이해하는 게 쉽지 않다.

많이 읽지만, 보기만 하는 MZ세대

A씨는 태어난 지 100일 된 딸이 있는 초보 엄마다. 출산과 육아를 준비하면서 A씨는 대부분의 정보를 유튜브로 얻었다. 육아와 관련된 책은 한 권도 갖고 있지 않았다. "유튜브는 실시간으로 정보가 갱신되는데, 책은 예전 이야기를 그대로 실어놓은 것 같다"는 게 A씨의 말이다.

그렇지만 A씨는 평소 책이나 영화에 관련된 유튜브 영상을 많이 시청하는 편이다.

"독서해야겠다고 하거나 영화를 봐야겠다는 생각이 들면 유튜브로 먼저 검색해요. 특히 원작이 있는 영화는 꼭 '결말 포함'이라는 키워드를 넣어서 검색해요. 결말을 알고 보는 게 마음 편하거든요."

대학을 졸업하고 취업을 준비 중인 27살 B씨는 시간이 남을 때면 스마트폰을 켜 포털 사이트 뉴스를 읽곤 한다. B씨는 뉴스 읽기에 많은 시간을 투자하는 편이지만, 자신의 '읽기'에 문제가 있다고 했다.

"제목 한 번 읽고 휘리릭 스크롤하면서 순식간에 글을 넘기는 편이에요. 특히 좀 분량이 길다 싶으면 읽다가 스크롤해서 휙휙 넘겨요."

B씨는 하루에도 3~4시간을 읽기에 집중한다. 그러나 대부분의 읽기는 뉴스 읽기처럼 슬렁슬렁하는 편이다. 웹툰을 많이 보는 편이지만 집중하는 편은 아니다. 보고 나서 금세 내용을 잊어버리는 경우도 있다.

이런 모습은 A씨와 B씨에만 나타나는 게 아니다. 많은 MZ세대의 읽기 행태는 앞선 두 사람의 모습과 같다. MZ세대는 많이 읽는다. 그러나 이 '읽기'는 '눈으로 보기'에 가깝다. 특히 대부분의 '읽기'가 스마트폰이나 PC 화면으로 이뤄진다는 점을 생각해보면 텍스트를 정독하거나 천천히 읽는 일은 거의 없다. 디지털 읽기는 성글다. 읽다가 지루해지면 창을 꺼버리면 되고, 읽기 싫은 것은 넘길 수 있다. 책장을 넘기면 앞의 이야기를 이해하지 못하는 것과 다르다.

이런 특징이 원래는 디지털 읽기의 장점이었다. 10여 년 전만 해도 링크를 타고 이어지는 텍스트가 마치 뇌의 흐름과 같다는 점에 주목한 낙관적인 해석이 주를 이루었다.[222] 그러나 지금에 와서는 디지털 읽기가 긍정적인 결과를 낳지 않는다는 주장이 상당한 상황이다. 특히 학교에서 억지로라도 전통적인 읽기를 시행하는 10대나 디지털 읽기에 덜 익숙한 기성세대와 달리 디지털 읽기에 치중된 MZ세대의 읽기에 대한 우려가 강하다. MZ세대의 보기에 가까운 읽기, 즉 '보는 읽기'가 텍스트를 정확히 이해하고 비판적으로 읽는 행위인지에 관한 의문이 점차 커지고 있다.

1.5배속 보기

'보는 읽기'는 대개 선택적으로 이뤄진다. 텍스트가 끝없이 이어질 수도 있는 디지털 공간의 특성상 읽는 사람은 텍스트를 적당히 발췌해 읽는 습관을 기르게 된다. 보는 읽기의 가장 큰 특징 중 하나인데, 전문을 꼼꼼히 읽어내는 버릇은 디지털 읽기에서 기르기 힘들다. 사진을 찍듯 텍스트를 '보고' 부분부분 훑는다.

이런 읽기에 익숙한 MZ세대는 필요한 정보를 추려내고 취합하는 일을 어려워한다. 자연히 긴 텍스트 접하는 일을 기피하는 성향이 생긴다. 문자 텍스트에만 해당하는 일이 아니다. 긴 영상도 싫어한다.

긴 텍스트를 회피하는 성향으로 나타난 모습 중 하나가 1.5배속 보기다. 요즘 MZ세대는 드라마나 영화를 OTT를 통해 보면서 빠르게 돌려본다. 자막을 틀고 10분짜리 영상을 6분 40초 만에 보는 것이다. 더 빠르게 몰입하고 싶어서, 짧은 시간 안에 내용을 소화하고 싶어서 등 이유는 다양하지만, 한 가지 확실한 것은 MZ세대는 긴 텍스트를 '견디기' 어려워한다는 것이다.

이런 성향은 아예 결말까지 미리 알고자 하는 모습으로도 이어진다. 유튜브에서 '결말 포함'이라는 키워드를 넣어 검색해보면 영화, 드라마, 소설까지 결말을 알려주는 영상이 수없이 많은 것을 볼 수 있다.

이제는 언론사에서도 활용하고 있는 '세 줄 요약'도 마찬가지다. MZ세대는 더 이상 긴 텍스트를 참고 읽지 않는다.

집단적 독백

'보는 읽기'는 때로 '집단적 독백' 상황을 만들어낸다. MZ세대가 읽는 디지털 텍스트는 얼핏 보기에 끊임없는 상호작용이 이뤄지는 것처럼 보인다. 트위터에 남긴 트윗이나 페이스북 피드에 달리는 댓글은 실시간으로 확인 가능하다. 웹소설 독자도 소설이 게재되자마자 댓글을 남겨 반응을 보일 수 있다. 온라인 커뮤니티는 게시글과 그에 대한 반응으로 구성된 공간이다.

그러나 댓글 같은 디지털 읽고 쓰기는 사실상 독백에 가깝다. 같은 텍스트를 보고 내어놓는 감상이 진열되는 형식인데 그중 일부는 상호소통으로 이어질 수 있겠지만, 대다수는 독백에 그치고 만다.

집단적 독백이 의외로 자주 일어나는 곳은 카카오톡 단체채팅방이다. 이야기가 오가는 것처럼 보이지만, 사실은 각자 이야기하는 경우가 많다. 대화는 자주 단절되고 화제는 수시로 바뀐다. 흘려 읽기, 부분 읽기, 읽고 이해하지 않기가 습관처럼 이루어지는 곳이 카카오톡 단체채팅방이다. MZ세대가 말로 하는 대화보다 더 자주 소통하는 곳이기도 하다.

MZ세대는 각자 말하기에 익숙하다. 2000년대 초반만 해도 온라인 공간에서 유행하던 밈 중에는 '무플 방지'가 있었다. 글을 쓴 사람이 아무런 댓글을 받지 못하는 것(무플)에 민망해하지 않게 댓글을 달아주는 행동을 가리키는 것이다. 그러나 '무플 방지'는 오래된 표현일 뿐, 요즘 MZ세대는 '좋아요' 숫자에 연연하지 않는다. 인스타그램에서는 아예 몇 명이 '좋아요'를 눌렀는지 알 수 없도록 하는 시스템을 만들기도 했다. 상업적 의도가 없는 이상 집단적 독백 상황에 익숙해져 가는 게 MZ세대의 소통 방식이다.

MZ세대가 빈약한 소통으로 어려움을 겪는 것은 다른 문제가 아니다. 바로 보는 읽기에서 비롯되는 것이다. 문해력이란 단지 문자를 읽고 이해하고 재해석하는 능력에만 그치는 것이 아니다. 문해력, 특히 디지털 문해력이란 텍스트를 통해 자신의 이야기를 펼치고 다른 사람의 이야기를 듣는 능력을 포함한다.[223]

MZ세대는 디지털 텍스트의 특성을 파악할 시간을 충분히 얻지 못한 채로 디지털 텍스트에 노출된 첫 세대로, 자연히 디지털 문해력이 떨어질 수밖에 없다.

문제는 텍스트와 텍스트를 읽는 방식은 단순히 습관의 문제가 아니라 '몸의 문제'라는 것이다. 어떤 텍스트를 어떻게 읽느냐는 뇌의 어느 부분이 활성화되느냐와 관련이 있다.[224] 문해력이란 짧은 기간 동안 텍스트를 읽고 해석하는 능력으로만 길러지지 않는다는 의미다. 텍스트를 주로 접하는 공간, 그 텍스트의 특성, 개인이 텍스트를 사용하는 방식 같은 게 모두 고려돼야 한다.

그래서 MZ세대의 디지털 문해력이 떨어지고 있다는 게 사실이라면, 이를 교정하기 위해서 상당한 노력이 필요할 것이라는 결론이 나온다. 단지 대학 신입생을 상대로 한두 달의 쓰기 수업, 신입사원을 대상으로 단기 연수하는 것 등으로 해결될 문제가 아니다. MZ세대 스스로 그 필요성을 깨닫고 문해력 향상에 나서야 하는 시점일지도 모른다.

27

Generation MZ's manual

점수_ 젊은 꼰대의 권위

넷플릭스 드라마 〈블랙 미러〉에는 모든 게 점수화된 사회가 나온다. 누구나 다른 사람에게 점수를 매길 수 있는 사회에서 평점은, 삶의 모든 것이다. 직장을 구할 때와 같이 중요한 일에는 물론 차를 빌릴 때도 평점에 따라 차종이 결정되는 사회다. 평점이 높은 사람끼리 어울리고, 그보다 평점이 낮은 사람들은 평점이 높은 그룹에 끼지 못한다. 누군가와 말다툼하면 평점이 깎이고, 친구를 위해 결혼식 축사를 하면 평점이 올라간다. 오죽하면 평점을 관리해주고, 좋은 평점을 받게 도와주는 컨설턴트까지 있을 정도다.

드라마는 가상의 사회를 배경으로 한 것이지만 이를 우리 사회에 대입해도 낯설지 않다. 이미 MZ세대의 삶 곳곳에 '점수'가 침투해 있기 때문이다. 스마트폰 애플리케이션을 자주 이용하는 MZ세대에게 점수를 주는 일은 익숙하다. 애플리케이션으로 택시를 호출해 이용할 때, 배달 음식을 시켜 먹고 후기를 남길 때, '점수를 내 달라'는 요청을 계속 받기 때문이다. 미용실을 방문하고 난 다음이나 영화를 보고 난 후에도 점수를 남긴다. 일하고 있거나 다녔던 회사도 점수로 평가한다.

MZ세대는 점수를 받는 사람이기도 하다. 단지 시험을 치르고 시험 점수에 의해 평가받던 학창 시절의 이야기만이 아니다. 사회에 나가기 전에 '스펙'이란 이름의 점수화된 자기표현을 준비하는 세대가 MZ세대다. 사람을 만날 때도 MZ세대는 점수를 받는다. 한때 일부 MZ세대 사이에 유행한 온라인 소개팅 애플리케이션 중에는 다른 이용자에게 외모에 대한 평가 점수를 받아 평점 3점이 넘지 못하면 가입 자체가 불가능한 것도 있다. 이처럼 MZ세대는 점수를 매기고 받는 데 익숙하다.

비교하는 MZ세대의 삶

점수를 내는 목적은 우열을 가리기 위해서다. 점수를 내는 데 익숙하다는 것은 서열을 매기는 데 익숙하다는 뜻이기도 하다.

어떤 MZ세대는 손흥민이 박지성보다 나은 축구 선수인지, 영화 〈기생충〉의 오스카 작품상 수상과 '방탄소년단'의 빌보드 1위 중 어느 것이 더 가치 있는지 비교하기를 즐긴다. 다른 어떤 세대보다 MZ세대가 우열을 가리기를 좋아하는 것처럼 보일 때도 있다. '전국 3대 짬뽕 맛집'이니 '3대 빵집'이니 하는 우열 가리기는 MZ세대를 중심으로 만들어지고 확산된 것이다.

그런데 점수를 매기는 일도 비교가 선행되지 않으면 어렵다. 무엇을 3점으로 할 것인지를 판단하기 위해서는 1점이나 5점짜리를 떠올릴 수 있어야 자연스럽게 비교가 이루어진다.

비교는 MZ세대를 대표하는 행위 중 하나다. 자아를 중요하게 생각할 것으로 여겨지는 일반적인 인식과 달리 MZ세대는 비교하는 일에 익숙하고, 비교를 체화하며 살아간다. 소셜미디어 탓이 크다. 소셜미디어에서는 실시간으로 타인에 대한 정보를 받아들이고 비교하는 일이 끊임없이 일어난다.

애초에 한국 사회는 비교 성향이 높은 사회다. 그 이유로 한국인이 평등에 대한 욕구가 강하다는 것을 꼽는 학자도 있다.[225] 여기서 말하는 평등에 대한 욕구는 두루 나누어 다 함께 살아가는 게 아니다. 나보다 나은 사람을 좇아가 같은 대열에 서려는 욕구다.

MZ세대가 겪어온 교육 현장은 이 같은 욕구를 키우기에 적합한 환경이었다. 얼핏 동질한 교육을 받은 것처럼 보이지만 집안 환경과 사교육 정도에 따라 달라지는 결과물을 목격한 세대다. MZ세대는 이 같은 현실을 비판하면서도 따라잡기 위해 있는 힘을 다해왔다. 자기 상황과 다른 사람의 것을 계속해서 비교하고 맞추려는 태도를 체화한 것이다.

소셜미디어는 이런 태도를 MZ세대 생활 전반에 걸쳐 확장하도록 도왔다. 단지 교육을 받고 스펙을 쌓는 데만 남과 비교할 게 아니라 노는 것, 먹는 것, 입는 것까지 비교할 수 있는 플랫폼이 만들어졌다는 것이다. MZ세대가 우열을 가리기 좋아하고 점수를 매기는 데 익숙한 까닭이다.

일반화된 권위의 사회

한편으로 점수를 매긴다는 것은 일반화한다는 것과 같은 의미이기도 하다. 이를테면 평론가에게서 같은 5점의 별점을 받은 영화라 해도 차이가 있기 마련이다. 그러나 점수만 보아서는 차이를 알기 힘들다. 별점을 매기는 것은 리뷰를 상세하게 남기는 것보다 간편하기도 한데, 그 편의성 때문에 일반화된 점수 매기기가 더 선호되는 측면도 있다. 시청한 영화에 별점을 남기는 대신 자세한 리뷰를 써야 한다고 생각해보자. 참여자가 대폭 줄 것이다. 점수 매기기는 그만큼 간편하다.

문제는 점수 매기기의 일반화가 보편성을 담보하는 것은 아니라는 점이다. 점수의 일반화는 객관적이고 보편적인 게 아니다. MZ세대의 점수 매기기는 지극히 개인적인 기준으로 이뤄진다. 그런데 이 점수가 좌우하는 것이 문제가 된다. '별점 테러'를 사례로 들 수 있다. 별점 테러란 서비스를 이용한 사용자가 기분에 맞지 않는 등의 이유로 매우 낮은 별점을 주는 것을 가리킨다. '테러'라는 말을 붙이는 이유는 낮은 별점은 자영업자에게 타격이 크기 때문이다.

다른 측면에서 MZ세대의 점수화는 권위적이기도 하다. 최근 들어

폭발적으로 성장한 배달 음식 시장에서 그 특성을 찾아볼 수 있다. 배달 음식 시장이 성장한 가장 큰 이유는 코로나19로 비대면 생활양식이 정착한 것을 들 수 있다. 배달 음식 애플리케이션 시스템도 빼놓을 수 없다. 이용자가 직접 음식을 먹어보고 남긴 별점이 쌓이는 시스템은 이용자의 입맛에 더 맞는 음식점을 고를 수 있는 환경을 만들어줬다. 음식점들을 비교할 수 있게 되면서 집에 앉아서도 더 좋은 음식을 맛볼 수 있기를 바라는 욕구를 충족시킬 수 있게 되었다.

그런데 이 시스템은 새로운 문화를 만들었다. 누구나 자기 경험에 점수를 매기는 문화다. 예전에는 점수를 매기는 역할은 어느 정도 권위가 있는 사람만 할 수 있던 것이다. 그러나 배달 애플리케이션에서는 미식가나 푸드 칼럼니스트가 아니라도 자기가 먹은 음식에 점수를 매길 수 있다. 바꿔 말하면 배달 애플리케이션 안에서는 평범한 시민도 푸드 칼럼니스트가 되고, 미식가가 되어 점수를 매길 수 있는 권위를 가지는 것이다.

이 같은 시스템으로 성공한 회사가 왓챠다. 영화 리뷰 사이트에서 발전해 OTT 서비스까지 제공하게 되며 넷플릭스 같은 글로벌 OTT 서비스와 경쟁하는 왓챠는 영화에 별점을 매기는 사이트에서 시작됐다. 누구나 전문가처럼 별점을 남기고 리뷰를 작성할 수 있는 공간으로, 많은 사람의 공감을 얻은 리뷰는 따로 눈에 띄는 곳에 게시되기도 했다.

점수를 남길 수 있는 곳은 이외에도 많다. 재직 중이거나 재직했던 회사에 대한 리뷰를 남길 수 있는 '잡플래닛'에는 거의 모든 회사에 대한 적나라한 평가가 남겨져 있다. 가볍게 보면 회사에 지닌 불만을 털어놓은 것처럼 보이기도 하지만, 리뷰들을 자세히 읽어보면 좀 다르다. 재직자가 아닌 경영자나 임원진처럼 회사를 보고 점수를 매기는 사람이 대부분이다.

이 점수화된 서비스들을 적극적으로 이용하는 세대가 MZ세대라는 점이 중요하다. MZ세대에게는 윗세대가 지니지 못했던 권위가 있다. '이름이 있는 권위'는 아니다. MZ세대는 익명이기는 해도 원하는 만큼 원하는 곳에다 점수를 매길 수 있는 이 권위를 은근히 즐긴다.

'젊은 꼰대'의 탄생

'꼰대'란 권위주의적인 인물이다. '갑질'을 행하는 인물이기도 하고 자신의 경험이 전부인 양 강요하는 인물이기도 하다. 원래 사전적인 의미가 '늙은이'의 은어였던 만큼, 꼰대란 나이가 든 사람을 가리키는 용어였다. 그러나 얼마 전부터 새로운 용어가 생겼다. '젊은 꼰대'다. MZ세대이면서도 꼰대처럼 행동하는 사람을 일컫는 말이다.

구인·구직 플랫폼 '사람인'이 직장인을 대상으로 젊은 꼰대의 '꼰대스러운 행동'에 관해 조사한 결과를 보면 이들이 어떤 사람인지 좀 더 쉽게 알 수 있다.[226] 자기의 경험이 전부인 양 충고하며 가르치려는 사람이나 '나 때는'이라는 말로 대화를 시작하는 사람, 자유롭게 의견을 말하라고 하면서 결국 본인의 답을 요구하는 사람 등이 젊은 꼰대다. 가끔 보도되는 것처럼 대학 신입생을 상대로 기강을 잡는답시고 얼차려를 주거나 엄격하기 그지없는 규칙을 적용시키는 한두 학번 위의 선배 역시 젊은 꼰대다.

MZ세대에게 갑자기 서열 의식이 생기고, MZ세대가 갑자기 권위적으로 돌변한 것이 아니다. 젊은 꼰대가 생기는 원인을 알기 위해서 필요한 것이 바로 MZ세대의 점수화된 문화다. 점수는 비교와 우열 가리기에서 온다. 주관적인 기준만으로 일반화시키는 일이기도 하다. 이전에 없던 권위를 부여해주기도 한다. 점수를 매기고 점수가 매겨지는 일에 익숙하다는 것은 곧 이런 경향성이 있다는 의미다.

MZ세대는 어릴 때부터 점수화된 문화에 익숙했다. 특히 최근 들어 누구나 별점을 매길 수 있게 되면서, 점수 매기기가 갖는 성향을 내재하기 시작했다. 젊은 꼰대는 그 과정에서 나타난 부작용이라 할 수 있다. 남과 비교하는 말을 함부로 내뱉는 것, 내 경험이 판단의 기준이 되는 것, 나의 말이 권위 있는 것처럼 착각하는 것 등은 모두 무엇인가에 점수를 줄 때의 부정적인 모습이다.

점수화가 특정 분야에서 더 활발하게 진행되고 있다는 점도 잊어서는 안 된다. 사람을 상대로 하는 서비스 직군에서 점수화는 이미 보편적으로 사용되고 있다. 문제는 이 점수가 직원의 고용 안정에 긴밀한 영향을 미친다는 점이다. 누군가 멋대로 '10점 만점에 1점' 점수를 내린다면 인사고과에 부정적인 영향을 받을 수 있다는 것이다.

그러니 MZ세대의 점수화는 간편하고 발랄한 문화적 현상으로만 볼 수 없다. 점수화된 사회가 어떤 부작용을 일으키는지가 서서히 지적되는 만큼, MZ세대 스스로 점수화를 경계해야 할 필요가 있다.

28

Generation MZ's manual

갓생_ 우울증을 해결하는 방법

'갓생'이란 신을 뜻하는 갓(God)에 인생을 뜻하는 생(生)을 붙여 만든 신조어다. 성실하고 부지런한 삶을 뜻하는 말로 스스로 집중하는 자세를 강조하는 것이다. "오늘도 갓생 살았다", "내일은 갓생 살아야지"라는 식으로 쓰인다.

갓생을 살고자 하는 MZ세대가 날이 갈수록 늘고 있다는 점은 소셜미디어를 보면 잘 알 수 있다. 대학내일20대연구소가 만 15세 이상 25세 이하 응답자를 조사한 결과를 보면 네이버 블로그에 일주일에 한 번 이상 글을 쓰는 사람은 31.2%다. 인스타그램 피드를 업로드하는 비율 24.4%보다 많다.[227]

이 응답자의 대다수는 블로그에 일상생활을 전시한다. 하루에 있었던 일을 죽 나열하고 사진까지 첨부한 다음 "전시 보고 운동하고 친구를 만나 공부도 했다. 갓생 살았다"고 적는 식이다. 스마트폰 애플리케이션도 많다. 매일 해야 할 일을 적고 관리할 수 있는 애플리케이션 종류는 계속 늘어서, '챌린저스' 같은 애플리케이션은 100만 회 이상 다운로드되었을 정도다.

갑자기 갓생이 부상하는 모습을 두고 갖가지 분석이 쏟아지기도 했다. 주된 의견은 코로나19가 갓생 열풍에 어느 정도 영향을 끼쳤다는 것이다. 코로나19 사태 장기화로 대인 관계를 맺을 기회가 줄어들고 온라인 접속 시간이 늘어난 게 사실이다. 그러면서 비생산적으로 쓰는 시간이 늘어났다고 여긴 MZ세대가 생산적인 일에 관심을 두기 시작했다는 분석이다.

김헌식 대중문화평론가는 칼럼을 통해 "실내에 많이 있거나 혼자 있다 보니 자신을 온전히 바라보게 됐고, 일상을 루틴하게 형성하는 것이 중요해졌다"고 말하며 "내 자신의 통제력으로 무기력과 좌절감을 딛고 성취감을 얻"고자 하는 노력이 갓생 살기라고 분석했다.[228]

그런데 주목할 만한 것은 갓생이 주로 쓰이는 방식이다. 물론 '갓생 살았다'고 격려하고 만족해하는 용례가 많은 게 사실이지만, 이만큼 자주 보이는 쓰임새가 있다. '내일은 꼭 갓생 살 거다', '갓생 살자'고 쓰는 MZ세대가 확실히 눈에 많이 띈다. 이런 말 뒤에는 무기력하고 비생산적인 하루를 보낸 자신에 대한 반성이 뒤따른다.

다시 말하면, 갓생은 어떤 다짐이다. 무기력하고 불안한 일상을 벗어나려는 움직임이고 나아지지 않는 현재를 개선하려는 노력이다. 갓생은 MZ세대의 새로운 의지다. 나아지지 않는 현재를 개인 차원에서

라도 극복해보려는 모습이다. 다소 절박하기까지 한 표현이다.

자책 감정의 과잉

MZ세대의 정신 건강에 경고등이 켜졌다는 지적은 곳곳에서 나온다. 2021년 상반기 우울증으로 병원 진료를 받은 환자를 성별·연령별로 분석해보니 MZ세대, 그것도 20대 여성의 비율이 가장 높았다. 연령별로 따져도 20대 환자가 가장 많고, 그다음이 60대와 30대 순이었다.[229]

문제는 이 우울감이 자책감으로 이어지는 경우가 많다는 점이다. 우울함의 원인이 스스로에게 있다고 생각해 탓한다는 얘기다. 이를테면 한국의 니트, 일하지도 않고 일할 의지도 없는 청년 무직자 규모는 2020년을 기준으로 172만 명이 넘었다는 추계도 있다. 특히 일자리를 찾지도 않는 '비구직 니트' 비중이 훨씬 높아 128만 명을 넘어선다.[230]

이들 MZ세대 니트 중에는 현재 겪는 문제의 원인을 외부가 아닌 내부에서 찾는 경우가 있다. MZ세대 니트를 인터뷰한 〈잠재적 청년실업자'들의 방황과 계급적 실천〉이라는 논문에서 사회적 문제는 직접적으로 다가오지 않기 때문에 개인의 불성실함을 먼저 탓하게 된다는 것을 알 수 있다.[231]

MZ세대가 자기가 겪는 문제의 원인을 사회 구조에서 찾으려고 한다면, 그건 어려운 작업이 될 것이다. 사회 구조적 문제를 파악하는 것도 쉽지 않지만, 문제를 해결할 방법도 요원하기 때문이다. 내 문제의 원인이 사회 구조에 있다면 사회 구조를 개선할 방법으로 저항에 나설 수도 있다. 그러나 사회는 좀처럼 바뀌지 않고, 직접 행동으로 나선 후의 결말은 흐지부지되기 쉽다는 것을 MZ세대는 이미 알고 있다. '금융치료' 같은 밈이 어떻게 마무리되는지 몇 번이나 목격했다.

거기다 한국 사회의 의사 결정 구조는 MZ세대와 같은 청년세대를 배제하고 이뤄지는 경우가 많다. 국회 입법조사처 보고서에 따르면 제21대 국회의 MZ세대 의원 비율은 4.3%에 불과하다. 2018년 실시된 제7회 동시지방선거 결과를 봐도 MZ세대 비율은 광역의회의 5.6%, 기초의회의 6.6%에 그친다.

이 결과는 국제적으로 보면 매우 낮은 수치다. 한국의 MZ세대 의원 비율은 전 세계 121개국 중 118위에 그친다. 30%가 넘는 노르웨이나 스웨덴, 덴마크 같은 북유럽 국가들은 물론 비교적 MZ세대 의원 비율이 낮은 미국이나 일본에도 한참 못 미치는 결과다.[232)]

의사 결정 과정에서도 배제되고 사회적 문제 해결을 위해 나설 방법도 마땅치 않은 MZ세대는 자연히 사회 구조에 관심을 줄인다. 좀 더 손쉬운 것은 나를 탓하는 것이다. '내가 불성실해서', '우리 가족이 가난해서' 이런 일이 벌어졌다고 생각한다면 차라리 해결하기 쉽다. 그래서 MZ세대는 자책하면서 반성한다. 내가 바뀌어야 한다고 채찍질하는 것이다.

번 아웃의 다른 이름

갓생이 트렌드가 된 데는 또 다른 이유가 있다. 한때 현재 삶의 만족에 집중하는 욜로 생활이 주목받은 적 있다. 그러나 불과 2~3년 사이 욜로 생활에 회의를 느끼는 사람이 늘었다. 여론조사기관 엠브레인 트렌드모니터의 조사 결과에 따르면 2020년 스스로를 욜로족이라고 밝힌 MZ세대는 40% 안팎이었는데, 2021년에는 20%를 겨우 넘는 것으로 드러났다.[233]

대신 성실함이 주목받고 있다. 애초에 한국 MZ세대는 성실함과 근면함에 높은 비중을 뒀던 게 사실이다. 전 세계 50여 개국에서 실시되는 세계가치관조사(WVS) 결과에 따르면, 자녀를 가르칠 때 '근면함'을 중요하게 생각해 가르칠 것이라는 만 29세 이하 한국인은 60.9%였다. 그렇게 생각하는 일본인은 25.1%에 그쳤다. 40% 안팎인 유럽 국가 국민에 비해서도 한국의 20대는 근면을 중요하게 생각하는 편이다.

열심히 일하는 게 중요하다는 생각은 다른 조사에서도 드러난다. 한국보건사회연구원의 조사에서 인생에서 성공하는 데 열심히 일하는 게 중요하다고 생각하는 MZ세대는 열 명 중 여덟 명에 가까웠다.[234] 트렌드모니터 조사 결과를 보면 성공한 사람은 규칙적인 삶을 살 거라고 믿는 MZ세대는 열 중 다섯이 넘었다.[235]

근면하게 살면 현실을 개선할 수 있을 것이라는 믿음은 MZ세대를 다양한 방식의 갓생으로 이끌었다. 자기계발서는 MZ세대에게 인기를 얻고 있다. 동기부여 전문가인 할 엘로드의 《미라클 모닝(한빛비즈)》이라는 책을 가장 많이 구매한 연령층이 30대다. 언론보도에 따르면 MZ세대의 구매 비율만 따져도 65%에 달한다.

애플리케이션을 통해서 다른 사람과 함께 '챌린지'를 해내는 것도 갓생의 모습이다. 아침 일찍 일어나는 '미라클 모닝'을 달성하면 애플리케이션을 통해 공유하는 방식인데, 아예 모임을 만들어 서로 격려하고 독려하는 방식도 드물지 않다.

본업 외에도 부업을 가지는 것을 의미하는 'N잡러' 역시 갓생의 일환이다. 취업플랫폼 잡코리아가 조사한 바를 보면 부업을 가지고 있다고 답한 20대 직장인은 29.5%, 30대 직장인은 42.4%에 달했다.[236]

그런데 MZ세대의 갓생은 그 자체로 목적이 되는 경우가 거의 없다. 다른 목적을 위해 수단으로 활용되는 때가 많은데, N잡러들 역시 마찬가지다. 잡코리아의 앞선 조사에서 보면 N잡을 가지는 이유로 대다수 사람들이 꼽은 것은 추가 수입을 올리기 위해서였다. 영어공부를 하거나 미라클 모닝을 달성하는 것 역시 다른 목적을 달성하기 위해서 이뤄지는 경우가 많다.

그러니 갓생에는 한계가 있다. 갓생을 살고자 하는 MZ세대는 목적을 달성하기 위해 자신을 독촉할 수밖에 없는데 이 때문에 갓생은 반성의 언어와 함께 많이 사용된다. 갓생을 살지 못해 자책하는 언어 역시 종종 발견된다.

이는 MZ세대를 또 다른 초조함으로 밀어 넣을 가능성이 있다. 칼럼니스트 앤 헬렌 피터슨은 갓생과 같은 방식의 삶은 번 아웃의 다른 말일 수 있음을 지적한다. 피터슨은 정신분석가 조시 코언의 말을 인용하여 "전진해야 한다는 초조한 강박에서 벗어날 수 없을 때, 번 아웃을 느낀다"고 말했다.[237] 번 아웃을 경험하는 사람은 완전히 무기력한 것이 아니라 또 다른 압박을 느끼면서 불안감에 시달린다고 한다.

이런 점에서 갓생은 MZ세대 번 아웃의 증상일 수 있다. 활기차게 의지를 다잡는 긍정적인 모습으로 볼 수만은 없다. 갓생이 유행하는 와중에도 MZ세대의 우울이 깊어지는 현상을 보면 더욱 그러하다.[238] 갓생을 외치는 MZ세대는 기력을 소진시키고 있는 건지도 모른다.

PART

5

MZ 확인하기

MZ세대가 지닌 문제와 갈등의 이유

MZ세대는 가끔 '문제 세대'인 것처럼 보입니다. 여러 사회문제가 MZ세대로부터 비롯되기 때문입니다. Part5에는 MZ세대를 쉽게 문제로 낙인찍기 전에 읽어봐야 할 글이 묶여 있습니다. MZ세대의 문제에는 이유가 있습니다.

'혐오'는 MZ세대에 널리 퍼진 감정입니다. MZ세대는 노인을 혐오하고, 아이를 혐오하고, 여성과 남성을 혐오합니다. 감정적으로 혐오하는 데 그치지 않고 표현하려고 합니다. 혐오는 온라인 커뮤니티에서 더 확산되었는데, 이제는 MZ세대 감정의 원형이 된 것처럼 보입니다.

그런데 젠더갈등은 실재하는지 한 번 살펴볼 필요가 있습니다. 간혹 언론은 한국 사회에는 젠더갈등이 정확히 남과 여로 양분된 것 같이 묘사하곤 하지만, 꼭 그렇지만은 않습니다. 다만 존재하는 갈등을 키우는 것 역시 MZ세대라는 점은 맞습니다. MZ세대는 갈등을 가지고 놀이를 합니다. '젠더갈등'은 첨예한 MZ세대의 문제를 다루고 있습니다.

이 갈등은 때로 극화되기도 합니다. 극화는 극단화와는 다른 표현으로 양극화에 더 가까운 표현입니다. 온라인 커뮤니티와 소셜미디어는 MZ세대에게 'TMI', 즉 너무 많은 정보를 제공하고 결국 극화된 갈등을 불러일으킵니다. 그 과정을 살펴보는 것만으로도 우리는 MZ세대의 문제를 이해할 수 있을 것입니다.

'중독'은 MZ세대의 속성, '힙'에서 비롯된 문제입니다. 소비로 표현하는 MZ세대는 결국 소비에 중독됩니다. MZ세대의 중독 증상들을 살펴보다 보면 MZ세대의 현실은 암담하게 느껴질 수 있습니다.

그러나 MZ세대는 행복해지기 위해 현실에 저항하고 있습니다. 행복이라는 키워드는 문제처럼 보이는 '저출산' 현상을 만들어냅니다. 저출산은 과연 문제이기만 한 것일까요. 문제를 '신고'하기 전에 왜 MZ세대는 저출산을 선택했는지부터 살펴봅시다.

MZ

29

Generation MZ's manual

혐오_ 모든 것을 차별하기

요즘에는 거의 모든 집단에 대한 혐오표현이 존재한다. 여성이면 '김치녀', 학생이면 '급식충'이나 '잼민이'다. '김치녀'는 한국 여성을 비하하는 발언으로 2010년대 초반부터 쓰였다. '급식충'은 급식을 먹는 청소년 학생 집단을 일컫는 말인데 접미사 '충'은 대개 '맘충', '틀딱충'처럼 집단을 비하할 때 붙는 표현이다. '맘충'은 아이를 기르는 여성을, '틀딱'은 노인 집단을 비하한다. '똥꼬충'은 남성 성소수자, '개독교인'은 기독교인을 가리킨다.

누가 이런 표현을 사용하는 걸까. 국가인권위원회의 '2019년 혐오차별 국민인식 조사 보고서'를 보자. 조사 당시 '일 년 동안 혐오표현을 사용한 적 있나'라는 질문에 '그렇다'고 답한 20~30대 MZ세대는 13.0%였다. 40~50대가 8.0%, 노년층이 6.7% 사용한 것과 차이가 난다.[239] 서울시에서 실시한 '2020년도 청년 인권의식 및 혐오표현 실태

조사 보고서'를 봐도 비슷한 결과가 나온다. 청년을 대상으로 한 조사에서 일 년 사이 혐오표현을 사용한 적 있느냐는 질문에 '있다'고 답한 사람은 15.9%에 달했다.[240]

문화체육관광부의 조사에서는 사용률이 더 높다. 2020년 발표한 '혐오표현 대응 관련 대국민 인식조사 결과보고서'에 따르면 혐오표현을 사용한 적 있는 20대는 38.9%, 30대는 20.4%에 달했다. 40대만 돼도 13.3%로 사용률이 떨어진다.[241] MZ세대는 혐오표현을 가장 자주 많이 사용하는 세대다.

특이할 만한 것은 혐오표현을 많이 사용하는 MZ세대가 그 표현이 잘못된 것이라고 인식하는 점이다. 문화체육관광부의 조사에서 혐오표현이 차별적 표현이라는 데 동의하는 MZ세대는 10명 중 7명이 넘는 수준이었다.[242] 거기다 여러 혐오표현이 '사회적 갈등을 야기할 수 있다'는 점에도 대부분 동의하며 '혐오표현이 범죄로 이어질 수 있다'고도 생각하는 것으로 나타났다.[243]

그런데 혐오표현을 사용하는 이유를 눈여겨볼 만하다. 국가인권위의 조사에서 혐오표현을 사용하는 주된 이유로 꼽힌 것은 '실제로 그렇게 생각해서'다. 재미 때문에 쓴다는 응답은 비교적 낮게 나타났다.[244] 혐오표현을 쓰는 것이 옳지 않지만 현실적이기 때문에 쓴다는 얘기다.

모든 것을 혐오하는 MZ세대

MZ세대는 혐오표현을 광범위하고 일상적으로 쓴다. MZ세대의 혐오표현은 어떤 특정한 집단에 집중되지 않는다. 여론조사 전문기관 한국리서치의 '코로나19를 통해 본 대한민국 시민사회와 혐오' 보고서를 보면 MZ세대는 거의 모든 혐오표현에 관대하다. 예를 들어 중국인이나 조선족을 향한 혐오표현에 대해 '어느 정도 사실이기 때문에 써도 된다'고 응답한 MZ세대는 적게는 33%, 많게는 43%에 달했다.[245] 중국인에 대한 혐오표현은 매우 다양한데 '짱깨'라는 표현은 식상할 정도다. '착짱죽짱'은 착한 짱깨는 죽은 짱깨'라는 말로 중국인의 행동을 비난할 때 자주 쓰인다.

MZ세대는 또 특정 연령 집단에 대한 혐오표현에 관대한 경향을 보였다. MZ세대 중 20대는 4명 중 1명꼴로 연령 집단에 대한 혐오표현을 '써도 된다'고 응답했다. 실제로 MZ세대 내에서는 아동·청소년에 대한 혐오와 노인 혐오가 동시에 일어난다.

최근 접미사 '린이'를 둘러싼 갑론을박도 그 일부분이다. '린이'는 어린이에서 따온 신조어 접미사로 '주린이'는 주식과 어린이를 합쳐 주식 투자를 갓 시작한 사람을 일컫는 식이다. 일반적으로는 '주린이' '헬린이(헬스)'처럼 초심자를 부를 때 쓰이지만, 혐오의 뜻이 담겨있다. 어색하고 어설프며 갓 시작했기 때문에 능숙한 사람에게 민폐를 끼치는 행동을 가리킬 때 '린이'라는 말을 쓰기 때문이다.

노키즈존 논란도 비슷한 맥락이다. 어린아이의 출입을 아예 금지하는 노키즈존 설치에 찬성하는 비율이 다른 세대보다 상대적으로 MZ세대에서 더욱 높게 나타난다는 여론조사 전문기관 엠브레인 트렌드 모니터의 2019년 조사 결과가 암시하는 바가 있다.[246] MZ세대는 아동에 대해 배타적이고 때로 차별적이라는 사실이다.

그런데 동시에 노인세대에 대해서도 강한 혐오가 나타나는 것을 보면 MZ세대의 혐오는 어느 한 집단에 국한되지 않는다는 걸 알 수 있다. 노인을 비하하는 표현인 '틀딱'은 '틀니를 딱딱거린다'를 줄인 말이다. 틀니에서 연상되듯이 노인의 무력함을 내포하는 동시에 거슬리게 딱딱거린다는 의성어로 노인의 행동을 비하하는 의미도 담고 있다.

MZ세대는 이 틀딱이라는 표현이 발생한 원인을 노인에게서 찾는다. 2019년 아셈노인인권정책센터에서 펴낸 '노인 인권 모니터링 보고서'를 보면 그렇다. 혐오표현이 발생한 이유가 노인이 이기적이거나 불평불만이 많아서라고 생각하는 MZ세대가 과반이 넘었고, 노인들의 훈계하려는 태도가 혐오표현을 발생시킨다는 응답도 78%에 달했다.[247]

중국인이나 아동·노인뿐만 아니다. 성소수자, 장애인 같은 사회적 약자부터 여성과 남성, 모든 사람에 이르기까지 혐오표현은 광범위하게 쓰인다.

필터 버블과 코로나19의 합작품

왜 MZ세대는 모든 집단을 혐오할까. 이는 MZ세대가 다른 집단과 드물게 소통하는 데 근거한다. 대개 MZ세대는 사회 활동이 활발한 세대로 다양한 경험을 통해 여러 집단과 접촉할 기회를 얻는다고 여겨진다. 그러나 한국의 MZ세대는 좀 다르다.

MZ세대가 자아를 형성하게 되는 10대 청소년 시기는 입시에 몰두하게 되는 시기다. 진학 준비생으로서 MZ세대는 '시민교육'을 받을 기회를 거의 갖지 못했다. 시민교육을 민주주의 사회에서 시민으로서 역할을 다할 수 있도록 자질을 길러주는 교육이라는 의미로 본다면, 사회 구성원으로서의 의무·권리·역할에 대한 교육이나 다른 집단에 대한 이해와 소통 방법 등에 대한 교육을 받은 MZ세대는 드물 것이다.

입시가 끝나고 나서도 상황은 크게 변하지 않는다. 정규직으로 취업하지 않으면 자리 잡기 힘든 사회에서 정규직 취업을 위해 20대를 바치는 MZ세대에게 다른 집단을 이해하라는 주문은 그저 버거운 말일 수 있다.

이 상황에서 MZ세대가 디지털 환경에 익숙하다는 게 문제다. MZ세대는 디지털 세계를 통해 외부집단에 대한 선입견과 오해, 잘못된 고정관념을 키웠다. 한국정보화진흥원이 매년 실시하는 '인터넷 이용 실태조사'를 보면 MZ세대의 2020년 주(週)당 인터넷 이용 시간은 25~30시간에 육박한다. 눈에 띄는 것은 유튜브 같은 동영상 애플리케이션 서비스를 이용하는 시간도 해마다 큰 폭으로 늘고 있다는 점이다. MZ세대의 주당 동영상 애플리케이션 서비스 이용 시간은 2019년 4.7~5.6시간에서 2020년 6.5~8시간으로 늘었다.

늘어난 인터넷 이용 시간이 MZ세대의 '세계'를 만들어내고 있다. 지금 MZ세대가 접속하는 인터넷 환경은 개인화되어있다. '개인화'란 구글이나 네이버 같은 포털 사이트에서 제공하듯이 사용자 각자의 취향에 맞게 꾸려진 인터넷 환경을 말한다. 유튜브만 해도 사용자가 그간 보아왔던 동영상, 인터넷 사용 기록 등이 반영되어 서로 다른 동영상을 추천받게 된다.

이 개인화된 서비스는 '필터 버블'이라는 문제를 일으키곤 한다. 필터 버블은 '확증편향'과 비슷한 의미인데 확증편향이 판단의 영역이라면 필터 버블은 제공받는 정보의 영역에 가깝다. 다시 말해 각자의 취향에 맞게 걸러진 정보만을 제공받는, 그래서 더 취향이 강화되는 현상을 필터 버블이라고 하는 것이다. 이 필터 버블은 단순히 포털 서비스에서만 일어나지 않는다. 인터넷 사용자가 자주 접속하는 사이트, 그곳의 정치적·사회적·문화적 성향 등이 어우러져 '나만의 온라인 세계'를 만드는 것이다.

원래 필터 버블은 그 뜻에 맞게 제각각의 필터를 만들어낸다. 그런데 코로나19 사태가 장기화되면서 많은 사람의 필터에 공통점이 생기기 시작했다. 대유행 전염병은 언제 유행이 끝날지 모른다는 불안감과 비관적인 감정, 지속되는 유행에 지친 우울감 등을 불러일으킨다. 이 감정들은 하나의 질문으로 수렴된다. '왜 이런 일이 일어났는가'이다.

여러 사회조사는 코로나19와 관련해 비난과 두려움, 나아가 혐오 감정이 일어나고 있다는 것을 보여준다. 예를 들어 국가인권위원회가 조사한 바를 보면 인종, 지역, 성 지향성에 대한 혐오표현이 코로나19의 유행에 따라 크게 증가한 것을 알 수 있다. 초기에는 중국인에 대한 인종차별 표현이, 시간이 지날수록 종교 차별적인 표현이나 성소수자에 대한 차별 표현이 크게 증가하는 추세를 보였다.[248)]

이 결과는 코로나19 같은 대유행 전염병이 사람들에게 '왜 이런 일이 일어났는지'를 찾으려고 하게 만든다는 점을 보여준다. 그리고 대유행의 원인에 따라 달라지는 혐오 발언은 거꾸로 원인을 찾아 그 책임을 돌리고자 하는 사람의 습성을 알려준다.

코로나19 상황에서 혐오의 대상은 하나가 아니다. '왜 이런 일이 일어났는지'는 크게 중요하지 않다. 책임을 돌릴 대상이 누구인지가 중요하다. 상황에 따라 그 대상은 달라진다. 중국인이었다가, 신천지 교인이었다가, 성소수자가 되기도 한다. 국가인권위원회 보고서에서는 사람들이 코로나19와 관련해 "비난할 대상을 만들고 시기에 따라 옮기는 모습이 확인"되었다고 언급했다.[249)]

이 현상은 하나의 원형(原型)이 되었다. 필터 버블이 만들어진 MZ세대의 세계에서 코로나19는 모든 것을 혐오하고 언제든지 혐오할 수 있는 환경을 만들었다.

30

Generation MZ's manual

젠더갈등_ 놀이가 된 상상의 전쟁

MZ세대를 마주하는 사람에게 '젠더갈등' 문제는 가급적 피하고 싶은 주제일 것이다. MZ세대 스스로도 그렇다. MZ세대에게 보수와 진보, 이념은 큰 문제가 아니다. 그보다는 좀 더 구체적인 이슈, 예를 들면 양성평등 같은 게 문제가 된다.

MZ세대 여성에게는 젠더갈등이라는 말도 비판받을 가능성이 높다. '갈등'이란 동등한 위치의 집단이 대립하는 것을 의미한다.[250] 여성이 여전히 차별받는 상황에서 뚜렷하게 드러나지 않는 남성 혐오 현상을, 심각하게 인식되는 여성 혐오 현상과 동일하게 다룬다는 측면에서 젠더갈등 프레임을 거부하는 여성도 있다.[251]

이들 MZ세대 여성에게 양성평등 문제는 생존의 문제다. 한국 사회에서 여성 혐오 문제가 전면으로 부각되기 시작한 건 2016년 '강남역 여성 살인사건' 이후의 일이다. 한겨레21에 따르면 2018년을 기준으로 살해당한 여성의 수는 10만 명당 1.26명으로 OECD 가입국 38개국 중 9번째로 많은 수다.[252] 온라인 성범죄는 2021년 1월부터 11월까지 4,058건 발생해 2년 전에 비해 3배 넘게 늘었다.[253] 법원에서 판결이 난 스토킹 범죄의 64%는 성폭력이나 폭력 사건으로 이어졌다.[254]

젠더갈등은 여성이 신체적으로만 위협당하는 것만을 포함하는 게 아니다. 여성가족부가 2021년 처음 실시한 성별임금격차 조사 결과에 따르면 전자공시시스템에 2020년 사업보고서를 제출한 상장기업에 근무 중인 여성이 남성에 비해 평균 연 3천 만 원 정도를 적게 받는 것으로 드러났다. 남성의 연봉은 7,980만 원이었지만 여성은 5,110만 원에 그쳤다.[255] 통계청이 2021년, 1983년생 여성의 삶의 조사해봤더니 이들의 74.8%가 기혼자였는데 이 중 경력 단절 여성은 25.5%에 달했다. 1983년은 통계청이 처음으로 출생·혼인·이혼·사망 4종 통계를 기록하기 시작한 때다. 통계청이 파악한 바로는 결혼과 출산을 거치며 직업을 유지한 여성은 39.6%에 그쳤다.[256]

인식적 차별은 여전하다. 국가인권위원회가 차별에 대한 인식을 조사(2020년 기준)한 결과를 보면 성별로 인한 차별을 경험한 적 있다고 응답한 여성은 전체의 71%였다.[257] 여론조사기관 한국리서치 조사(2021년 2월 기준)에 따르면 직장에서 성차별이 일어나고 있다고 응답한 여성은 전체의 61%였다.[258]

이런 통계만 봐서는 여성만이 양성평등 문제에 민감하게 반응해야 할 것으로 보인다. 그러나 현실에서는 MZ세대 여성과 남성 모두 양성평등 문제에 예민한 반응을 보인다.

MZ세대 남성은 양성평등 혹은 페미니즘, 젠더 같은 개념을 남성을 공격하는 것으로 받아들인다. 이들 개념으로는 남성이란 잠재적 성범죄 가해자일 뿐인데, 사실 남성은 원하지 않는 병역 의무를 2년간 이행한 피해자이기 때문이다. 남성의 피해자 인식은 날이 갈수록 커지고 있는데 성범죄만큼이나 성범죄에 대한 무고죄가 많이 발생한다는 것을 그 근거로 든다.[259] 여성과의 관계에서도 여성의 모순적인 태도는 남성을 압박한다. 주어지는 의무는 많은데 누릴 수 있는 권리는 부족하다는 것이다.

그러나 이 이유만으로는 MZ세대 남성이 반페미니스트가 되기에 부족하다. MZ세대 남성의 젠더 개념에 관한 인식 악화는 사회·경제적 환경과 관련된다.

왜 MZ세대 남성은 분노하나

MZ세대 남성의 양성평등 인식이 악화된 이유로 많이 꼽히는 것은, 여성의 사회.경제적 지위가 높아짐에 따라 MZ세대 남성이 위협을 느끼고 있다는 것이다. MZ세대 남성은 전에 없이 많은 경쟁자를 앞에 두고 있다. MZ세대 여성은 물론 이주민까지도 그들과 함께 일자리를 두고 경쟁하는 상황이다.

4년제 대학을 졸업하고 어떤 직업을 얻는지를 따져보면 1990년대

상반기 졸업자와 2007~2008년 졸업자의 직업 질이 다르다. 1990년대 상반기는 한국이 고도 성장기를 지나 안정적인 성장을 이루고 있던 시점이다. 2007~2008년은 세계적인 금융위기를 맞던 시점이다. 1990년대 상반기에 졸업한 남성 84%가 정규직에 취업했다. 2000년대 초반만 하더라도 65.5%의 남성 대졸자는 정규직으로 직장을 구했다. 그런데 2007~2008년에 그 비율은 56.3%로 뚝 떨어졌다. 그리고 그 이후로 상황은 점점 더 악화됐다.

대졸자 여성의 경우 1990년대 상반기에도 넷 중 하나의 인원이 비정규직으로 취직했다. 2000년대 졸업생 중에는 셋 중 하나로 상황이 악화되었지만 완만한 수준이다. 남성처럼 급격한 변화가 일어나지 않았다는 점에서 남성의 위기의식이 더 강해졌다고 볼 수 있다.[260] 남성이 느끼는 불안정이나 불안감 같은 감정이 더 강하게 느껴졌을 수 있다는 얘기다.

갑자기 불안정해진 환경은 MZ세대 남성에게 상대적 박탈감을 불러일으켰고, 상대적 박탈감은 피해의식을 불러올 수 있다. 무엇 때문에 이런 일이 벌어졌는지를 따져보다가 짚어낸 것 중 하나는 병역 문제다. 한국 남성의 남성성을 구성하는 핵심 요소가 바로 병역이다.[261]

왜 남성은 군대에 가야 하는 것일까. 많은 남성은 이를 여성의 탓으로 돌렸다. '여성이 가지 않기 때문에' 남성만 군대에 간다. 군대에서 겪을 수밖에 없는 폭력적인 환경, 무기력하게 버려야 하는 2년의 기간에 대한 불안과 분노는 특히 병역 의무를 마치기 전인 10대 후반부터 20

대 초반에 집중적으로 형성된다.[262] 성인기 진입 단계인 20대 초반에 형성된 인식은 크게 바뀌기 어렵다. 다양한 근거를 찾으며 인식을 강화시키는 것이 일반적이다. MZ세대 남성의 양성평등에 대한 피해자적 인식은 10대 후반부터 형성된 뿌리 깊은 것이다. 이것이 20대 중후반 취업 준비기를 거치면서 위기의식과 결합해 여성에 적대적인 인식으로까지 확장된다.

'젠더갈등'은 실재하나

이 문제는 MZ세대의 부정적인 특성과도 연결된다. MZ세대는 설득되지 않는다. MZ세대를 설득하기란 아주 어려운 일인데, 자기 의견을 잘 드러내지 않아서 어떤 생각을 하는지 파악하기도 쉽지 않을뿐더러 생각을 드러낸 경우에는 확고한 의견을 지니고 있기 때문이다. 그러니 MZ세대 여성과 남성이, 또는 기성세대 남성과 MZ세대 남성이 의견을 나누고 합치점을 찾기란 쉽지 않다. 대립적인 언어만 오갈 가능성이 높다.

'설득되지 않는 세대'로 MZ세대를 이해하려면 이들이 어떻게 소통하는지를 살펴야 한다. 인류학자 에드워드 T. 홀에 따르면 문화권을 고맥락 문화와 저맥락 문화로 나눌 수 있다고 한다. 고맥락 문화에서 커뮤니케이션은 숨겨진 의미를 지니고 진행된다. 저맥락 문화에서 직설적으로 말하는 것과 다르다. 고맥락 문화에서 커뮤니케이션의 목적은 좋은 관계를 유지하는 것이다. '언제 한번 밥 먹자'는 말을 예로 들자면 저맥락 문화에서는 말 그대로 '식사 약속을 잡자'는 것이지만 고맥락 문화에서는 헤어질 때 하는 예의 있는 표현이다. 저맥락 문화에서 말의 의도는 명확하고 이유는 명쾌하게 설명된다. 서로를 이름으로 부르고 상대의 말에 자주 끼어들고 입씨름을 벌인다.[263]

온라인 공간은 저맥락 환경이다. 이언 레슬리는 저맥락 커뮤니케이션을 수행하는 온라인에서는 두 가지 행태가 나타난다고 짚었다. 싸우거나 도망치는 것, 의견 충돌이 일어나면 무의미할 정도로 논쟁에 매달리거나 아예 침묵하는 것이다.[264] 즉 어떤 갈등 양상은 온라인에서 조금 더 극화(劇化)되어 비칠 수 있다는 것이다.

자료를 보자. 여성가족부에서 실시한 '2021년 양성평등실태조사'를 보면 한국 사회의 남성과 여성 간 평등 수준에 대해 여성이 더 불평등하다고 생각하는 MZ세대 여성은 65.4%에 달했다. 의외인 것은 여성이 더 불평등한 상황에 놓여있다고 응답한 MZ세대 남성이 41.4였다.[265] 한국갤럽이 2019년 전 세계 40개국 여론조사기관과 함께 실시한 각국의 '성평등에 대한 인식 조사'에서 MZ세대 남성의 셋 중 하나는 한국 사회가 남성에게 더 우호적이라고 응답했다.[266]

온라인 환경에서 보이는 극단적인 반페미니즘 정서와는 달리 현실에서는 상당수의 남성이 여전히 양성평등이 이뤄지지 않고 있다는 문제의식을 지녔다는 점은 중요하다. 반페미니즘 정서가 과장되어 있을 수 있다는 의미이기 때문이다.

놀이로서 '젠더갈등'

반페미니즘 정서가 과장되어 보이는 데는 온라인상의 놀이 문화가 한 원인이 된다.[267] 문화체육관광부의 2020년 '국민여가활동조사'를 보면 온라인 환경에서 콘텐츠를 더 많이 소비하는 것은 남성이다. 남성은 스마트폰 등으로 인터넷 방송을 시청하고 게임한다. 여성들은 웹서핑을 하고 모바일 메신저 등으로 소통한다.[268] 이 때문에 콘텐츠 중심의 온라인 커뮤니티는 남성 이용자 중심으로 운영되고 있다. 실제로 2021년 12월을 기준으로 가장 인기 있는 온라인 커뮤니티 상위권에 있는 에펨코리아·일간베스트·루리웹·인벤·클리앙 등은 '남초(超)'라고 불릴 정도로 남성 이용자가 더 많은 커뮤니티들이다.

이런 환경적인 특성을 바탕으로 온라인 커뮤니티의 상당수를 점하는 MZ세대 남성은 소통의 도구로 반페미니즘 정서를 이용한다. 여성혐오를 포함한 반페미니즘 정서는 커뮤니티의 결집력을 높이고 밈을 만들어내는 재료가 된다. 그러면서 근거는 한층 강화되고, 주장은 과격해진다. 반페미니즘 정서의 과격함은 온라인 환경에서 의견이 극화되는 과정과 같다.

이 여론은 지배적인 것처럼 보인다. 그러나 레슬리가 언급한 것처럼 온라인상의 극단적 의견 대립은 현실에서 의견을 제대로 풀어내고 있지 못하다는 증거일 수도 있다.[269] 막상 현실에서 젠더갈등에 관해 이야기하는 MZ세대가 드문 이유다. 이런 점에서 MZ세대의 젠더갈등 문제는 심각한 사회 문제보다는 커뮤니케이션과 정체성의 문제로 다루어야 할 필요가 있다.

반면 어떤 MZ세대는 극단적인 양성평등 인식을 지녔다는 점도 인식해야 한다. 이런 MZ세대는 설득되지 않는다. 자기 의견이 확고한 대신 드러내놓고 생각을 표현하지 않는다는 점에 주의해야 한다.

31

Generation MZ's manual

TMI_ 극화된 갈등

TMI는 2017~2018년에 걸쳐 자리 잡기 시작한 신조어다. 'Too Much Information', 즉 너무 많은 정보라는 의미로, 꼭 필요하지 않지만 부가적으로 제공된 정보이다. "TMI지만 굳이 말하자면"이라는 식으로 쓰인다.

비슷한 말로 정보과다(Information Overload)는 주로 학계에서 쓰이는 용어로 TMI와 의미가 조금 다르다. 정보과다가 정보에 과잉 노출된 현상을 의미한다면 TMI는 필요 없지만 획득해버린 정보 자체를 의미한다.

그래서 TMI는 희화화되어 사용될 때가 많다. MZ세대는 TMI로 밈을 만들곤 하는데 '민초냐, 반민초냐'를 따지는 밈이 그렇다. 민초는 민트초콜릿을 줄여 말하는 것으로 특유의 향과 맛 때문에 아예 먹지 못하는 사람도 많다. 사람들에게 민트초콜릿을 먹을 수 있느냐 없느냐를 묻는 밈이 있는데, 웬만한 유명인은 한 번씩 대답해봤을 정도다.

여기에 '부먹찍먹' 밈까지 합해지면 유명인에 대한 TMI가 완성된다. 탕수육에 소스를 부어 먹느냐 찍어 먹느냐를 묻는 부먹찍먹 밈은 2010년대 초반부터 온라인 커뮤니티를 중심으로 생겨나기 시작했다. 사뭇 진지한 듯 부먹파(派)인 사람과 찍먹파인 사람은 친구가 될 수 없다느니, 특정 인물이 부먹파인 줄 몰랐다며 놀라는 반응을 보이는 식으로 구성된 밈이다.

이런 밈들에서 보듯이 TMI는 대부분의 경우 오락이나 소통을 위해 존재해왔다. 그런데 시간이 갈수록 MZ세대가 접하는 TMI에 먹구름이 끼기 시작했다. 알지 않아도 되는 정보 내지는 알게 되어 더 해가 되는 정보에까지 노출되기 시작했다. 이를테면 사건·사고·범죄와 관련된 정보다.

범죄는 늘어나고 있는가

한국리서치의 '범죄 인식 조사(2021년)'를 보면 열 명 중 네 명 안팎의 MZ세대는 1년 전보다 한국의 범죄 건수가 늘었다고 인식했다.[270] 2020년 조사를 봐도 비슷한 수치다.[271] 그런데 실제로 경찰청 통계자료를 보았을 때 총 범죄 발생 건수는 2017년에 전해에 비해 크게 줄어든 이후 비슷한 수치를 보이고 있다. 2020년에는 2019년에 비해 오히려 범죄 발생 건수가 줄었다.[272]

현실과 인식의 괴리가 나타나는 가장 큰 이유로 꼽히는 것이 바로 언론 보도 양이다. 언론이 범죄와 관련된 보도를 늘릴수록 사람들은 더 많은 범죄가 일어나는 것으로 착각하고 문제를 심각하게 받아들인다는 것이다.[273)]

서울신문은 소년 범죄와 관련하여 몇 가지 실험(2020년)을 했다. 그중에는 소년 범죄와 관련된 신문 기사를 읽어주고 한 해에 소년 범죄가 몇 건이나 발생하는지 짐작해보도록 질문을 던진 것도 있었다. 실제로는 2018년 한 해 6만여 건의 소년 범죄가 일어났는데 실험에 참가한 사람들은 17만 건으로 추정했다.[274)]

그러니까 MZ세대가 한국 사회를 많은 범죄에 노출되어있고, 이 문제가 심각하다고 인식하는 것은 어쩌면 만들어진 것일 가능성이 높다는 얘기다. 이 인식이 만들어지는 과정에 TMI가 작용한다.

범죄에 대한 TMI는 요즘 쉽게 발견할 수 있다. 예컨대 민주언론시민연합(민언련)에 따르면 언론 보도를 통해서도 마약 구입처를 알 수 있다. 2019년 3월과 4월에 걸쳐 민언련이 8개 방송사 저녁종합뉴스 보도를 점검해본 결과를 보면, 채널A의 보도 영상에서 마약을 구입하는 경로와 마약 이름이 그대로 노출되었다.[275)] TV 화면을 통해 오히려 마약 구입을 시도해볼 수 있을 정도의 정보가 제공된 셈이다.

이런 사례는 수없이 많다. 범죄 수법에 대한 기사, 범죄자에 대한 TMI 같은 것은 언론사 홈페이지뿐 아니라 온라인 커뮤니티와 소셜미디어, 유튜브를 타고 재생산되고 확장된다. 그리고 누구보다 이들 매체에 근접한 MZ세대는 TMI에 둘러싸인 채 부정적인 범죄 인식을 지니게 된다.

왜 MZ세대는 극단적인가

MZ세대가 특히 더 TMI에 노출되어있고, 부정적인 영향을 받는다는 것은 여러 연구를 통해 미루어 짐작할 수 있다. 한국언론진흥재단에서 발간하는 미디어 이슈 데이터에서 코로나19와 관련된 정보를 얼마나 잘 다루는지를 조사한 결과에 따르면 일례로 '헤어드라이어를 쐬어주면 코로나19 바이러스가 죽는다'는 가짜정보에 대해 20대의 7.1%는 사실이라고 생각했는데 전체 평균 6.7%에 비해서도 높은 데다가 60대 이상의 응답자 6.5%가 사실이라고 생각한 것보다 비교적 높다. MZ세대는 '중국 당국은 "마늘이 코로나19 예방책"이라고 공문을 통해 권고한 바 있다'는 가짜정보에 대해서도 다른 연령대에 비해 더 나은 판단력을 보여주지 못했다.[276]

서울대 언론정보연구소 연구진 등은 가짜뉴스에 노출될 확률과 연령의 상관관계를 따져봤을 때, 가짜뉴스에만 노출될 확률은 연령이 높을수록 높게 나타났지만, 가짜뉴스와 진짜뉴스 모두에 노출될 확률은 연령이 낮을수록 높게 나타났다고 밝히기도 했다.[277] 다시 말하자면 MZ세대는 정보의 질에 상관없이 많은 정보에 노출되어있으며 이를 명확히 판별하지 못한다는 것이다.

문제는 이렇게 TMI에 노출된 MZ세대에게 일어나는 일이 문제다. MZ세대는 TMI로 인해 극화(Polarzation)되고 있다. 극화는 극단화(Extremization)된 의견이 더 강화되는 것을 가리킨다.[278]

예를 들어 이화여대 연령통합고령사회연구소에서 실시한 '연령통합 및 세대통합 조사(2018년)' 결과를 활용한 〈청년세대의 연령주의 유형화 및 연령주의 유형과 세대갈등·노인복지정책 인식의 관계〉라는 논문을 읽어보자. MZ세대의 65%가 노인 차별적 인식을 지닌 것으로 드러났는데 대부분은 소극적인 유형이었다.

연구진들은 소극적 차별인식이 있는 MZ세대에게 '개입'이 필요하다고 지적했는데[279] 그렇지 않으면 적극적인 차별인식으로 심화될 수 있기 때문이다. 그런데 차별적 인식이 강화될 수 있는 요인으로 꼽은 것이 '미디어 등을 통해 양산된 이미지'이다.[280] 노인 문제에 대한 교육이 뒷받침되지 않은 상황에서 범람하는 정보와 이미지가 극단적인 인식을 극화할 수 있다.

종종 MZ세대는 극단적이라는 지적을 받는다. '이대남(20대 남성)'이라는 현상이 그렇다. 이대남은 눈에 띄게 보수적이고 갈등 지향적인 성향이 있다. KBS에서 20~34세의 남성들을 중심으로 이대남 현상에 대해 조사해본 결과를 보면, 이들 MZ세대 남성은 몇몇 질문에서 유독 도드라지게 응답했다.

'환경보다 개발이 중요하다'는 문장에 그렇다고 답한 20~34세 남성은 43.8%로 같은 나이 여성의 11.5%만이 그렇다고 답한 것과 차이가 난다. 포괄적 차별금지법이나 성평등 정책, 비정규직 문제 등 사회 갈등 문제에 대해 다른 연령, 성별과 다른 성향의 답을 내놓았다.[281)]

이런 몇몇 MZ세대의 극단적인 차이를 설명하기 위해 경제적·사회적·정치적 설명이 뒤따르고 있지만 놓쳐서는 안 될 부분이 있다. 바로 이들이 TMI에 노출된 첫 번째 세대라는 점이다. MZ세대는 TMI를 만들고 접하고 받아들이며 살아간다.

네이트판과 맘카페, 트위터, 인스타그램

MZ세대가 TMI를 접하는 가장 손쉬운 통로 중 하나는 커뮤니티다. 네이트판은 다른 사람의 TMI가 끊임없이 전시되는 커뮤니티다. 누군가의 사연이 게시되고 그에 대한 댓글이 달리는데 이를테면 "시부모님만 명품 패딩 사드린 남편"과 다툰 게 잘못된 일인지 판단해달라는 글이 올라오는 식이다. 이 글에서 사람들은 글쓴이의 가정환경과 결혼생활, 가족관계와 재정 상황까지 모두 알게 된다. 글은 한 번에 그치지 않고 '후기'라는 이름으로 또 게시되며 "이혼합니다"라는 TMI까지 알려준다.

네이트판뿐 아니라 맘카페, 트위터, 인스타그램부터 각종 익명 커뮤니티까지 MZ세대는 매일 같이 TMI를 접할 수 있다. 기존에 알고 지내던 사람과의 대인 관계가 우선이 되는 기성세대와 다르다. MZ세대는 이름도, 얼굴도 모르는 사람의 TMI를 외우듯 읽어내고 자신의 TMI

까지 쏟아내는 세상에서 살아간다.

TMI가 만들어지기 위해서는 극단적이고 자극적인 이야깃거리로 남을 만한 부분이 있어야 한다. 그렇지 않으면 굳이 TMI로 풀어낼 이유가 없기 때문이다. MZ세대는 늘 자극적이고 극단적인 이야기 속에 둘러싸여 있다는 의미다.

범죄와 가짜뉴스로 구성된 TMI에 더 많이 노출되어 있고 그에 영향을 받는 것이기 때문이다. MZ세대는 TMI에 익숙하다. TMI가 없으면 MZ세대의 이야기 주머니는 홀쭉해질지도 모른다. 풍성한 이야기 주머니 속에 평범하고 소소한 이야깃거리는 많이 존재하지 않는다는 게 문제다.

일반적인 난민의 이야기보다는 범죄를 일으킨 어느 난민의 TMI, 방역 수칙을 잘 지킨 대부분의 성소수자에 대한 이야기보다는 일탈적인 행동을 하는 성소수자와 그들의 아지트에 대한 TMI 같은 것이 이야기 주머니 속에 가득 담겨있다.

이 이야기로 구성된 MZ세대의 세계는 자연히 무난하게 비춰질 수 없다. MZ세대는 TMI를 통해서 극단적인 인식을 만들어가고 강화한다. MZ세대가 TMI에 노출되면 될수록 그런 경향은 더 강해질 것이다.

32

Generation MZ's manual

중독_ 소비로 대체되는 집착

소득이 불평등한 사회일수록 정신 질환은 많이 발생한다.[282] MZ세대를 둘러싼 환경은 악화되고 있다. 좋은 일자리를 두고 경쟁이 치열해지고 소득 상승률은 낮아지며 세대 내부에서도 자산 불평등이 심화되고 있다.[283] 삶의 불안정성은 커지고 불안감이 확산되었다. 이런 상황은 MZ세대가 여러 정신적인 문제를 호소하는 원인이 되었다.

그중에서도 MZ세대의 우울증은 시급한 문제다. 보건복지부가 발표한 '코로나19 국민 정신건강 실태조사(2021년)'를 보면 MZ세대의 우울한 감정은 다른 연령대에 비해 높았다.[284] MZ세대의 정신건강 문제를 다룰 때는 우울증과 불안 같은 감정이 이끌려 나오곤 했다.

그런데 간과되는 정신건강 문제가 있다. '중독'이다. MZ세대는 중독에 노출된 세대다. '2020 스마트폰 과의존 실태조사'를 보면 미성년자를 제외하고 MZ세대의 스마트폰 중독 비율이 뚜렷하게 높았다.[285] 알

코올 중독 고위험군이 많은 세대 중 하나는 MZ세대, 그중에서도 30대다.[286] 일종의 '음식 중독'인 폭식증의 경우, 건강보험심사평가원의 자료에 따르면 환자 중 MZ세대가 제일 많은 수를 차지했다.[287]

중독은 뇌의 문제로 발생한다. 뇌는 자극을 받으면 도파민을 방출시켜 쾌락을 얻는다. 그런데 자극이 반복되면 도파민 D2수용체가 손상된다. 뇌가 둔감해지면서 자극에 내성이 생기는 것이다. 내성이 생기면 적은 쾌락만을 얻을 수 있는데, 그런데도 계속해서 자극을 받으려는 데는 이유가 있다. 우리 뇌는 도파민을 증가시키는 행동이라면 계속하려 들기 때문이다. 대신 자극이 끊기면 금단증상이 일어난다. 쾌락이 줄어도 욕구는 점점 강해진다. 반복되면 자극이 일어나는 행동만 아니라 그 신호만 받아도 도파민을 분비한다.[288] 예컨대 약물을 투입해서 도파민을 방출한 경험이 있다면 약물 투여 횟수가 반복될수록 쾌락은 줄지 몰라도 약물을 담은 주사기만 봐도 도파민이 분출된다. 그런데 중독은 물질이나 행동 자체만으로는 생기지 않는다. 물질을 접하게 하는, 행동을 유발시키는 환경이 없다면 중독자의 수는 크게 줄 것이다. 다시 말해서 MZ세대를 고립시키고 힘들게 하는 현실적 문제가 아니라면 MZ세대의 중독도 문젯거리가 되지 않을 것이다.

불확실한 정체성이 이끄는 중독

●

중독은 사회적 문제와 결합된 심리적 문제로 인해 생

긴다. 연구에 따르면 '나'에 대한 정체성이 확실하지 않고 자존감이 낮으며 삶의 만족도가 낮은 사람은 '소비 중독'에 빠져있을 가능성이 높았다.[289)]

대부분 MZ세대는 '나는 누구인가'라는 질문을 많이 들어본 세대다. 스마트폰에 깔린 쇼핑몰 애플리케이션만 30개가 넘는 29살 식품업체 직원 A씨도 마찬가지다.

"취업준비생 기간이 1년이 넘었는데 그동안 썼던 자소서(자기소개서) 100개 중 '나는 누구인가'에 대해 쓰지 않은 건 없다고 봐도 돼요. 그런데 웃기는 것은 자소서 100개마다 다 다른 제가 있다는 거였죠. 이 회사에 지원할 때 저는 먹을거리를 좋아하는 사람이었고, 최종 합격 됐던 가구업체 자소서를 쓸 때는 인테리어에 관심이 많은 사람이었어요."

A씨의 이야기는 정체성이 많지만 없는 MZ세대의 모순을 잘 설명해준다. MZ세대는 경쟁에서 살아남기 위해 정체성을 만들어낼 수 있다. 대부분 MZ세대는 취업을 위해 스펙을 쌓는 생활을 청소년 때부터 해왔다. 대학에 진학할 때는 지망하는 학과에 따라, 직장에 지원할 때는 직장 분위기에 따라 서로 다른 정체성을 표현하려고 노력했다. 그 결과 MZ세대는 진짜 내가 누구인지를 알기 힘든 상황에 놓였다. 이 때문에 MZ세대 사이에서는 최근 '나'를 알기 위해 MBTI를 비롯한 각종 심리검사가 유행하기도 한다.

내가 어떤 사람인지 정확히 알지 못하는 MZ세대는 대신 표상적인 것으로 자신을 이해하려고 한다. 몇 가지 상징이 MZ세대 개인을 설명한다. 힙합, 느슨한 옷차림, 나이키 운동화 같은 기호는 힙스터로서 MZ세대를 표현해주다. 이 기호들이 상징하는 바가 빠르게 변한다는 게 문제다. 한때 힙스터들은 '블루보틀 커피'에서 모였지만 더 이상 이곳은 힙하지 않다. 샌프란시스코에서 시작된 이 커피 전문점은 한국에 첫 분점을 낼 당시만 해도 몇 시간을 기다려 커피 한 잔 마실 수 있는 힙스터의 성지(聖地) 같은 곳이었지만, 이제는 누구나 접근 가능한 평범한 곳이 되었다. 대신 힙스터는 새로운 곳을 찾아 지갑을 연다.

다시 말해 MZ세대는 소비하면서 자신의 정체성을 표현한다. 소비가 정체성과 관련 있다는 주장은 오래전부터 있던 것으로, 장 보드리야르 역시 소비 행태가 자신과 타인을 구별 짓는 방법이라고 지적한 바 있다.[290] 구별 짓는다는 것은 소비를 통해 구별 지어진 어떤 울타리 안에 편입될 수 있다는 걸 의미한다. 다시 말해 시계와 핸드백은 계급을 가르는 물건이다. 비싼 핸드백은 조금 더 높은 계급에 속해 있음을 알려주는 물건 중 하나다. 시계와 핸드백을 사는 데 이 하나의 이유만 있는 건 아니지만, 분명히 구별 짓기에서 밀려나지 않기 위한 욕구도 포함되어있다.

이렇게 소비를 통해 자신의 정체성을 표현하는 일은 쉽게 중독에 빠지게 한다. 공급자들은 늘 새로운 물건을 구입하게 하기 위해 정교한 마케팅을 펼치고, 소비자는 계속해서 새로운 물건을 구입하면서 자기를 표현한다는 착각에 빠진다. 유행에 맞춰 새롭게 자기를 표현하기 위해서 소비는 반복된다. MZ세대는 그 어느 때보다 소비하기 쉬운 환경에 놓여있다. 수많은 온라인 쇼핑몰, 체계화된 검색 시스템, 온라인 간편결제 시스템 같은 환경은 MZ세대를 소비 중독으로 이끈다. 한국인터넷진흥원의 '인터넷 이용 실태조사(2020년)'를 보면 매달 3번 이상 온라인 쇼핑을 하는 MZ세대 여성은 열에 여섯에 달했다. 10년 전과 비교해서 20대는 2배, 30대는 3배 가까이 증가한 수치다.

디지털화되는 MZ세대의 중독

MZ세대의 숨겨진 중독 증상 중 하나는 음식에 관한 것이다. 사실 정신의학적으로 음식 중독은 꽤 심각한 문제로 다뤄진다. 데이비드 T. 코트라이트는 음식 중독과 마약 중독이 닮아있다고 지적하는데, 두 중독자의 뇌를 촬영해보면 같은 문제를 보인다는 점이 이를 뒷받침한다. 음식 중독은 다른 중독을 대체하기도 한다. 술이나 담배를 끊으면 살이 찌는 이유 중 하나는 음식이 이들 중독 물질을 대체할 수 있기 때문이다.[291]

음식 중독의 대표적인 증상은 폭식증 같은 섭식 장애나 비만 같은 질환이다. 섭식 장애를 앓는 MZ세대는 해마다 늘고, MZ세대의 비만율 역시 상승하는 추세다. 이는 중독 현상으로 설명할 수 있다.

음식 중독이 일어나는 원인은 개인적인 게 아니다. 두 가지 측면에서 음식 중독은 문제가 된다. 하나는 임계점을 넘어서 자극적으로 노출되는 미디어의 음식 이미지와 관련 있다. 화면 가득 부글부글 끓어오르는 수프, 지글지글 구워지는 소리 같은 것은 한참이나 음식을 주목하는 카메라에 의해 효과적인 이미지를 전달한다. 시각·청각적 신호만으로 시청자의 뇌를 자극해 도파민이 방출되도록 하는 것이다. 그러면서 자극은 점점 강화되어 나중에는 '음식 포르노(Food Porn)'라는 말이 생길 정도로 극대화된다.

음식 중독은 외모 차별과도 관련이 있다. 외모 차별은 단순히 젠더의 문제만이 아니다. 여성에게 외모 차별이 더 압박적으로 작용하는 것은 맞지만, 그 원인은 신자유주의 체제와 관련 있다. 신자유주의 시대에서 개인은 모든 행동의 주체이며 책임 또한 개인이 진다.[292] 그러면서 자기 관리는 중요한 일이 된다. 외모를 가꾸고 능력을 기르는 자기계발이야말로 최선의 생존 전략이고, 이를 수행하지 못하면 도태될 수밖에 없다.

외모 차별은 이 지점에서 발생한다. 여기에 젠더가 개입되면 차별은 구조화된다. 한국여성정책연구원의 연구를 보면 '우리 사회가 요구하는 외모로 인해 불이익을 받는다'고 답한 20대 여성은 41.1%, 30대 여성은 33.6%으로 높은 수치를 보였다. 특히 외모에 대한 압박은 여성에게 집중된 것으로 인식되고 있는데 20대 여성의 92.5%, 30대 여성의 91%가 그렇게 생각했다.[293]

이 억압은 오히려 음식에 대한 집착을 키운다. 음식에 대한 자극은 원하지만, 외모에 대한 강박으로 고통받는 사람은 '먹방'으로 향한다.

먹방은 옥스퍼드 사전에 'Mukbang'이라는 단어가 그대로 등재될 정도로 주목받은 K 콘텐츠다. 먹방의 유행을 설명하는 요소 중 하나는 1인 가구의 증가로 혼밥(혼자 밥 먹기)이 늘었다는 것이다. 먹방은 TV 콘텐츠를 사회적 시청(Social Viewing)하는 것처럼 함께 시간을 나누는 것 같은 효과를 준다는 주장이 있다.[294]

그러나 그보다는 먹방을 시청하는 이유에는 쾌감을 얻기 위한 순수한 동기가 더 많이 작용한다. 뇌는 특정 행동을 떠올리게 하는 신호만으로도 도파민을 분출할 수 있기 때문에 먹방을 보는 것만으로도 음식을 섭취할 때 느끼는 쾌락을 얻을 수 있다는 얘기다. 더 많이 먹고, 더 자극적인 소리를 내며 먹는 먹방 유튜버의 모습은 더 많은 자극을 원하는 시청자의 욕구를 충족시키기 위한 것이다.

먹방의 주요 시청자가 MZ세대라는 사실은 MZ세대가 중독의 양태를 새로운 형식으로 풀어내고 있다는 것을 뜻한다. 소비 중독과 음식 중독 모두 각기 일어나는 것처럼 보이지만 실은 스마트폰 하나로 해결되는 문제다. 마약도, 도박도, 게임도 중독에 이르면 디지털화되어 표현된다. 즉 MZ세대의 중독 문제는 디지털과 밀접한 관련이 있어 하나로 묶일 수 있을지도 모른다. 이는 한 중독이 다른 중독을 대체할 수 있다는 걸 의미하기도 한다. 음식 중독에 걸린 MZ세대는 소비에도 매몰될 수 있다는 것이다.

33

Generation MZ's manual

저출산_ 행복을 위한 저항

2021년 한국의 합계출산율, 즉 여성 한 명이 평생 낳을 것으로 예상되는 자녀 수는 0.81명이다. 0.81명이 얼마나 낮은 수치인지 가늠하려면 OECD 가입국의 합계출산율과 비교해보면 된다. 전체 가입국의 통계 자료가 있는 2019년 기준으로 한국의 합계출산율은 0.92명인데, 유일하게 합계출산율이 1명 이하인 국가다. 한국을 빼고 가장 출산율이 낮은 스페인도 1.23명이다.[295] 통계만 두고 보면 다른 나라에서는 여성 한 명이 아이 한 명은 낳는다.

언제부터 합계출산율이 떨어졌을까. 통계 자료를 보면 1.2명을 전후로 오가던 합계출산율이 내리막길 일변도로 바뀐 게 2015년 정도부터다. 2015년 1.24명이던 합계출산율이 다음 해 1.17명으로 떨어졌고, 2018년에는 0.98명으로 1명 이하로 낮아졌다.[296]

본격적인 저출산 분위기가 감도는 게 2010년대 중반부터라고 한다면, 지금의 MZ세대는 저출산 문제의 당사자라고 할 수 있다. 그런데 많은 MZ세대는 저출산이 '나의 문제'라고 생각하지 않는다. 36살의 비혼 여성 우민정 씨는 "나와는 상관없는 문제"라고 잘라 말했다.

"내가 왜 나라의 저출산 문제를 걱정해야 하는 거죠? 그거야말로 내 몸을 저출산 문제를 해결하는 도구로 생각하는 것 아닌가요? 나는 출산하지 않음을 '선택'한 사람이 아니라, 그저 내 삶을 살고 있을 뿐이에요."

우 씨의 말에는 MZ세대가 직면한 저출산 문제의 핵심 원인이 담겨 있다.

이철희 서울대 경제학과 교수의 〈한국의 출산장려정책은 실패했는가?〉라는 논문과 신윤정 한국보건사회연구원 연구위원의 〈국내 코호트 합계출산율의 장기 추이 분석〉이라는 논문을 보면 저출산이 어디서 기원하는 것인지 짐작이 간다. 신윤정 연구위원은 혼외 출산이 드문 한국에서 비혼 인구가 늘어난 게 문제의 원인이라고 지적했다.[297)]

조금 더 자세히 살펴보자. 통계청 자료에 따르면 2019년 한국의 혼외 출산, 그러니까 결혼하지 않은 여성에게서 태어난 아이는 6,974명으로 전체의 2.3%이다.[298)] 역대 최고 수치인데 다른 국가와 비교해볼 때 턱없이 낮은 것이다. 2018년을 기준으로 프랑스는 60.4%가 혼외 출산아이고 영국의 혼외 출산율은 48.4%, 미국은 39.6%였다.[299)]

한국에서는 결혼하지 않은 여성이 아이를 낳는 사례가 드물기 때문에 아이를 낳지 않은 여성이 많아졌다는 게 비혼 여성이 증가한 이유 중 하나인 것이다. 이 교수의 논문에 따르면 2016년 배우자가 있는 여성의 합계출산율은 2.23명으로 2000년 1.7명에 비해 높아졌다. 다만 배우자가 있는 여성의 비율이 70.4%에서 50%대로 떨어졌을 뿐이다.[300] 결혼하면 으레 아이를 낳는데, 결혼 자체를 하지 않으니 출산율은 점점 떨어질 수밖에 없다는 것이다.

그게 왜 당연한지를 묻는 MZ세대

왜 MZ세대 여성은 결혼하지 않나. 그건 MZ세대의 특성과 관련이 있다.

MZ세대는 일종의 '해체주의자'다. '당연하다'고 생각해온 모든 것에 의문을 표한다. MZ세대 신입사원을 처음 맞이하는 기성세대라면 잘 알 만한 일이다. 당연히 참석해야 하는 것으로 여겨지던 회식에 불참하고, 회사 일보다 나의 일을 더 중요하게 생각한다. 생애 주기를 대하는 태도 역시 마찬가지다. MZ세대는 결혼 적령기가 되면 당연히 결혼하고, 결혼하면 당연히 아이를 낳는 삶의 과정에 '왜 꼭 그래야 하나'라고 질문한다.

더 나아가 당연하게 부여되던 개인의 역할에도 물음표를 던진다. 가임기 여성이라면 아이를 낳아야 하는 것일까. 아이를 낳고 나면 희생적인 엄마가 되어 육아에 온몸을 바쳐야 할까. MZ세대는 '그렇게 하지 않아도 된다'고 한다.

대다수의 MZ세대는 아이를 낳고서도 '나'를 잃지 않으려고 한다. 불과 얼마 전만 하더라도 가족의 중심은 부부가 낳은 자녀에게 있었고, 자녀를 위해 희생하는 부모가 옳다고 여겨졌다. 그러나 MZ세대 부모는 희생과 자신의 희망 사이에서 갈등한다.

문제는 변화된 인식에 따라오지 못하는 현실이다. MZ세대는 자녀가 태어나더라도 모든 것을 희생해 자녀를 키우기만을 원하지 않는다. 예를 들어 MZ세대 여성은 출산 이후에도 자기 일을 하기를 원하며, 출산 이전의 대인관계를 이어 나가고, 취미 활동도 유지하고 싶어 한다. 그러나 현실은 이를 불가능하게 한다. 희생하지 않으면 아이를 키우기 어렵다. 돌봄 비용은 해마다 높아지고, 부모의 성 역할은 쉽게 변하지 않는다. 부모로서 MZ세대는 예전 부모처럼 육아에 시간과 노력을 한껏 기울여야 한다. 머리로는 다른 방식을 꿈꾸지만, 몸으로는 희생하는 셈이다.

아직 아이를 낳지 않았거나 결혼하지 않은 MZ세대는 이런 현실을 보고 있다. 육아정책연구소가 펴낸 보고서 '청년층의 비혼에 대한 인식과 저출산 대응 방안'에서 청년에게 기혼자의 이미지가 어떤지 물어보았다. '기혼자가 행복해 보여서 나도 빨리 결혼하고 싶다는 생각이 든다'고 대답한 청년은 48.4%에 그쳤다. 오히려 '결혼해서 아이가 있는 사람들을 보면 힘들어보여 안쓰럽다'에 58.4%가 '그렇다'고 답했다.[301)]

다시 말하면 MZ세대는 출산과 육아, 더 넓게는 결혼 생활에서 '당연하다'고 여기던 것들에 의문을 지니기 때문에 결혼하지 않고 아이를 낳지 않는다. MZ세대는 당연히 결혼하고 아이를 낳고 희생해야 하는 게 아니기 때문에, 나를 지키며 살아간다. 이런 삶의 과정을 겪는 사람을 안쓰러워하기까지 한다.

태어나 행복하게 자랄 권리를 묻는 MZ세대

언론이나 정부 기관에서는 자주 저출산을 '취업 실패', '경제적 어려움' 같은 비관적인 단어와 연결하곤 한다. 의향은 있으나 경제적인 준비가 되지 않아 임신·출산을 미룰 수밖에 없는 사연도 자주 소개된다. 그러나 실제로 비혼·비출산이 좌절 끝에 나온 선택인 것만은 아니다.

소셜미디어 트위터에 게시된 1만 2000여 건의 저출산 관련 메시지를 분석해본 한 논문 결과도 그렇다. 트위터 이용자들이 저출산과 함께 제시한 단어는 '비혼', '독신' 같은 단어였는데 이는 '욜로', '행복', '선택', '미래', '꿈' 같은 단어와 자주 언급됐다.[302] 비혼·비출산은 '미래'의 '행복'을 위한 '선택'이라고 해석할 수도 있다는 결과다.

한 가지 통계 자료를 더 살펴보자. 한국보건사회연구원의 '전국 출산력 및 가족보건·복지 실태조사(2018년) 보고서'에서 자녀가 없어도 상관없다고 생각하는 미혼에게 그 이유를 물어봤다. 가장 많은 응답자가 '아이가 행복하게 살기 힘든 사회여서'라고 답했다. 경제적인 여유나 부부만의 생활 같은 문제는 그 뒤를 이었다.[303]

요즘 몇몇 MZ세대에게 한 가지 공유되는 표현이 있는데, 자신의 출생을 두고 '태어남을 당했다'고 하는 것이다. 때때로 '누가 낳아달라고 했느냐'고 불만 섞인 질문을 던지기도 한다. 이 표현들 속에는 그저 태어나 자라는 것 이상으로 행복하게 살 권리가 있다는 MZ세대의 인식이 깔려있다. 이렇게 생각하는 MZ세대는 아이를 낳기 전에, 아이가 태어나 자라기 좋은 환경인지를 계속 점검한다. 경제적 문제만 고려하는 게 아니라, 정서적·사회적으로도 아이가 행복해지기 힘든 환경이라면 낳지 않으려 한다. 출산과 육아가 의무적인 게 아니라 행복과 이어져야 하는 선택적이라는 사실을 깨달은 결과다.

결혼에 관한 생각 또한 마찬가지다. 결혼과 출산이 밀접하게 연결된 한국 사회에서는 '아이를 낳지 않는다'는 생각은 곧 결혼을 망설이게 하는 원인이 된다. 더욱이 아이가 없더라도 결혼이 곧 행복과 연결되는지에도 의구심을 품는 MZ세대가 많다.

앞선 육아정책연구소 보고서를 보면 부부의 전통적인 성 역할에 대해 비판적인 시각을 갖는 여성이 뚜렷하게 늘어나는 것을 알 수 있다. '맞벌이하는 경우, 집안일은 반반씩 나눠서 해야 한다'는 생각에 대해서 열에 아홉이 넘는 여성이 그렇다고 응답했다.[304] 그러나 현실은 인식과 다르다. 통계청이 발표한 맞벌이 부부의 가사노동 시간을 보면 남성이 쓰는 시간은 54분에 그치는 데 반해 여성의 가사노동 시간은 187분이나 된다.[305] 이런 문제 때문에 기혼 여성이 기혼 남성이나 미혼 여성보다 행복지수가 낮다는 연구 결과도 발표된 바 있다.[306][307]

결혼과 출산이 행복을 가져다주지 않는다면 굳이 선택할 필요 없다는 관점에서는 비출산 여성의 선택은 당연하고, 그런데도 출산한 여성의 선택은 존중받아야 한다. 그런데 지금 한국 사회에서 저출산 문제를 다루는 방식은 조금 다르다. 출산을 당연한 것으로 여기고, 출산하지 않는 여성을 '문제'로 만든다. 2016년 행정자치부에서 만든 '대한민국 출산지도'나 종종 다뤄지는 '출산력'이라는 단어가 이를 반영한다. 오히려 이런 관점에 반발해 출산하지 않겠다고 선언하는 여성도 있다. '아이 낳는 도구'로 취급되고 싶지 않다는 것이다.

지금껏 저출산 극복 방안은 경제적인 지원을 더 하는 데 초점을 맞춰왔다. 그러나 이제는 장기적으로 관점의 변화가 필요한 시점이다. 더 이상 저출산을 문젯거리로 만들지 않는 관점이 필요하다. 출산한 사람의 선택을 지원해주는 관점이다. 더불어 MZ세대가 생각하는 행복이 무엇인지를 고려해야 한다. 결혼과 출산이 행복과 연결되지 않는다는 것을 깨달은 MZ세대가 늘어날수록 저출산 분위기는 강화될 것이기 때문이다.

저출산 정책에 MZ세대는 물론 MZ세대가 낳을 자녀들이 행복한 삶을 살 수 있는 방향을 구성하는 것도 필요하다. 자녀를 낳고 기르더라도 부모의 삶을 잃어버리지 않을 수 있는 방법, 자녀가 원하는 진로를 설정하고 평안하게 살 수 있으리라는 확신을 얻을 수 있는 방법 등이 고려돼야 할 것이다. 그렇지 않다면 저출산 극복 정책은 지금껏 그래 왔듯 '밑 빠진 독에 물 붓기'에 그칠 가능성이 높다.

사회학자 전상진 서강대 사회학과 교수는《세대 게임(문학과 지성사)》에서 '인종 카드 게임(To Play The Race Card)'이라는 표현을 들어 세대 문제에 대한 의견을 개진했습니다. 인종 카드 게임은 어떤 목적을 위해 인종을 토론의 이슈로 삼는 것을 말합니다. 전 교수는 인종 카드 게임처럼 세대 논쟁도 '세대 게임' 형태, 즉 특정한 목적을 위해 세대를 도구로 이용하는 형태로 진행되고 있다고 주장했습니다.[308)]

'N포세대'처럼 호명하는 일을 예로 들 수 있겠네요. 청년을 무기력하고 정체되어있으며 궁핍하게 묘사하는 건 현실을 반영하는 것 이상의 의미를 지닙니다. 누가 청년을 그렇게 만들었는지 지목하게 합니다.

N포세대가 많은 것을 포기하는 근본적인 이유는 기성세대, 특히 86세대로 불리는 50대(2022년 기준) 때문입니다. 86세대는 좋은 일자리를 차지하고 네트워크를 조직해 청년세대의 사회 진입을 어렵게 했습니다.[309)] 부족하고 질 낮은 일자리라도 경쟁적으로 얻어내야 하는 청년은 다른 것을 포기하게 됩니다.

그러면서 세대론은 세대 대결 양상을 띠게 됩니다. 욕심 많은 기성세대와 피해를 입어 무기력해진 청년세대를 대비시키는 데 그치지 않습니다. '미래의 동력'인 청년세대를 다독이기 위해 기성세대의 카르텔을 해체해야 한다는 결론에 이릅니다. 즉 N포세대 같은 어떤 세대 호명에는 사회운동적인 목표가 있습니다. 이 사실은 때로 세대를 논하는 게 의미 없다는 비판을 불러옵니다. 다시 말해 세대는 이용될 뿐 사실은 다른 목적을 위해 세대를 만들어내는 것 아닌가 하는 비판입니다.

왜 MZ세대를 호명하는가

MZ세대에 대한 비판도 이와 관련되어있습니다. 가장 앞선 밀레니얼과 가장 뒤에 있는 Z세대의 20년 가까운 나이 차에도 불구하고 하나로 묶는 이유가, 호명하는 사람의 다른 목적 때문이라는 비판입니다. 이를테면 손쉬운 마케팅을 위해 MZ세대를 '생각 없이' 하나로 가볍게 묶어버린다는 지적이 가능합니다.

모든 세대론은 이런 비판에 직면할 수밖에 없습니다. 그런데 우리가 이론에 대해 오해하는 것이 있습니다. 사회이론은 자연법칙과 다릅니다. 법칙은 어느 하나 예외 없이 적용되는 것이지만, 이론은 꼭 그런 것이 아닙니다. 이론은 단순히 현상을 모아 기술한 것도 아닙니다. 현상에서 공통점을 발견해내고 관련 없어보이는 현상 간의 관계를 서술해내는 것입니다.[310)]

그러니까 이론은 현상을 일반화하는 방법입니다. 여기서 일반화란 단적인 면을 단정 지어버리는 것이 아니라 이론을 반복적으로 검증해 현실에 보편적으로 적용하는 것입니다. 이론은 현상을 일반화함으로써 현상의 원인을 논리적으로 찾으려고 합니다.[311]

조금 더 구체적으로 이야기해봅시다. MZ세대라고 이름 짓는 이유는 MZ세대, 그러니까 우리 사회의 청년세대가 왜 그렇게 행동하는지 파악하기 위해서입니다. 어떤 청년은 회사 회식을 거부하고, 어떤 청년은 MBTI에 푹 빠져있습니다. 어떤 청년은 연애하기를 포기하는데 왜 이런 걸까요. 이를 이해하기 위해 우리는 세대론이 필요합니다.

그러니까 MZ세대라는 세대론은 편의를 위해 만들어진 게 아닙니다. 각자의 현상을 기술하다 보니 공통점이 발견되었고, 그 공통점을 지닌 연령대를 파악하다 보면 MZ세대라는 결론이 도출됩니다. 단지 모든 MZ세대가 동일한 성향을 지니고 있다고 주장하는 것이 아닙니다. 사회과학 이론으로서 MZ세대론은 MZ세대가 보이는 이런저런 성향을 설명하고 원인을 파악하기 위해 추론하는 것입니다.

>> MZ세대를 위한 변명

MZ세대로 묶어내는 과정이 추측일 뿐이라는 비판도 가능합니다. 그러나 이 비판은 이론 형성 과정에서 추측의 중요성을 간과하는 일입니다. 추측은 임의적인 사고가 아니라 발견된 것을 정당화하고 일반화하는 과정입니다.[312]

역시 구체적으로 말하자면, MZ세대가 MBTI에 몰입되어있다는 현상은 어렵지 않게 '발견'할 수 있습니다. 그러나 이 현상이 MZ세대 전반에 걸쳐 일어나는지, 왜 MZ세대는 MBTI에 몰입하는지 추측해내는 과정이 없다면 현상은 그저 현상으로 흩어질 따름입니다. 그러니까 MZ세대라는 호명은 편의를 위해 설정된 나이 구간이 아닌 우리 사회 곳곳에서 발견되는 청년세대를 둘러싼 현상을 설명하기 위한 것입니다.

동시에 MZ세대는 세대 게임이라는 비판에서도 조금 자유롭습니다. MZ세대라는 호명은 어떤 적(敵)을 상정하지 않습니다. '88만원세대'처럼 세대의 궁핍을 따져 묻지 않습니다. 대신 현상을 중립적으로 설명하는 명칭입니다. 〈무한도전〉을 수없이 반복해 보는 청년, 밈을 만드는 청년, 결혼과 출산을 피하는 청년을 객관적으로 묶어낸 것이 MZ세대라는 호명입니다.

다만 그래서 'MZ세대를 한마디로 정의할 수 있는가'라는 질문에는 취약합니다. 현상의 기술에 초점을 맞췄기 때문에 다양하게 목격되는 MZ세대의 모습을 완전히 하나로 묶어낼 수는 없습니다. 'MZ세대는 개별화된 세대다', 'MZ세대는 남과 비교하는 세대다', 'MZ세대는 덕질하는 세대다', 다 맞는 말이지만 모든 걸 설명하지는 않습니다. 하나로 단정 지을 수 없는 세대로서 MZ세대는, 완전히 새로운 세대입니다.

>> '이기적 MZ세대'를 넘어서

새로운 세대를 대하는 태도에는 두 가지가 있습니다. 하나는 이해하고 받아들이는 것, 다른 하나는 무시하는 것. 당연히 이해하는 태도가 필요할 터입니다. 왜 우리가 MZ세대를 굳이 이해하고 노력해야 하는지에 대한 답입니다. 물론 이 책을 통해서도 설명되지 않은 MZ세대의 모습은 많습니다. 무엇보다 어떤 속성이 MZ세대를 하나의 세대로 만드는지에 대해 더 많은 연구가 필요합니다.

MZ세대를 그저 연령으로 묶은 세대라고 생각해서는 안 됩니다. 그럴 경우에는 단지 '요즘 젊은 애들은 이기적이다'거나 '이해하기 힘들어'라고 푸념하는 것에만 그칠 수 있습니다. MZ세대를 이해하는 일은 단지 1,300만 명의 20~30대를 이해하는 일을 넘어서는 것입니다. 이들이 구성하는 사회가 한국 사회의 일부분이고, 이들의 역할은 점점 더 사회의 중심으로 다가오고 있기 때문입니다.

그저 무기력한 청년, 불평등한 사회 구조로만 해석하기에 MZ세대는 다층적입니다. 다시 말하자면 MZ세대를 이해하는 일은 한국 사회를 이해하는 일입니다. 지금의 우리를 이해하기 위해 MZ세대를 읽어내야 합니다.

끝으로, 이 책을 쓰기까지 많은 사람의 도움을 받았습니다. 특히 저에게 모든 것을 주시는 엄마께 사랑을 전하며, 새로운 세대에 대한 이해와 소통을 담은 이 책을 마칩니다.

미주

프롤로그

1 최샛별. 문화사회학으로 바라본 한국의 세대 연대기. 이화여자대학교출판문화원. 2018. 118-163쪽

2 Michael Dimock. Defining generations: Where Millennials end and Generation Z begins. Pew Research Center. 2019.1.17. http://pewresearch.org/fact-tank/2019/01/17/where-millennials-end-and-generation-z-begins/

3 Generation Z . Oxford Learner's Dictionarie. Oxford University Press. http://www.oxfordlearnersdictionaries.com/definition/english/generation-z?q=generation+z

4 카를 만하임. 세대 문제. 책세상. 2020.

PART 1

5 정지우. MZ세대에 대한 관심, MZ세대의 반감. 매일경제. 2021.11.20. http://news.naver.com/main/read.naver?mode=LSD&mid=sec&sid1=110&oid=009&aid=0004881867

6 최샛별. 2018. 58쪽

7 최샛별. 2018. 70쪽

8 최샛별. 2018. 71쪽

9 박성준, 박치완. 상호세대적 세대 구분과 세대 통합의 문제. 인문학연구 59권 1호. 2020. 83-110쪽

10 지주형. 한국의 발전국가와 신자유주의 국가: 역사적 변동과 형태분석. 인문논총 41권 0호. 2016. 252-253쪽

11 장상철. 외환위기 이후 한국에서의 신자유주의의 내부화. 현상과인식 45권 2호. 2021. 53쪽

12 박미선. 로랜 벌랜트: 잔인한 낙관주의와 신자유주의 시대의 감정, 여/성이론 33호. 2015. 99-105쪽

13 김홍중. 서바이벌, 생존주의, 그리고 청년세대: 마음의 사회학의 관점에서. 한국사회학 49권 1호. 2015. 181쪽

14 김홍중. 2015. 196쪽

15 김수정, 최샛별. 부르디외의 지적 전통이 한국 문화정책에 갖는 함의. 문화정책논총 32권 2호. 2018. 46쪽

16 주창윤. 세대문화. 커뮤니케이션북스. 2016.

17 최샛별. 2018. 21쪽

18 최샛별. 2018. 127쪽

19 최슬기, 이윤석, 김석호. 세대별로 투표하는 정당이나 후보는 달라지는가?. 한국사회 20권 2호. 2020. 120쪽

20 지주형. 2016. 252-253쪽

21 교육인적자원부. 간추린 교육통계. 2005. 29쪽

22 박성준. 한국 청년세대 담론의 변화(1990s·2000s). 글로컬창의문화연구 8권 1호. 2019. 34쪽

23 주창윤.

24 김민옥, 조관연. 초기 온라인 커뮤니티 형성과 통신문화의 변화. 열린정신 인문학연구 18권 1호. 2017. 6쪽

25 예를 들어 김용철, 조영호, 신정섭. 신자유주의 시대의 한국인의 계급의식: 사회경제적 요인과 주관적 계층 인식이 계급의식에 미치는 영향. OUGHTOPIA 33권 1호. 2018. 128쪽

26 조귀동. 세습 중산층 사회. 생각의힘. 2020. 6-7쪽; 전자책

27 최종숙. '20대 남성 현상' 다시 보기. 경제와사회 125호. 2020. 216-218쪽

PART 2

28 양성희. '기생충'에 기생하기. 중앙일보. 2020.2.19. http://www.joongang.co.kr/article/23709507

29 강준만. 한류의 역사. 인물과사상사. 2020. 245쪽

30 강준만. 2020. 347쪽

31 고정애, 차준홍, 김주원. 국민 80% "다시 태어나도 한국인"···대일 적개심, 北보다 높아. 중앙일보. 2020.7.8. http://www.joongang.co.kr/article/23819643#home

32 한국리서치. 코로나19 성공적 대응과 국가자부심 향상. http://hrcopinion.co.kr/archives/15620

33 이숙종, 이내영, 강원택, 박형준. 한국인의 정체성: 지난 15년간 변화의 궤적. 동아시아연구원. 2020. 22쪽

34 양종구. 인터뷰 쇄도… 히딩크 "바쁘다 바빠". 동아일보. 2002.6.20

35 한국리서치. 코로나19 성공적 대응과 국가자부심 향상. http://hrcopinion.co.kr/archives/15620

36 컨슈머인사이트. 여행 행태 및 계획조사. http://www.consumerinsight.co.kr/travel/download.aspx

37 이숙종, 이내영, 강원택, 박형준. 2020. 22쪽

38 김지미. 할리우드 마이너리티 투쟁기. 황해문화. 2018. 253쪽

39 강준만. 2020. 547-549쪽

40 정호재. 다시, K를 보다. 메디치미디어. 2021. 256쪽

41 트렌드모니터. 2020 포스트코로나 시대 『여행』의 의미 관련 조사. http://www.trendmonitor.co.kr/tmweb/trend/allTrend/detail.do?bIdx=1968&code=0302&trendType=CKOREA

42 문화체육관광부. 2019 국민여행조사 통계편. 2020. 347쪽

43 문화체육관광부. 2014 국민여행 실태조사. 2015. 1031쪽

44 트렌드모니터. 2019 해외여행 이후 '나', '한국'에 대한 인식 변화 조사. http://www.trendmonitor.co.kr/tmweb/trend/allTrend/detail.do?bIdx=1759&code=0302&trendType=CKOREA

45 박창환, 김수용, 이훈. 관광에서 자유란 무엇인가?. 관광학연구 45권 3호. 2021. 68쪽

46 한국여성정책연구원. 직장 내 성차별적 괴롭힘 실태와 제도개선 방안 연구. 2020. 114쪽

47 통계청. 사회조사. http://kosis.kr/statHtml/statHtml.do?orgId=101&tblId=DT_1SSCL060R&conn_path=I2

48 이혜정, 정철. N포 세대는 왜 해외여행을 떠나는가?. 관광레저연구 31권 4호. 2019. 231-232쪽

49 곽재현, 홍지숙. 빅데이터를 활용한 욜로(YOLO) 현상 분석. 관광연구저널 32권 2호. 2018. 30쪽

50 여성가족부. 2021년 국민 다문화수용성 조사. 2021. 361쪽.

51 여성가족부. 2015년 국민 다문화수용성 조사. 2015. 399쪽

52 JTB総合研究所. インバウンド 訪日外国人動向. http://www.tourism.jp/tourism-database/stats/inbound/

53 조성란. 스페인 방문 한국관광객 50만명 돌파! 아시아에서 중국 이어 2번째로 많아. 투어뉴스21. 2018.12.26. http://www.tournews21.com/news/articleView.html?idxno=30456

54 갤럽리포트. 한국인이 좋아하는 TV 프로그램. http://www.gallup.co.kr/gallupdb/reportcontent.asp?seqno=915

55 윤태진. 정서적 참여와 실재(reality)의 재구성. 방송문화연구 23권 2호. 2011. 7-36쪽

56 'UN연설' 방탄소년단 "절망했지만 계속 움직일 것, 함께 살아냅시다". 2020.9.23. http://www.newsen.com/news_view.php?uid=202009231753480410

57 오후. MBTI는 틀리는 법이 없지!. SKEPTIC Korea Vol.27. 2021. 32-47쪽

58 이상일. '세계 28개국 행복도' 조사, 한국 순위는?. 주간조선 2574호. 2019.9.9. http://weekly.chosun.com/client/news/viw.asp?ctcd=C02&nNewsNumb=002574100006

59 김태균. "삶의 행복지수, 20~30대가 최저 … 불안감은 최고". 연합뉴스. 2018.2.4. http://www.yna.co.kr/view/AKR20180202095300033

60 이명희, 김아영. 자기결정성이론에 근거한 한국형 기본 심리 욕구 척도 개발 및 타당화. 한국심리학회지: 사회 및 성격 22권 4호. 2008. 157-174쪽

61 구재선, 서은국. 왜 한국 대학생이 미국 대학생보다 불행한가?: 상대적 외적 가치, 사회적 지원, 사회비교의 영향. 한국심리학회지: 사회 및 성격 29권 4호. 2015. 63-83쪽

62 이종한, 박은아. 내-외적 자기개념, 행복조건, 사회비교와 자기존중감의 관계: 초·중·고·대학생 비교. 한국심리학회지: 문화 및 사회문제 16권 4호. 2010. 423-445쪽

63 양준용, 조병희. 단체참여의 양면성과 우울: 사회비교 스트레스의 억제효과를 중심으로. 보건과 사회과학 46권. 2017. 5-30쪽

64 Edson C.Tandoc Jr.,Patrick Ferrucci,Margaret Duffy. Facebook use, envy, and depression among college students: Is facebooking depressing? Computers in Human Behavior 43. 2015. 139-146쪽

65 대학내일20대연구소. [데이터베이직] 미디어·콘텐츠(2021년 7월). http://www.20slab.org/Archives/37968

66 대학내일20대연구소. [메타버스 네이티브] '메타버스'를 모르는 Z세대 공략법. http://www.20slab.org/Archives/38144

67 대학내일20대연구소. 핫한 메타버스, MZ세대는 얼마나 이용할까?. http://www.20slab.org/Archives/37977

68 다이티. 국내&글로벌 메타버스 앱 분석. http://market.dighty.com/trendreport/?idx=9324732&bmode

=view

69 이상우(2022.1.13.). 대선 핫이슈된 NFT · 메타버스, MZ세대 소통 노린다. 아주경제. http://www.ajunews.com/view/20220113163054490

70 안병수(2022.2.22.). MZ세대 [illegible] http://www.segye.com/newsView/20220222502557

71 과학기술정보통신부. 2020 ICT 중소기업 실태조사. 2021. 80쪽

72 김난도, 최지혜, 이수진, 이향은. 더현대 서울 인사이트. 다산북스. 추가

73 최다래(2021.3.24.). '반짝 인기'였나… 클럽하우스 다운로드 '주춤'. 지디넷코리아. http://zdnet.co.kr/view/?no=20210324171432

74 오픈서베이. 소셜미디어 · 검색 포털 트렌드 리포트 2021. 22쪽

75 대학내일20대연구소. [데이터베이직] 미디어 · 콘텐츠(2021년 7월). http://www.20slab.org/Archives/37968

76 고명지. '#핫플레이스'를 통해 알아본 청년세대의 소비문화. 인문사회21 12권 3호. 2021. 657쪽

77 중앙일보. 초간단 세대 성향 판별기. http://www.joongang.co.kr/digitalspecial/453

78 송형국. KBS 세대인식 집중조사④ 세대가 아니라 세상이 문제다. KBS. 2021.6.25. http://news.kbs.co.kr/news/view.do?ncd=5218373

79 한국행정연구원. 2020년 사회통합실태조사. 2021

80 한국행정연구원. 2015년 사회통합실태조사. 2015

81 한국갤럽. 데일리 오피니언 제474호(2021년 11월 4주). 2021.11.25. http://www.gallup.co.kr/gallupdb/reportContent.asp?seqNo=1251

82 입소스. 한국인 정치성향 조사결과 분석 : 한국 국민, 자신의 정치 성향에 대해 혼란을 가지고, 정당 선택도 무작위처럼 나타나. 2018.11.13. http://www.ipsos.com/ko-kr/ibsoseu-peobeullig

83 대학내일20대연구소. 우리가 몰랐던 20대의 진보와 보수. 2016.4.8. http://www.20slab.org/Archives/12613

84 최종숙. '20대 남성 현상' 다시 보기 : 20대와 3040세대의 이념성향과 젠더의식 비교를 중심으로. 경제와사회 125호. 2020. 189-224쪽

85 천관율. '20대 남자, 그들은 누구인가'. 시사IN. 2019.4.15. http://www.sisain.co.kr/news/articleView.html?idxno=34344&page=28&total=5177

86 전수민. [보수화되는 20代] '젊음≠진보' 낡은 옷을 벗다. 국민일보. 2013.9.28. http://news.kmib.co.kr/article/view.asp?arcid=0007598053&code=11121100

87 이가윤. 20대도 朴으로… 왜?. 매일경제. 2012.12.3. http://www.mk.co.kr/news/politics/view/2012/12/802063

88 이병재. 한국 선거에 나타난 이슈 대중(issue public)의 특성과 투표 성향: 20대 총선과 19대 대선의 경우. 21세기정치학회보 30권 4호. 2020. 111-135쪽

89 류재성. 정치이념의 구성 요인에 대한 분석: 한국 유권자는 왜 자신을 보수 혹은 진보라고 생각하는가?. 정치정보연구 22권 2호. 2019. 113쪽

90 곽관용 · 마인섭. 한국 20대의 보수와 진보: 세대 간 및 세대 내 비교. 비교민주주의연구 15권 2호. 2019.

35-70쪽

91 강원택. 한국의 이념 갈등과 진보보수의 경계. 한국정당학회보 4권 2호. 2005. 196쪽

92 통계청. 2021 사회조사. 2021쪽

93 김서윤. 저항적 스타일을 소비하는 현실주의자, 현실과의 타협점에 비즈니스 틈새 있다. DBR 243호, 2018.

94 윤상우. 포스트 코로나 시대의 신자유주의 전망. 지역사회학. 22권 1호. 2021. 105-136쪽

95 장상철. 2021. 35-58쪽

96 방송문화진흥회. 2020년도 문화방송 경영평가 보고서. 2021. 79-81쪽. http://www.fbc.or.kr/business/mbcestimation

97 한국언론진흥재단. 2021 언론수용자 조사 통계표. 2021. 28쪽

98 정보통신정책연구원. 한국미디어패널조사. 2021. http://stat.kisdi.re.kr/statHtml/statHtml.do?orgId=405&tblId=DT_405001_I095&conn_path=I2

99 김수아. 디지털 미디어 시대 '개인화'와 사회의 의미. 문학과사회 33권 1호. 2020. 24쪽

100 오광수. X세대는 자신만의 문화를 향유한 최초의 세대였다. 쿨투라. 2021.1.26. http://www.cultura.co.kr/news/articleView.html?idxno=1280

101 전준영, 황소윤, 윤영미. 개인화 알고리즘으로 필터 버블이 형성되는 과정에 대한 검증. 멀티미디어학회논문지 21권 3호. 2018. 369-381쪽

102 김형지, 정은령, 김은미, 양소은, 이재우, 강민지. 가짜뉴스와 팩트체크 뉴스 노출 집단의 미디어 이용과 뉴스 인식, 그리고 리터러시 관계. 한국언론정보학보 101권. 2020. 231-267쪽

103 염정윤, 정세훈. 가짜뉴스 노출과 전파에 영향을 미치는 요인. 한국언론학보 63권 1호. 2019. 7-45

104 임동균. 단절사회에서 더불어 살려면: 개인화된 한국 사회와 플랫폼 사회의 도래. 이재열(편저). 플랫폼 사회가 온다. 한울 아카데미. 2021. 69쪽

105 김수정. 개인화 시대의 '개인주의'에 대한 개념적 탐색. 한국언론정보학보 94권. 2019. 17-23쪽

106 트렌드모니터. 2021 사회적 갈등 및 공동체 의식 관련 인식 조사. 2021. http://www.trendmonitor.co.kr/tmweb/trend/allTrend/detail.do?bIdx=2155&code=0404&trendType=CKOREA

107 허윤철, 채백, 강승화, 최창식. 구술사로 본 TV의 보급과 공동체의 변화. 언론정보연구 56권 1호. 2019. 113쪽

108 에릭 올린 라이트. 리얼 유토피아: 좋은 사회를 향한 진지한 대화. 들녘. 2012. 127-128쪽

109 예를 들면 '취미와 관심사에 의해 모인 불특정 다수와의 모임에 참여하고 있다' 20대 23.4%, 30대 31.6%. '다양한 모임에 참여할 의향이 있다' 20대 80.4%, 30대 73.2%
트렌드모니터. 모임 관련 인식 조사. 2019. http://www.trendmonitor.co.kr/tmweb/trend/allTrend/detail.do?bIdx=1779&code=0401&trendType=CKOREA

110 심귀연. 취향, 만들어진 끌림. 은행나무. 2021. 100쪽

111 이주현. 마켓컬리, 떡볶이 판매 3년간 연평균 430% 급증. 뉴스1. 2021.3.19. http://www.news1.kr/articles/?4246608

112 김형원. 마켓컬리 이용자 주요 키워드는 30대·여성. IT조선. 2021.7.13. http://it.chosun.com/site/data/html_dir/2021/07/13/2021071300731.html

113 이경호. 지난해 한식메뉴 중 '떡볶이' 관심도 톱…'된장찌개' 만족도 1위. 빅데이터뉴스. 2021.1.9. http://cnews.thebigdata.co.kr/view.php?ud=202101190831439248d0a8833aad_23

114 남민희. 20대 최애 아이템 ⑯떡볶이. 대학내일. 2018.3.30. https://univ20.com/84553

115 [illegible] 회지: 건강 24권 2호. 2019. 469-486쪽

116 전중환. 매운맛을 선호하게 하는 특수한 심리적 적응. 철학·사상·문화 28호. 2018. 208-234쪽

117 김병수. [MZ세대 경영학] 기업에서 주류로 부상. 매경LUXMEN. 2021.10.6. http://www.mk.co.kr/news/culture/view/2021/10/948127

118 백세희. 내가 〈죽고 싶지만 떡볶이는 먹고 싶어〉 쓴 이유. 오마이뉴스. 2019.1.3. http://www.ohmynews.com/NWS_Web/View/at_pg.aspx?CNTN_CD=A0002500614

119 유희재. 한국에서의 '매운맛'의 담화적 의미 연구. 한국어학 89호. 2020. 251-284쪽

120 주영하. 백년식사. 휴머니스트. 2020. 273-281쪽

121 고명지. 2021. 652쪽

122 농림축산식품부. 2021 국내외 외식트렌드. 2021. 79쪽

123 이채완, 오정민, 이상호. 사람들은 왜 관광경험을 SNS에 전시하는가?. 관광연구저널 34권 3호. 2020. 27-28쪽

124 홍상지, 윤재영. 먹고 놀고 볼 때마다 인증샷…시시콜콜 자랑 'ㅇㅈ세대'. 중앙일보. 2016.6.1. http://www.joongang.co.kr/article/20107827

125 윤경희, 백수진. 찍어야 살고, 찍혀야 살고…음식·카페 비주얼 전성시대. 중앙일보. 2017.1.11. http://www.joongang.co.kr/article/21105209

126 김수아. 안전하게 로그아웃. 창비. 2021. 추가

127 찰스 스펜스(2018). 왜 맛있을까. 어크로스. 2018. 205-207쪽

128 윤태영. 소비 수업. 문예출판사. 2020. 22-23쪽; 전자책

129 윤태영. 2020. 186쪽; 전자책

PART 3

130 트렌드모니터. 2017 부모세대와 자녀세대간 인식 차이 조사. 2017. http://www.trendmonitor.co.kr/tmweb/trend/allTrend/detail.do?bIdx=1562&code=0404&trendType=CKOREA

131 최샛별. 2018. 163쪽

132 이철승. 세대, 계급, 위계. 한국사회학 53권 1호. 2019. 13쪽

133 최샛별. 2018. 151-154쪽

134 백일현. 30대 그룹 임원, X세대가 절반 육박…네·카는 90% 넘어. 중앙일보. 2021.12.7. http://www.joongang.co.kr/article/25029901#home

135 이철승, 정준호, 전병유. 세대·계급·위계 Ⅱ: 기업 내 베이비 부머/386 세대의 높은 점유율은 비정규직 확대, 청년 고용 축소를 초래하는가?. 한국사회학 54권 2호. 2020. 45쪽

136 김정훈, 심나리, 김향기 386 세대유감. 웅진지식하우스. 2019. 28쪽

137 이철승. 불평등의 세대. 문학과지성사. 2019. 87-88쪽

138 한국리서치. 주변국 호감도 - 2021년 7월 1주차. 2021.7.7. http://hrcopinion.co.kr/archives/18743

139 차정미. 한국의 대중국 인식에 대한 이념의 영향. 아세아연구 60권 2호. 2017. 46-80쪽

140 임지현. 기억 전쟁. 휴머니스트. 2019.

141 송샘, 이재묵. 한반도 주변국에 대한 세대별 인식 차이 분석:남남갈등과 세대갈등의 중첩 가능성 연구. 지역과 세계 43권 1호. 2019. 117-141쪽

142 Laura Silver, Kat Devlin and Christine Huang. Unfavorable Views of China Reach Historic Highs in Many Countries. Pew Research center. 2020.10.6. http://www.pewresearch.org/global/2020/10/06/unfavorable-views-of-china-reach-historic-highs-in-many-countries/

143 여성가족부. 국민 다문화수용성 조사. 320쪽

144 여성가족부. 2018. 71쪽

145 한국리서치. 방식은 달라도 가치가 모여 실현하는 착한 소비. 2020. http://hrcopinion.co.kr/archives/16471

146 트렌드모니터. 착한 소비 활동 및 SNS 기부 캠페인. 2020. https://www.trendmonitor.co.kr/tmweb/trend/allTrend/detail.do?bIdx=1961&code=0404&trendType=CKOREA

147 정해식, 김미곤, 여유진, 김성근, 류연규, 우선희, 김근혜. 사회통합 실태 진단 및 대응 방안 연구(V). 2018. 한국보건사회연구원

148 김석호, 변미리 엮음. 서울의 미래세대. 서울연구원. 2021

149 방송통신위원회. 2020년 방송매체 이용행태조사. https://www.kcc.go.kr/user.do?mode=view&page=A02060100&dc=K02060100&boardId=1027&cp=2&boardSeq=50589

150 강준만. SNS 모바일 유튜브 시대의 언론.. 인물과사상 251호. 2019. 48쪽

151 박기웅, 조정연. 현대소비사회에서의 취향과 유행의 상관성과 대중문화의 역할. 한국콘텐츠학회논문지 10권 2호. 2010. 167쪽

152 김수정, 최샛별. 부르디외의 지적 전통이 한국 문화정책에 갖는 함의. 문화정책논총 32권 2호. 2018. 40쪽

153 이를테면 20대 74.8%, 30대 71.0%. 대학내일20대연구소. 연령별로 살펴보는 온라인 커뮤니티 이용 행태. 2021. http://www.20slab.org/Archives/37890

154 황주성. 온라인 커뮤니티 참가자의 유형과 구분요인에 관한 연구: 개인적 특성 요인을 중심으로. 사이버커뮤니케이션학보 37권 2호. 2020. 197-198쪽

155 조정열. 참여의 저주: SNS 발전은 사회갈등을 확산시키는가?. 비즈니스융복합연구 6권 1호. 2021. 117-123쪽

156 2021년 9월 기준 ▲1위 디시인사이드(디지털 카메라) ▲2위 에펨코리아(게임) ▲4위 루리웹(비디오 게임) ▲7위 더쿠(일본 음악) ▲8위 인벤(게임) ▲9위 클리앙(전자기기) 월간 커뮤니티 순위. 오늘의 베스트. http://todaybeststory.com/ranking_monthly.html

157 2019년 63.2%→2021년 76%. 루리웹 소개. 루리웹. http://bbs.ruliweb.com/etcs/board/10/read/6

158 트렌드모니터. 2021 팬덤 문화 및 BTS 정치사회적 영향력 관련 인식 조사. 2021. http://www.trendmonitor.co.kr/tmweb/trend/allTrend/detail.do?bIdx=2062&code=0303&trendType=CKOREA

159 ‘사회적으로 각 분야에 다양한 관심을 가진 덕후들이 많아질 필요가 있다’에 ‘그렇다’고 답한 응답자는 67.6%. 트렌드모니터. 2016 취미생활 및 덕후 신드롬 관련 인식 조사. 2016. http://www.trendmonitor.co.kr/tmweb/trend/allTrend/detail.do?bIdx=1496&code=0302&trendType=CKOREA

160 이융철, 우리는 항상 무엇인가의 팬이다: 팬덤의 확산, 덕질의 일상화, 취향의 은폐. 한국문화인류학 49권 3호. 2016. 104쪽

161 김민옥,조관연. 초기 온라인 커뮤니티 형성과 통신문화의 변화. 열린정신 인문학연구 18권 호. 2017. 6쪽

162 월간 커뮤니티 순위. 오늘의 베스트. http://todaybeststory.com/ranking_monthly.html

163 박상돈. “20대 가상화폐 구매경험 22.7%…평균 293만 원 투자”. 연합뉴스. 2018.3.7. http://www.yna.co.kr/view/AKR20180306159300008

164 이덕연·양지윤. ‘패닉 바잉’ 2030 · · · 전국서 아파트 54만 가구 샀다. 서울경제. 2021.8.12. http://www.sedaily.com/NewsVIew/22Q5TKG4GC

165 양희동. 삼성전자 동학개미는 누구일까?… ‘MZ세대 수도권 女’. 이데일리. 2021.3.12. http://www4.edaily.co.kr/news/read?newsId=02207446628982664&mediaCodeNo=257

166 방미현·이영민. 20대 청년세대에 관한 연구 동향 분석. 한국콘텐츠학회논문지 20권 7호. 2020. 223-232쪽

167 리처드 윌킨슨, 케이트 피킷. 불평등 트라우마. 생각이음. 2019. 160-161쪽

168 리처드 윌킨슨, 케이트 피킷. 2019. 100-101쪽

169 통계청. 사회조사. 2021. http://kosis.kr/statHtml/statHtml.do?orgId=101&tblId=DT_1SSSP041R&conn_path=I2

170 제니퍼 M. 실바. 커밍 업 쇼트. 리시올. 2020.

171 김지애. 패션스타일에 따른 MZ세대 여성의 색채 선호 특성. 이화여자대학교 디자인대학원. 2021. 62-65쪽

172 통계청. 사회조사. 2021. http://kosis.kr/statHtml/statHtml.do?orgId=101&tblId=DT_1SSSP244R&conn_path=I2

173 최성수, 이수빈. 한국에서 교육 기회는 점점 더 불평등해져 왔는가?. 한국사회학 52권 4호. 2018. 77-113쪽

174 정인관, 최성수, 황선재, 최율. 한국의 세대 간 사회이동과 교육 불평등 : 2000년대 이후 경험적 연구에 대한 종합적 검토. 경제와사회. 2020. 12-59쪽

175 최성수, 이수빈. 2018. 106쪽

176 정인관, 최성수, 황선재, 최율. 2020. 44-45쪽

177 마티아스 도프케, 파브리지오 질리보티. 기울어진 교육. 메디치미디어. 2020. 120-122쪽

178 안선영, Heman Cuervo,Johanna Wyn. 청년기에서 성인기로의 이행과정 연구 : 총괄보고서. 한국청소년정책연구원 연구보고서. 2010. p.3

179 제니퍼 M. 실바. 2020. 155쪽

180 통계청. 인구총조사. 2020. http://kosis.kr/statHtml/statHtml.do?orgId=101&tblId=DT_1JC1517&conn_path=I2

181 제니퍼 M. 실바. 2020. 184-185쪽

182 최해영. 올해 미혼남녀 41.8% ‘연애 안 했다’. 웨딩21뉴스. 2021.12.21. http://www.wedding21news.co.kr/news/articleView.html?idxno=245349

183 김은빈. "혼자인 게 편해" 당신도 '자발적 솔로'인가요?. 2017.7.27. http://www.joongang.co.kr/article/21795466#home

184 홍유담. "연애 · 결혼 원하지만 못하는 '괴리집단'에 남성 · 보수 많아". 연합뉴스. 2021.12.12. http://www.yna.co.kr/view/AKR20211211041100004?section=search

185 마리아 바스타로스,나초 M. 세가라. 여자의 역사는 모두의 역사다. 2020. 182쪽

186 우에노 지즈코,미나시타 기류. 비혼입니다만, 그게 어쨌다구요?!. 2017. 21쪽

187 성금단. 여성의 결혼과 출산 회피 및 의향특성에 관한 연구. 인문사회21 12권 5호. 2021. 880쪽

188 이은주. 대학생의 연애 경험을 통한 사회적 관계 맺기에 관한 연구. 한국가족관계학회 학술대회 자료집. 2017. 67쪽

189 안선영, Heman Cuervo,Johanna Wyn. 2010. 3쪽

190 몸문화연구소. 감정 있습니까?. 은행나무. 2017. 66쪽; 전자책

191 한국콘텐츠진흥원. 2020 웹소설 이용자 실태조사. 2020. 83-84쪽

192 김정영, 이성민, 이소은. '나'의 성장과 경험으로서 연애의 재구성. 미디어,젠더&문화 29권 3호. 2014. 72쪽

193 통계청에 따르면 전국 동(洞)은 모두 2,079개니 말 그대로 골목마다 스터디카페가 있는 셈이다.

PART 4

194 Cary Funk, Alec Tyson, Brian Kennedy, Courtney Johnson. SCIENCE AND SCIENTISTS HELD IN HIGH ESTEEM ACROSS GLOBAL PUBLICS. Pew research center, 2020.9.20. http://www.pewresearch.org/science/2020/09/29/scientists-are-among-the-most-trusted-groups-in-society-though-many-value-practical-experience-over-expertise/

195 맬컴 해리스. 밀레니얼 선언. 생각정원. 2019. 26쪽

196 트렌드모니터. 2020 나와 타인에 대한 관심도 및 평판 관련 조사. 2020. http://www.trendmonitor.co.kr/tmweb/trend/allTrend/detail.do?bIdx=1998&code=0401&trendType=CKOREA

197 이정현. 역사 왜곡 논란 '조선구마사' 폐지…"사태 심각성 인식". 연합뉴스. 2021.3.26. http://www.yna.co.kr/view/AKR20210326042800005

198 더쿠. 앞으로 매국드라마, 역사왜곡 드라마가 나올때 어떻게 해야되는지 알이버린 대한민국 네티즌들. http://theqoo.net/square/1904814950

199 리얼미터. '日제품 불매운동' 참여 국민, 현재 48% → 향후 67%. 2019.7.11. http://www.realmeter.net/日제품-불매운동-참여-국민-현재-48-→-향후-67/

200 천혜정. 정치적 소비주의, 소비자불매행동 그리고 소셜미디어 : 소셜미디어 이용 동기 및 정치사회자본을 중심으로. 소비자문제연구 50권 2호. 2019. 78쪽

201 천혜정. 2019. 79쪽

202 한국청소년정책연구원. '청년사회 · 경제실태조사'. 통계청. 2020. http://kosis.kr/statHtml/statHtml.do?orgId=402&tblId=DT_402004N_058&conn_path=I2

203 한국행정연구원. '2020년 사회통합실태조사'. 2020

204 트렌드모니터. 2021 직장인 회식문화 관련 인식 조사. 2021. http://trendmonitor.co.kr/tmweb/trend/allTrend/detail.do?bIdx=2182&code=0402&trendType=CKOREA

205 대학내일20대연구소. 2019 일과 동료를 생각하는 자세, 세대 비교. 2019. 8쪽

206 Pew Research Center. What Makes Life Meaningful? Views From 17 Advanced Economies. 2021. 27-29쪽

207 대학내일20대연구소(2019). p.10

208 폴커 키츠. 오늘 일은 끝!. 판미동. 2019. 68쪽

209 강상중. 나를 지키며 일하는 법. 사계절. 2017. 52-53쪽

210 강상중. 2017. 50쪽

211 트렌드모니터. 2021 팬덤 문화 및 BTS 정치사회적 영향력 관련 인식 조사. 2021. http://www.trendmonitor.co.kr/tmweb/trend/allTrend/detail.do?bIdx=2062&code=0303&trendType=CKOREA

212 김수지, 이홍표. 덕후: 자기 지각에 따른 투자 활동과 몰입 수준 차이, 덕후 활동 전후의 정서 변화. 한국산학기술학회논문지 20권 1호. 2019. 75-84쪽

213 안은미, 김지선, 정선율, 정익중. 팬덤활동이 청소년의 자아탄력성에 미치는 영향과 성별 차이. 한국청소년연구 24권 2호. 2013. 149-175쪽

214 강보라, 서지희, 김선희. 20대 여성 팬덤의 감정 구조와 문화 실천: 〈프로듀스 101 시즌2〉 팬덤을 중심으로. 미디어, 젠더 & 문화 33권 1호. 2019. 28-29쪽

215 차민주. 덕후와 철학자들. 자음과 모음. 2021. 92쪽

216 강보라, 서지희, 김선희. 2018. 23-31쪽

217 OECD. Skills Matter: Additional Results from the Survey of Adult Skills. 2019. 23쪽

218 OECD. Korea, Adult skills (Survey of Adult Skills, PIAAC, 2012). https://gpseducation.oecd.org/CountryProfile?plotter=h5&primaryCountry=KOR&treshold=5&topic=AS

219 문화체육관광부. 2019년 국민 독서실태 조사. 2020. 74-76쪽

220 한국교육과정평가원. PISA 2018 결과에 나타난 우리나라 학생들의 성취 특성. 2020. 7쪽

221 OECD. Are 15-year-olds prepared to deal with fake news and misinformation?. 2021. 7쪽

222 이재현. 디지털 시대의 읽기 쓰기. 2013.

223 김성우, 엄기호. 유튜브는 책을 집어삼킬 것인가. 따비. 2020. 171-172쪽

224 김성우, 엄기호. 2020. 150-153쪽

225 조병희, 이재열, 구혜란유명순, 박상희, 양준용. 아픈 사회를 넘어. 21세기북스. 2018. 295쪽

226 사람인. 회사 내 '젊은 꼰대' 있다. 2020. https://www.saramin.co.kr/zf_user/hr-magazine/series-view?hr_series_idx=79&hr_idx=708

227 대학내일20대연구소. Z세대 주요 소셜미디어 플랫폼 트렌드 보고서 발표. 2021. http://www.20slab.org/Archives/38106

228 김헌식. 갓생 살기의 속사정, 천지일보. 2022.2.15. http://www.newscj.com/news/articleView.html?idxno=950700

229 신은진. 올해 우울증 환자, 20대 후반 여성 가장 많다. 헬스조선. 2021.9.27. http://health.chosun.com/

site/data/html_dir/2021/09/27/2021092700635.html

230 남건량 COVID-19 충격이 청년 니트(NEET)에 미치는 영향에 대한 연구. 2021년 한국노동패널 학술대회. 2021. 24쪽

231 정수남, 김정환. '잠재적 청년실업자'들의 방황과 계급적 실천. 문화와 사회 23호. 2017. 240쪽

232 이정진. 청년 정치참여 현황과 개선과제. 이슈와 논점. 2021.

233 트렌드모니터. 2021 욜로 및 취향 관련 인식 조사. 2021. http://www.trendmonitor.co.kr/tmweb/trend/allTrend/detail.do?bIdx=2233&code=0401&trendType=CKOREA

234 정해식, 김미곤, 여유진, 김성근, 류연규, 우선희, 김근혜(2018). 2018. 327쪽

235 트렌드모니터. 2021 일상생활 속 루틴(습관) 관련 인식 조사. 2021. http://www.trendmonitor.co.kr/tmweb/trend/allTrend/detail.do?bIdx=2088&code=0401&trendType=CKOREA

236 잡코리아. 부업이 대세?! '직장인 3명 중 1명 부업 중'. 2021. http://www.jobkorea.co.kr/goodjob/tip/view?News_No=19415&schCtgr=120001

237 앤 헬렌 피터슨. 요즘 애들. 알에이치코리아. 2021.

238 한국트라우마스트레스학회. 보건복지부-한국트라우마스트레스학회, 「2021년 코로나19 국민 정신건강 실태조사」 분기별 결과 발표. 2021. http://kstss.kr/?p=2700

PART 5

239 국가인권위원회. 2019년 혐오차별 국민인식 조사. 2019. 82-83쪽

240 서울특별시. 2020년도 청년 인권의식 및 혐오표현 실태조사. 2020. 107쪽

241 문화체육관광부. 혐오표현 대응 관련 대국민 인식조사 결과 보고서. 2020. 80-81쪽

242 문화체육관광부. 2020. 84-85쪽

243 문화체육관광부. 2020. 88-99쪽

244 국가인권위원회. 2019. 109-120쪽

245 한국리서치. 코로나19를 통해 본 대한민국 시민사회와 혐오. 2020. http://hrcopinion.co.kr/archives/15221

246 트렌드모니터. 2019 노키즈존(No Kids Zone) 관련 인식 조사. 2019. http://www.trendmonitor.co.kr/tmweb/trend/allTrend/detail.do?bIdx=1786&code=0404&trendType=CKOREA

247 아셈노인인권정책센터. 회원국 노인인권 모니터링: 노인혐오차별 실태조사. 2019. 106쪽

248 국가인권위원회. 코로나19와 혐오의 팬데믹. 2020. 19쪽

249 국가인권위원회. 2020. 58쪽

250 젠더온. '젠더갈등'이라는 말 어떻게 생각해?. 한국양성평등교육진흥원. 2020.10.13. https://genderon.kigepe.or.kr/geme/brd/selectContentBoardArticle.do?nttId=1169

251 김수아. 젠더정치의 미디어 프레임, 그 페미니즘. 황해문화. 2018. 24-27쪽

252 이정규. 남성이 여성보다 많이 살해됐는데요?. 한겨레 21 제1393호. 2020.12.22. http://h21.hani.co.kr/

arti/society/society_general/51372.html

253 유선희. '온라인 성범죄' 2년 새 3배 급증. 경향신문. 2021.12.29. http://www.khan.co.kr/national/national-general/article/202112292058025

254 신상렬. 스토킹 64%, 폭력·성범죄로 이어졌다. 국민일보. 2021.12.20. http://news.kmib.co.kr/article/view.asp?arcid=0016589797&code=61121111&cp=nv

255 이예랑. 상장사 남성과 여성 임금격차 35.9% … OECD 12.8%. CEO스코어데일리. 2021.9.2. http://www.ceoscoredaily.com/page/view/2021090117012847808

256 곽민서. '83년생 김지영' 4명 중 1명은 출산 시 경력단절. 연합뉴스. 2021.12.14. http://www.yna.co.kr/view/AKR20211214083551002?section=search

257 국가인권위원회. 2020년 차별에 대한 국민 인식 조사. 2020. http://www.humanrights.go.kr/site/program/board/basicboard/view?menuid=001003001004001&pagesize=10&boardtypeid=16&boardid=7605612

258 한국리서치. 우리 사회 젠더 문제의 진단과 해결 노력. 2021. http://hrcopinion.co.kr/archives/17684

259 송주용. 일단 지르고 보는 '무고죄' 급증… 처벌 강화하면 사라질까. 파이낸셜뉴스. 2021.12.2. http://www.fnnews.com/news/202112021828353017

260 권현지. 노동시장의 변화와 청년세대 젠더갈등: 강원택·구인회·권현지·김용창·주병기. 사회적 갈등과 불평등. 푸른길. 2018. 158-159쪽

261 권현지. 2018. 146쪽

262 최태섭. 한국, 남자. 은행나무. 2018. 194쪽

263 이언 레슬리. 다른 의견. 어크로스. 2021. 24-25쪽

264 이언 레슬리. 2021. 31쪽

265 여성가족부. 양성평등실태조사.

266 한국갤럽. 성평등(Gender Equality)에 대한 인식. 2019. http://www.gallup.co.kr/gallupdb/reportContent.asp?seqNo=995

267 최태섭. 2018.

268 문화체육관광부. 2020 국민여가활동조사. 2020. http://www.mcst.go.kr/kor/s_policy/dept/deptView.jsp?pSeq=1830&pDataCD=0406000000&pType=

269 문화체육관광부. 2020 국민여가활동조사. 2020. http://www.mcst.go.kr/kor/s_policy/dept/deptView.jsp?pSeq=1830&pDataCD=0406000000&pType=

270 한국리서치. 범죄 인식 조사. 2021. http://hrcopinion.co.kr/archives/19140

271 한국리서치. 범죄 인식 조사. 2020. http://hrcopinion.co.kr/archives/16084

272 경찰청. 경찰 통계 자료. http://www.police.go.kr/www/open/publice/publice0202.jsp

273 박지선, 박상조. 언론의 범죄 관련 보도가 대중의 범죄 발생 인식에 미치는 영향. 경찰학논총 8권 1호. 2013. 297-316쪽

274 이근아, 김정화, 진선민. 소년범에게 씌운 '악마화 프레임'…언론도 공범이다. 서울신문. 2020.11.10. http://www.seoul.co.kr/news/newsView.php?id=20201110500120

275 민주언론시민연합. 마약을 부르는 은어부터 구매처까지 알려준 채널A. 2019.4.15. http://www.ccdm.or.kr/xe/watch/279490

276 한국언론진흥재단. 2020 미디어 이슈 2호 – 코로나19 관련 정보 이용 및 인식 현황. 2020. http://www.kpf.or.kr/front/board/boardContentsView.do?board_id=292&contents_id=5a07a292ccb9437d8aca619409e8c2b0

277 김형지, 정은령, 김은미, 양소은, 이재우, 강민지. 가짜뉴스와 팩트체크 뉴스 노출 집단의 미디어 이용과 뉴스 인식, 그리고 리터러시 관계. 한국언론정보학회 101호. 2020. 231-267쪽

278 박지현, 나은영. 정치적 동영상 콘텐츠의 선택적 이용이 태도극화에 미치는 영향: 집단에 대한 편향의 매개효과와 비판적 사고 성향·공감의 조절효과를 중심으로. 한국방송학보 35권 5호. 2021. 115-116쪽

279 이선희, 김미리, 정순둘. 청년세대의 연령주의 유형화 및 연령주의 유형과 세대갈등·노인복지정책 인식의 관계. 한국노년학 39권 4호. 2019. 840-841쪽

280 이선희, 김미리, 정순둘. 2019. 842쪽

281 송형국. KBS 세대인식 집중조사③ '이대남' '이대녀'론의 실체. 2020.6.24. http://news.kbs.co.kr/news/view.do?ncd=5217567

282 리처드 윌킨슨, 케이트 피킷. 평등이 답이다. 이후. 2012. 95쪽

283 이철승. 2019. 231-233쪽

284 보건복지부. 2021년 2분기 코로나19 국민 정신건강 실태조사. http://www.mohw.go.kr/react/al/sal0301vw.jsp?PAR_MENU_ID=04&MENU_ID=0403&page=1&CONT_SEQ=366599

285 한국지능정보사회진흥원. 2020년 스마트폰 과의존 실태조사. http://www.nia.or.kr/site/nia_kor/ex/bbs/View.do?cbIdx=65914&bcIdx=23109&parentSeq=23109

286 절주온. 성인의 음주행동 유형: 19세 이상 성인의 고위험 음주율. 한국건강증진개발원. http://www.khealth.or.kr/acs/acsStat/result?menuId=MENU00654&tableGubun=DATA030104

287 건강보험심사평가원. 생활속 질병통계 100선. http://repository.hira.or.kr/handle/2019.oak/1273

288 데이비드 T. 코트라이트. 중독의 시대. 로크미디어. 2020. 279-281쪽

289 박선웅. 박예린. 불확실한 정체성과 낮은 심리적 안녕감 간의 관계에서 물질주의의 매개효과. 한국심리학회지: 사회 및 성격 33권 2호. 2019. 3쪽

290 장 보드리야르. 소비의 사회. 문예출판사. 1992. 55쪽

291 데이비드 T. 코트라이트. 290-294쪽

292 배성신. 우울한 여성의 우울하지 않기 위한 선택: 신자유주의시대 젠더화된 자기관리 담론 분석. 한국여성학 35권 4호. 2021. 75쪽

293 김동식, 김영택, 동제연, 정다은, 김숙이. 한국사회의 젠더와 건강 불평등 연구(Ⅲ): 외모강박과 미용성형을 중심으로. 한국여성정책연구원. 2019. 152쪽

294 조해리. 먹방, 나의 뇌는 어떻게 느낄까?. 브레인 81. 2020. 59쪽

295 OECD. Fertility rates. http://data.oecd.org/pop/fertility-rates.htm

296 통계청. 합계출산율. http://www.index.go.kr/potal/main/EachDtlPageDetail.do?idx_cd=1428

297 신윤정. 국내 코호트 합계출산율의 장기 추이 분석. 보건사회연구 40권 3호. 2020. 534-562쪽

298 통계청. 한국의 사회동향 2020. 2020. 49-50쪽

299 OECD. Share of births outside of marriage. http://www.oecd.org/els/family/database.htm

300 이철희. 한국의 출산장려정책은 실패했는가?: 2000년~2016년 출산율 변화요인 분해. 경제학연구 66권 3호. 2018. 5-42쪽

301 육아정책연구소. 청년층의 비혼에 대한 인식과 저출산 대응 방안. 2016. 174쪽

302 송민호, 이수범. 트위터를 활용한 저출산 커뮤니케이션의 의미연결망 분석. 광고PR실학연구 11권 1호. 2018. 131-157쪽

303 한국보건사회연구원. 전국 출산력 및 가족보건·복지 실태조사. 2018. 108쪽

304 육아정책연구소. 2016. 107쪽

305 통계청. 혼인상태별 및 맞벌이상태별 가사노동시간. http://www.index.go.kr/potal/main/EachDtlPageDetail.do?idx_cd=3027

306 김영식, 박성진, 유근형, 전주영, 정세진, 정윤철. "자녀 다 컸으니 즐겨야죠"… 엄마의 청춘은 50대. 동아일보. 2015.12.9. http://www.donga.com/news/Society/article/all/20151209/75259608/1

307 김영식, 박성진, 유근형, 전주영, 정세진, 정윤철. "소중한 아내"… 기혼男, 나이 들수록 행복감 커져. 동아일보. 2015.12.9. http://www.donga.com/news/article/all/20151209/75259617/1

에필로그

308 전상진. 세대 게임. 문학과지성사. 2019. 5-11쪽

309 이철승. 불평등의 세대. 문학과지성사. 2019. 231-241쪽

310 강형철. 열린 사회과학 연구방법. 퍼플. 2020. 48쪽

311 강형철. 2020. 38쪽

312 이기홍. 사회과학의 철학적 기초. 한울아카데미. 2019. 88쪽